浙江省社科规划后期资助课题"儒家文化与公司治理——理论经验研究与中国故事"(22HQZZ48YB)

浙江省哲学社会科学规划
后期资助课题成果文库

Confucian Culture and Corporate Governance
——Theoretical Analysis and China's Experience

儒家文化与公司治理

——理论经验研究与中国故事

程　博　著

ZHEJIANG UNIVERSITY PRESS
浙江大学出版社
·杭州·

量、理解其与正式制度互动关系提供正面依据。而更为重要的是,本研究对增强文化自觉和文化自信,挖掘中华优秀传统文化价值内涵,激发中华优秀传统文化的生机与活力,提高国家文化软实力,推动中华优秀文化的创造性转化与创新性发展具有重要的推动作用。

与现有的文献相比,本书尝试从立意和研究视角上进行创新,不仅从理论上进行建构,而且注重理论与管理实践相结合,并在实境中验证相关模型的科学性和适用性。虽然笔者尽可能全面、深入、细致、系统地对儒家文化如何影响企业行为进行了理论剖析,并努力探求合理有效的研究方法进行实证检验,同时辅之大量的稳健性测试,但囿于自己学科背景、研究能力与学术水平的局限,还存在很多不足之处,在此,请社会各界朋友批评指正。

程 博

2022 年 4 月

目　录

第1章 绪 论

本书将儒家文化嵌入企业行为的决策分析框架,沿着"文化—行为"逻辑,以新制度经济学理论为基础,运用理论与实证相结合的研究方法,在定性描述和理论分析的同时,构造严谨的计量模型,考察作为非正式制度的重要组成部分之儒家文化对企业行为的影响。本章主要阐述了本书的研究背景及意义、主要研究发现、研究贡献、研究思路以及整体研究框架。

1.1 研究背景与意义

"文化是民族的血脉,是人民的精神家园。文化自信是更基本、更深层、更持久的力量。在5000多年文明发展中孕育的中华优秀传统文化,积淀着中华民族最深沉的精神追求,代表着中华民族独特的精神标识,是中华民族生生不息、发展壮大的丰厚滋养,是中国特色社会主义植根的文化沃土,是当代中国发展的突出优势,对延续和发展中华文明、促进人类文明进步,发挥着重要作用。"[①]

数千年来,儒家文化一直在中国传统文化中占主导地位,相比于其他的思想流派,处于更加基础与重要的地位。儒家文化作为中华优秀传统文化的主体和精髓,无时无刻不在影响着社会发展和民族的秉性、品格和价值观取向(张军成和赵明明,2015),是影响中国乃至整个东亚现代化进程的精神支柱(杜维明,2002)。基业长青的秘密都蕴藏在中国传统文化之中(范博宏,2014)。追溯到明清时代,山西晋商崛起,创造了驰骋欧、澳、非、亚四大洲长达500年之久的商业神话,其实当时的福建商帮、徽州商帮、山东商帮、陕西商帮、广东商帮、宁波商帮、江西商帮、龙游商帮、洞庭商帮等成功的根基都是源自儒家文化[②]。

---

① 引自中共中央办公厅、国务院办公厅印发的《关于实施中华优秀传统文化传承发展工程的意见》。
② 山西商帮、福建商帮、徽州商帮、山东商帮、陕西商帮、广东商帮、宁波商帮、江西商帮、龙游商帮、洞庭商帮称为十大商帮,商帮文化吸收了儒家传统文化的精髓,形成了具有鲜明中国特色的"委托代理"制度。

近年来,随着西方文化在中国的传播,儒家文化经历了重重磨难和考验,甚至导致海外汉学界学者对其产生了一些认知偏见(景海峰,2006;古志辉,2015a)。然而,博大精深、源远流长的儒家传统文化在中国社会有其深厚的土壤,已成为在社会生活中的人自觉和应当遵守的社会伦理规则和道德行为的一种"习惯法",虽历经西方文化的不断冲击,但在中国传统文化中的主导地位从未动摇。国家主席习近平在纪念孔子诞辰2565周年国际学术研讨会的讲话中指出:"中国优秀传统文化的丰富哲学思想、人文精神、教化思想、道德理念等,可以为人们认识和改造世界提供有益启迪,可以为治国理政提供有益启示,也可以为道德建设提供有益启发。"习近平总书记还在中共中央政治局第十三次集体学习时的讲话指出:"抛弃传统、丢掉根本,就等于割断了自己的精神命脉。博大精深的中华优秀传统文化是我们在世界文化激荡中站稳脚跟的根基。"可喜的是,党的十八大以来,中央政府多次呼吁复兴儒学,倡导社会各界弘扬中华优秀传统文化,建立以儒家文化为核心的社会价值体系。可见,复兴儒家文化对新时代建设社会主义先进文化和现代中国商业社会的伦理构建具有重要的现实意义。

文化是人类群体世代相传的行为模式、艺术、信仰等活动特征的总和,不同群体成员的心理模式因文化不同而相异,文化在组织中发挥"认知地图"作用,并对组织成员行为起到"社会控制"作用(姜付秀等,2015)。源远流长、博大精深的儒家文化蕴含着丰富的经济管理伦理思想,经过几千年的传承和洗礼,形成了中华民族的一种文化基因,作为一项重要的非正式制度,已成为规导和约束社会伦理生活和道德行为的一种"习惯法",对现代企业商业伦理建构具有重要的意义。作为中华优秀传统文化的主体和精髓,潜移默化地影响人们日常的生活交流、价值判断和文化学习等方面,表征出"格物致知"和"正心诚意"两种精神活动的取向[①],无论表层的物质文化与制度文化如何变化和变迁,儒家传统文化蕴含的思想观念会影响人们的价值观、信念、行为和道德评价标准等。

文化是影响社会、政治和经济行为的一个重要因素(亨廷顿和哈里森,2013),它不仅影响企业行为,在组织中发挥"认知地图"作用,而且对组织成员的行为起到"社会控制"的作用(O'Reilly & Chatman,1996;O'Reilly,1989)。值得注意的是,公司治理环境内生于所处市场的正式制度(包括法律、管制以及

①　所谓"格物致知"是指对外在的对象进行观察、描述和思考,探究事物真理,从中获得知识的一种经验、科学的方法;"正心诚意"是指要超出个人和小机构的利害,认知不要被偏私成见所遮蔽。可以理解为,前者是形而下的经验,而后者则是形而上的超越。

媒体等),而正式制度又内生于当地的非正式制度(包括文化、习俗、惯例、宗教等),非正式制度对经济与社会发展的推动作用不言而喻,但现有研究对儒家文化这一非正式制度如何影响企业行为并没有给予足够的关注和重视,这使得现有文献与实践可能存在某种程度的脱节。因此,本书基于"文化—行为"逻辑,采用理论与实证相结合的研究方法,试图从儒家文化这一非正式制度出发,探寻市场经济的道德和伦理基础对公司信息披露、内部控制、公司违规、激进避税、企业创新等行为的作用,旨在丰富嵌入中国传统文化的公司治理理论研究,为儒家文化这一非正式制度显著提高公司治理质量提供正面证据以及促进其与正式制度之间互动关系的理解。而更为重要的是,对增强文化自觉和文化自信、挖掘中华优秀传统文化价值内涵、激发中华优秀传统文化的生机与活力、提高国家文化软实力、推动中华优秀文化的创造性转化与创新性发展具有重要的推动作用。

1.2 主要研究发现

文化作为一种重要的非正式制度,根植于组织之内特定的价值观和基本信念,通过影响管理层和员工价值观、思维方式和行为方式来发挥"社会控制"作用。本书首先检验了儒家文化对公司信息披露质量的影响;其次检验了儒家文化对内部控制质量的影响,以及这种影响在不同信息环境下的差异;再次,考察了儒家文化对公司违规行为的影响以及其与正式制度(法律)的交互作用;又次,探讨了作为非正式制度的重要组成部分之儒家文化对企业激进避税行为的影响,以及这种影响在不同税收征管强度和媒体关注程度下的差异;最后,考察了作为非正式制度的重要组成部分之儒家文化对企业创新行为的影响。研究结论如下:

(1)儒家文化对公司信息披露质量影响的实证检验发现,在控制宗教传统、地方经济发展水平以及地区教育水平等其他变量影响后,发现随着儒家文化影响力的增强,公司财务报告可靠性和信息披露透明度无论是在经济还是统计意义上均有显著提高。采用工具变量法缓解内生性问题、改变财务报告可靠性和信息披露透明度的测量方法、考虑旅游和饮食等形式外来文化冲击的影响后结论依然保持不变。

(2)内部控制是经济和文化双重作用的结果,文化对内部控制实施效果有着重要的影响。儒家文化对内部控制质量影响的实证检验发现,儒家文化从改善信息环境和强化合约履行两条路径影响内部控制质量,随着儒家文化影响力的增强,内部控制质量也随之越高,这一现象在信息不对称程度高(信息环境差)的公司中作用更为明显。考虑内生性问题及一系列稳健性检验后,结论依然稳健可靠。

(3)儒家文化对公司违规行为影响的实证检验发现,儒家文化影响力越强,上市公司违规行为发生的概率越低,并且在儒家文化与正式制度两者的交互叠加作用时上市公司违规行为发生的概率更低。在考虑可能存在的内生性问题、违规动机、信息不对称、不同违规处理类型和不同违规类型的影响后,该结论仍旧稳健。

(4)儒家文化对企业避税行为影响的实证检验发现,儒家文化对企业激进的避税行为有一定的抑制作用,这一现象因税收征管强度和媒体关注程度差异而相异,表征出在税收征管弱的地区、媒体关注多的企业中儒家文化与企业避税行为之间的负相关关系更为明显。在考虑一系列稳健性检验后,该结论仍然保持不变。

(5)儒家文化对企业创新行为影响的实证检验发现,儒家文化对企业创新具有促进作用,儒家文化影响力1%的增加会促进企业创新上升0.1772%,统计意义和经济意义显著,在改变计量模型、替代变量、考虑可能的内生性问题等方法后,结论依然稳健。从创新类型来看,儒家文化影响力1%的增加会促进企业变革式创新上升0.1870%;儒家文化影响力1%的增加会促进企业渐进式创新上升0.1488%。进一步以企业创新投入(R&D)角度考量,结果依然稳健,儒家文化同样显著促进企业研发投入(R&D)。

(6)员工在职培训对企业创新行为影响的实证检验发现,员工在职培训与企业创新显著正相关,员工在职培训与儒家文化影响交互叠加时,其对企业创新的促进作用更为明显。在考虑一系列稳健性检验后,该结论仍然保持不变。

1.3 研究的贡献与创新

与以往的研究相比,本书可能的理论贡献或创新主要体现在以下几方面:

(1)文化因素会影响信息传递及股票价格。这点在很多研究中因不可观测而常被忽略(Eun et al.,2015)。已有文献开始关注文化因素对信息披露质量的影响(Harrison & McKinnon,1986;Gary,1988;Mcguire et al.,2012;姜付秀等,2015),但鲜有研究关注中国儒家文化的作用,这与儒家思想的重要地位存在一定程度的脱节。本书构建了儒家文化影响公司行为的理论分析框架,并从信息披露质量视角切入,提供了儒家文化影响公司行为的经验证据,丰富了嵌入中国传统文化的会计与财务研究,扩展了现有文献,在研究视角上有所创新。同时,本书的结论为上市公司提高信息披露质量、监管者加强信息披露质量监管、投资者保护等方面提供了有益参考。

(2)本书从儒家文化向代理人灌输的价值观和职业伦理角度,构建了儒家文化对内部控制质量影响的理论框架,为解释和预测儒家文化对内部控制质量的具体影响提供了理论依据,也为儒家文化对内部控制质量的影响提供了经验证据,丰富了嵌入中国传统文化的公司治理理论研究。同时,本书的结论对上市公司加强内部控制、监管者强化内部控制监管等方面具有一定的理论价值和现实意义。

(3)文化因素是一个重要的遗漏变量,现有研究主要集中在公司治理结构、股权结构、外部环境等方面对公司违规行为的影响,而本书基于"文化—行为"逻辑,从儒家文化这一非正式制度视角审视文化对公司违规行为倾向的影响,从根源上诠释了同一制度环境下公司发生违规行为的异质性,丰富了公司违规行为影响因素的相关文献。同时,提供了儒家文化这一非正式制度显著提高公司治理质量的正面证据以及其与正式制度之间互动关系的理解,其结论为相关政府职能部门提供了重要的政策启示,为维护市场秩序、保护投资者权益等方面提供有益参考,从而促进资源合理配置,增强资本市场的有效性。

(4)现有研究主要集中在股权结构、公司战略、公司治理以及外部利益相关治理等因素对企业避税行为的影响(Mcguire et al.,2014;Higgins et al.,2015;Kim & Zhang,2016b;Andrew,2016;Cen et al.,2017;Sabrina et al.,2017),本书则是从儒家文化这一非正式制度视角审视文化对企业避税行为的影响,丰富了企业避税行为影响因素方面的文献,并提供了儒家文化这一非正式制度显著提高公司治理质量的新证据。同时,发现其不仅对抑制企业管理层的机会主义倾向以及提高公司治理水平,而且对税收征管工作和相关政府职能部门制定政策具有重要的参考价值。

(5)本书系统地探讨了作为非正式制度的重要组成部分之儒家文化对企业创新的影响,这不仅为我们理解企业创新行为异质性和儒家文化的治理作用提供了较为直接的经验证据,而且丰富了企业创新影响因素方面的文献。同时,文化是一种生产力,也是企业创新和战略转型的助推剂,考察儒家文化对企业创新行为的影响对于我国现阶段产业结构调整、经济转型升级以及供给侧结构性改革具有重要的现实意义,有助于认识文化在提高公司创造力和核心竞争力中的重要性,从而更好地指导公司管理层注重企业文化建设、营造创新文化氛围、珍视中国传统文化和倡导"以儒治企"的创新文化,充分发挥其"社会控制"的功能,进而提高企业创新能力和创新绩效。

(6)本书系统考察了儒家文化对企业行为的影响,对增强中华优秀传统文化的生命力和影响力,提高国家文化软实力,推动中华优秀文化的创造性转化与创新性发展显得尤为重要。弘扬中国传统文化,珍视文化传统,从传统文化发掘资源、汲取养分和智慧,也是提高公司治理水平、推动企业创新发展的一条行之有效的重要途径。

1.4 研究的思路与框架

本书的研究思路是以我国沪深 A 股上市公司为研究样本,基于"文化—行为"逻辑,以新制度经济学理论为基础,从理论与实证两个角度深入系统地探讨儒家文化对企业行为的影响机理。具体来说,本书重点考察以下六个问题:①将中国传统文化中的儒家思想嵌入信息披露质量的分析框架,考察了儒家文化影响与公司信息披露质量之间的关系。②将中国传统文化中儒家思想嵌入内部控制质量分析框架,对儒家文化与内部控制质量关系进行了理论探讨和实证检验。③探讨作为非正式制度的重要组成部分之儒家文化对公司违规行为的影响以及其与正式制度(法律)的交互作用。④尝试从儒家文化这一非正式制度出发,探寻市场经济的道德和伦理基础对企业避税行为的作用。⑤探讨作为非正式制度的重要组成部分之儒家文化对企业创新行为的影响。⑥探讨儒家文化和在职培训对企业创新行为的交互影响。这些问题为更好地理解企业行为异质性提供了崭新的理论视角,不仅为儒家文化这一非正式制度的治理作用提供了经验证据,而且也丰富了嵌入中国传统文化的公司治理理论研究。

本书共包含 9 章,各章的主要内容阐述如下:

第 1 章为绪论,主要对本书作简单介绍。具体包括选题的研究背景与意义、主要研究发现、研究的贡献与创新、研究的思路与框架。

第 2 章为本书的相关理论基础,主要对新制度经济学理论和儒学理论进行了梳理。本章共包含 3 节:第一节从制度的概念、要素、目的、类别等方面对新制度经济学理论进行了介绍;第二节对儒学的基本思想、基本特征以及如何影响交易成本进行了阐述与分析;最后一节对儒家文化变量度量进行了详细阐述。

第 3 章为儒家文化与公司信息披露质量。本章首先从理论上分析了儒家文化对公司信息披露质量的影响机理,构建了儒家文化对信息披露质量影响的分析框架,并推导提出本章的研究假说;其次,介绍了样本选择与数据来源、模型设定与变量说明、变量描述性统计,继而以 A 股上市公司为样本,考察了儒家文化影响与公司信息披露质量之间的关系,发现随着儒家文化影响力的增强,公司财务报告可靠性和信息披露透明度均有显著提高。本章共包含 6 节,分别是问题的提出、理论分析与研究假说、研究设计、实证结果分析、稳健性检验、结论与启示。

第 4 章为儒家文化与内部控制质量。本章首先将中国传统文化中的儒家思想嵌入内部控制质量分析框架,提出了自律机制假说;其次,介绍了样本选择与数据来源、模型设定与变量说明、变量描述性统计,继而以 A 股上市公司为样本,考察了儒家文化与内部控制质量之间的关系,验证了自律机制假说,发现儒家文化有助于内部控制质量的提高,在信息不对称程度高的公司中作用更为明显。本章共包含 6 节,结构安排与第 3 章类似。

第 5 章为儒家文化与公司违规行为。本章首先从理论上分析了儒家文化对公司违规行为的影响机理,并推导提出本章的研究假说;其次,介绍了样本选择与数据来源、模型设定与变量说明、变量描述性统计,继而以 A 股上市公司为样本,考察了儒家文化对上市公司违规行为的影响以及其与正式制度(法律)的交互作用,验证了儒家文化影响力越强,上市公司违规行为发生的概率越低的结论,并且在儒家文化与正式制度两者交互叠加作用时上市公司违规行为发生的概率更低。本章共包含 6 节,结构安排亦与第 3 章类似。

第 6 章为儒家文化与企业避税行为。本章首先从理论上分析了儒家文化对企业避税行为的影响机理,并推导提出本章的研究假说;其次,介绍了样本选择与数据来源、模型设定与变量说明、变量描述性统计,继而以 A 股上市公司为样本,考察了儒家文化对企业激进避税行为的影响,发现儒家文化与企业避税之间呈显著的负相关关系,这一现象在税收征管弱的地区、媒体关注程度高的企业中更为明显。本章共包含 6 节,结构安排也与第 3 章类似。

第 7 章为儒家文化与企业创新行为。本章首先从理论上分析了儒家文化对企业创新行为的影响机理,并推导提出本章的研究假说;其次,介绍了样本选择与数据来源、模型设定与变量说明、变量描述性统计,继而以 A 股上市公司为样本,探讨了作为非正式制度的重要组成部分之儒家文化对企业创新行为的影响,发现随着儒家文化影响力的增强,企业创新能力也随之增强。本章共包含 6 节,结构安排同第 3 章类似。

第 8 章为儒家文化和在职培训对企业创新的交互影响。本章首先从理论上分析了员工在职培训对企业创新的影响机理以及员工在职培训与儒家文化对企业创新行为的交互影响,并推导提出本章的研究假说;其次,介绍了样本选择与数据来源、模型设定与变量说明、变量描述性统计,继而以 A 股上市公司为样本,发现员工在职培训与企业创新显著正相关,员工在职培训与儒家文化影响交互叠加时,其对企业创新的促进作用更为明显。本章共包含 6 节,结构安排同第 3 章。

第 9 章为研究结论、研究启示与政策建议。在对全书的主要研究结论概括总结的基础上,提出了相应的政策启示和政策建议。

本书的研究逻辑框架如图 1.1 所示。

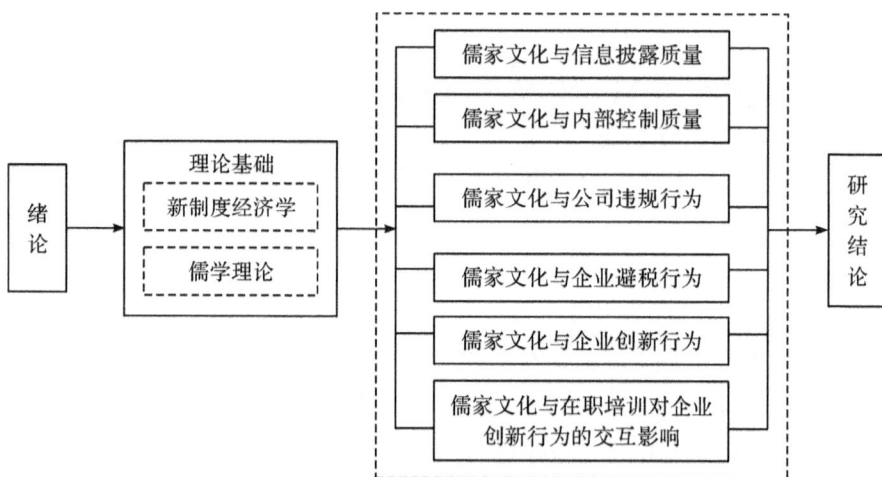

图 1.1　研究逻辑框架

第2章 理论基础

正式制度和非正式制度共同约束着组织及其成员的行为,而文化因素作为一种重要的非正式制度,不仅影响到各种正式制度的运行效率,还作用于经济增长。本章对与新制度经济学和儒学相关的理论进行简要回顾和梳理,旨在奠定研究的理论基础。本章共分为3节。第一节介绍和阐述了新制度经济学理论,包括制度的概念、要素、目的、类别等内容。第二节是儒学理论,首先对儒学的基本思想和基本特征进行了阐释,接着对儒家文化与宗教信仰进行了比较和评述,然后对儒家文化如何影响交易成本进行了阐述与分析。第三节是儒家文化变量的度量。

2.1 新制度经济学理论

黄德尊教授(T. J. Wong)曾指出,考察公司治理与会计财务问题必须准确把握所在地的制度环境,由于企业总是处于特定的制度环境中,其行为必然内生于所在地的制度环境。因此,从制度视角考察企业行为异质性应当是公司治理研究的基础(Williamson,2000;夏立军和陈信元,2007)。中国正处在一个经历制度变迁的时代,新制度经济学理论对经济现象给出了简洁而有力的解释。所谓制度,根据《辞海》解释,"制"有限制、节制之意,"度"有标准、尺度的含义,合起来可将制度解释为节制人们行为的尺度。换言之,制度是指要求成员共同遵守的、按照一定程序行事的规则。

科斯(Coase,1937,1960)最早认识到交易费用[①]这一概念在制度经济分析中的重要性,并把制度变量引入市场经济分析中,考察市场机制如何有效配置稀缺资源以提高经济绩效。制度经济学强调制度的重要性,是对人类历史最有解释力的理论之一,其演进是社会发展的主要原因(盛洪,1993)。新制度经济

---

① 交易费用是指达成契约和契约执行过程中所引起的成本,通俗地讲,就是人与人之间打交道的费用。

学在研究制度时保留了正统的新古典主义的三个内核（稳定性偏好、理性选择和均衡分析方法），植入了信息、交易成本以及产权约束条件，并且修正了正统的新古典经济学的保护带（Lakatos & Musgrave，1970）。稳定性偏好和理性选择模型是产权理论的核心，强调交易者总是在一定的约束条件下追求目标函数最大化。

从历史角度来看，虽然新制度经济学理论[①]很晚才被引入，但中国人对制度并不陌生。从最古老的《尚书》开始，就有了对制度的记载；《诗经》中也有提及"天生烝民，有物有则"，即有人群就必有规则；孔子的儒家学说提出的"仁""礼""和""中"等也体现了制度均衡的理念。中华民族数千年受到儒家思想熏陶，既尊重"祖宗家法"，又强调"其命维新"，这显然为新制度经济学在中国的成长提供了丰沃的土壤和足够的养分（盛洪，2009）。在产权理论分析框架中，交易的实质就是产权交换，交易成本就是产权进行交换的成本，治理结构则是规范产权交易的一种合约（李增泉和孙铮，2009）。在竞争激烈的社会中，生产活动和交易活动都是通过合约[②]安排组织的，制度安排决定了合约的交易成本以及资源配置效率（张五常，2000）。产权是一种社会契约，法律、习俗和社会惯例使得人与人之间的交易得以实现（Demsetz，1967）。而产权界定和执行则会受到正式制度和非正式制度的影响，并且制度决定治理结构，进而决定经济绩效（Williamson，2000）。

在一个机械理性主义的世界中，制度没有存在的前提和必要（诺思，2008）。然而，现实中并不存在理想主义的世界，由于信息不完全性和处理信息能力有限，为确保顺利履约，必然要对人们的行为加以限制和约束，这就形成了制度的组织基础。所谓制度[③]是一个人为设计的构造人与人之间互动的约束，亦称社会的游戏规则，或称博弈规则，它规定着人们的行为，这种规则又分为正式制度（如法律、规章、产权制度和契约等）和非正式制度（如文化、习俗、惯例、宗教信

① 新制度经济学最早由奥利弗·威廉姆森（Williamson）提出来，指以科斯（Coase）为代表的、强调交易成本和制度重要性的学术思想。虽然新制度经济学理论与旧制度经济学理论存在差别，但二者对制度的理解是基本一致的。

② 合约是指人与人之间实现合作时达成的协议，在制度经济学中，合约形式就是制度安排。制度安排是管束特定行动模型和关系的一套行为规则（Lin，1989）。

③ 关于制度的含义具有多样性，但是基本含义是一致的。如：Veblen（1899）认为，制度是指个人或社会对有关的某些关系或者某些作用的一般思想习惯，其含义更多地体现出强调制度的重要性；Commons（1934）认为，集体行动控制个体行动；Schultz（1968）认为，制度是一种涉及社会、政治及经济的行为规则；Bromley（1989）认为，制度是确定个人、企业、家庭和其他决策群体作出行动路线选择的规则和行为准则，由行为准则、规则和所有权两部分组成；青木昌彦（2000）认为，制度既是博弈规则，又是博弈均衡。

仰等),交易费用是制度形成的基础,制度安排影响市场交易成本,它对经济绩效和经济增长的影响是毋庸置疑的。从根本上来说,不同经济的长期绩效差异会受到制度演化方式的影响(North,1990)。实际上,制度是人为设计出来的约定人们行为的游戏规则,用以限制人们相互交流行为的框架,包括规制性(regulative)、规范性(normative)和文化认知性(cultural-cognitive)三大基础要素,以此来约束人们的互动关系,规范和调节人们的行为(Scott,2008)。表 2.1 列示了制度三大基础要素之间的差异。

表 2.1　制度三大基础要素的比较

类别	规制性	规范性	文化认知性
遵守基础	权宜性应对	社会责任	视若当然、共同理解
秩序基础	规制性规则	约束性期待	建构式图示
扩散机制	强制	规范	模仿
逻辑类型	工具性	适当性	正统性
系列指标	规则、法律、奖惩	合格证明、资格承认	共同信念、共同行动逻辑、同形
情感反应	内疚/清白	羞耻/荣誉	确定/惶惑
合法性基础	法律制裁	道德支配	可理解、可认可的文化支持

注:资料来自 Scott(2008)。

制度的规则性基础要素包括强制性暴力、奖惩和权宜性策略反应,并因非正式的惯例、习俗和正式的规制、法律等的出现得到缓和,是一种起支配作用的制度;规范性基础要素包括价值观和规范,并且共同的信念和价值观更有可能成为秩序的基础,对社会行为施加一种限制;文化认知性基础要素构成了组织与行动者建构意义的认知框架(Scott,2008)。三大基础要素构成了一个连续体,一端是合法地实施的要素,另一端则被视为当然的要素(Hoffman,1997)。

制度旨在为个人行为沿着特定的方向提供一种指引,从而降低了制度不确定性(North,1990)。Alchian & Demsetz(1972)意识到非正式制度在团队生产中起着重要的作用,认为具有团队精神和忠诚的团队可以减少偷懒行为。

事实上,法律、产权等正式制度为生活经济提供了秩序基础,尽管正式约束非常重要,但其约束也只是制度中的很小一部分,即便在那些最发达的经济体中也是如此,而非正式约束则普遍存在于日常生活和经济活动之中,与人的动机、行为有着密切的内在联系。

同样重要的一个事实是,从文化中衍生出来的非正式约束改变了正式规则与持续存在的非正式约束之间的关系,是正式制度得以确立的基础,对理解经济变迁的方式有着更深远的意义(诺思,2008)。从这一点来看,正式制度和非正式制度共同约束着人们的行为,前者是后者的产物,而后者是前者必要的补充,也是制度结构的基础,具有相对稳定性和延续性,是正式制度构建与执行的土壤。具体到管理实践,公司治理环境内生于所处市场的正式制度(包括法律、管制以及媒体等),而正式制度又内生于当地的非正式制度(包括文化、习俗、惯例、宗教信仰等),由此可见,非正式制度对经济与社会发展的推动作用不言而喻(La Porta et al.,1998;Williamson,2000)。

值得注意的是,正式制度通常是对得到普遍接受和遵守的非正式制度以文字形式进行固化,与非正式制度相冲突的正式制度执行成本往往非常高昂,而只有与非正式制度一致时才能得到较好的实施,因此,与正式制度相比,在经济活动中对人们行为起主要约束作用的是非正式制度(高翔和龙小宁,2016)。新制度经济理论也强调了非正式制度安排对正式制度安排的影响。对于制度建设尚待完善、法律执行效率有待提高的中国资本市场,基于文化、习俗、惯例、宗教信仰这类非正式制度视角理解企业行为,可能比从法律、管制和媒体等正式制度视角理解企业行为的意义更为深远。

文化因素在非正式制度中占据主要位置,它不仅影响到各种正式制度的运行效率而且作用于经济增长(Cozzi,1998;Johnson & Lenartowicz,1998;Altman,2001;Tabellini,2010;Alesina & Giuliano,2015;叶德珠和师树兴,2016),而且文化也会影响经济主体的认知、互动与策略选择(Portes,2001;Dimaggio,2003)。具体到中国新兴转轨资本市场,忽略数千年历史文化积累所形成的非正式制度,应该是不恰当的(Allen et al.,2005;Doidge et al.,2007;陈冬华等,2013)。文化及文化差异会对企业行为产生较大的影响(Hofstede,2003;Kaasa & Vadi,2010;Naranjo-Valencia et al.,2011;Taylor & Wilson,2012;Chen & Puttitanun,2014;Chang et al.,2015;杨建君等,2013;刘丽丽等,2016)。

在中国传统文化中占主导地位的儒家文化,对中国社会制度变迁的作用是隐形而深刻的,已成为规导和约束社会伦理生活和道德行为的一种"习惯法",作为一项重要的非正式制度,能有效弥补正式制度在规制或约束个体行为及其相互关系方面的漏洞,影响着国家民族、企业和个体行为。因而,本书扩展了"法与金融"中强调正式制度对经济运行影响的研究框架,将儒家文化嵌入企业行为的决策分析框架,基于"文化—行为"逻辑,以新制度经济学理论为基础,深入、系统、全面地考察作为非正式制度的重要组成部分之儒家文化对企业行为的影响。

2.2　儒学理论

2.2.1　儒学基本思想

根据《辞海》解释,儒学有两种含义:一是指儒家的思想、理论、学说等;另一种是指元、明、清代在府、州、县设立的学校(表 2.2 列示了明代山西省部分府、州、县设学情况)。儒学思想是中国传统文化的精髓,由春秋时期的孔子创立,后由战国时期的孟子等人传承与发展,形成完整而富有特色的思想,已成为一种"显学"[①](李金波和聂辉华,2011)。儒学亦称庙学[②]。庙与学结合是中国古代学校的传统,庙乃祭祀先贤的地方,学乃传授儒学经典的地方。明太祖朱元璋在总结元代灭亡的教训时,意识到儒学对社会统治的重要作用,倡导"治国之要,教化为先。教化之道,学校为本"的教育思想,于是便大兴教育,各地建儒学、修书院,向广大民众灌输儒家思想。明清两代的儒家教育逐步转向世俗化和大众化,设立的府、州、县学和书院都具有"化民成俗"的社会职能,这些教育机构是传播儒家思想的重要途径。当然,各地的府、州、县学和书院作为儒家文化的重要象征,不仅为儒家门徒提供了求学进德、安身立命之地,而且是儒家传统文化创造、积累、传播中心及人才培养基地,是知识积累与传播功能的载体,同时也承载知识更新与创造的使命。

表 2.2　明代山西省部分府、州、县设学情况

学校名称	设立时间	出处
太原府学	洪武三年	《明一统志》卷 19
平定州学	洪武二年	成化《山西通志》卷 4
忻州学	洪武三年	成化《山西通志》卷 4
代州学	洪武八年	成化《山西通志》卷 4
永宁州学	洪武七年	《明一统志》卷 19
太原县学	洪武六年	成化《山西通志》卷 4
榆次县学	洪武初	《明一统志》卷 19
太古县学	洪武初	《明一统志》卷 19

---

①　显学一词出自《韩非子·显学篇》:"世之显学,儒墨也。儒之所至,孔丘也;墨之所至,墨翟也。"显学是指在社会上处于热点的显赫一时的学科、学说、学派。儒家思想从而成为诸子百家中的蔚然大宗。

②　从庙学名称可见,中国古代学校教育不仅进行儒家经典传授,而且重视祭祀先贤先儒等。唐代以来,庙学规制日臻完善,到了明代,仍沿用庙学名称,通常为府、州、县学。

续表

学校名称	设立时间	出处
河曲县学	洪武十四年	《明一统志》卷19
繁峙县学	洪武三年	《明一统志》卷19
河津县学	洪武六年	成化《山西通志》卷4
……	……	……
平陆县学	洪武中	成化《山西通志》卷4

注：资料来自徐永文(2012)。

儒家理论，亦称儒家学说、道德哲学、伦理哲学，是指一个包含个人修身养性的道德修养论、立身处世的日常伦理规范、治国经世的社会政治取向的综合的思想理论体系。同时，儒家学说是根植于中国传统宗法社会的思想学说，具有积极经世以及统一思想、凝聚人心、协调人际关系、整合社会、促进社会和谐稳定等功能，在社会生活中发挥重要的作用(肖永明，2012)。数千年来，儒家文化一直在中国传统文化中占主导地位，相比于其他的思想流派，处于更加基础与重要的地位。儒家文化中，伦理纲常、森严的等级制度符合封建统治的需要，自汉武帝"罢黜百家、独尊儒术"以来，儒家文化在各朝的力推下，地位不断上升，于明、清两朝达到巅峰，逐渐内化为人们"日用而不知"的纲常伦理，其影响持续至今(杜维明，2012)。并且，相比于其他思想流派，儒家文化对华夏民族的品格、行为、气质等影响更大。儒家文化重视思想的改变，强调以"修身、养性"为内修之道，以官学、私塾及家庭教育为外铄之道，乃至立志其"仁义"之修行，以达到"君子慎独"的目的，而"名"作为一种声誉机制，也会约束儒家门徒的行为。儒家文化作为中华优秀传统文化的主体和精髓，无时无刻不在影响着社会发展和民族的秉性、品格和价值观取向(张军成和赵明明，2015)，是影响中国乃至整个东亚现代化进程的精神支柱(杜维明，2002)。

近年来，随着中国社会的急速发展和巨大变迁，受到西方思想和文化的冲击，儒学伦理的现实境遇已经发生了根本性的改变，已由原有主流文化形态一变而为裂散的、漂浮的文化碎片，因而，有海外汉学界学者对儒家传统文化产生了一些偏见，认为可能因失去实践基础而面临合法性危机(景海峰，2006；古志辉，2015a)。然而，儒家传统文化对中国社会的影响从未完全消失。可喜的是，党的十八大后政府多次呼吁复兴儒学，汲取优秀传统文化中的养分。国家主席习近平在纪念孔子诞辰2565周年国际学术研讨会上的讲话中指出："孔子创立的儒家学说以及在此基础上发展起来的儒家思想，对中华文明产生了深刻影响,是中国传统文化的重要组成部分。研究孔子、研究儒学,是认识中国人的民族特性、认识当今中国人精神世界历史来由的一个重要途径。中国人民的理想和奋斗,中国人民的价值观和精神世界,是始终深深植根于中国优秀传统文化沃土之中的,同时又是随着历史和时代前进而不断与日俱新、与时俱进的。中国优秀传统文化的丰富哲学思想、人文精神、教化思想、道德理念等,可以为人们认识和改造世界提供有益启迪,可以为治国理政提供有益启示,也可以为道德建设提供有益启发。对传统文化中适合于调理社会关系和鼓励人们向上向善的内容,我们要结合时代条件加以继承和发扬,赋予其新的涵义。"由此可见,儒家传统文化已成为影响中国社会变迁和文化发展的重要课题之一,对理解中国社会结构及其社会地位和建设中国特色社会主义先进文化有着重要意义。

事实上,源远流长、博大精深的儒家文化蕴含着丰富的经济管理伦理思想,经过几千年的传承和洗礼,形成了一种文化基因,作为一种非正式制度,已成为规导和约束社会伦理生活和道德行为的一种"习惯法",对现代企业商业伦理建设具有重要的意义。作为中华优秀传统文化的主体和精髓,儒家传统文化表征出"格物致知"和"正心诚意"两种精神活动的取向,无论表层的物质文化与制度文化如何变化和变迁,信仰儒家的价值观都会影响人们的价值观、信念、行为和道德评价标准等(Cheng et al.,2017)。

2.2.2　儒学基本特征

作为中华优秀传统文化的主体和精髓,儒家文化是一个社会关于道德的一致性契约。费孝通(2008)在《乡土中国》中对道德观念进行了诠释,认为道德观念是在社会里生活的人应当自觉遵守社会行为规范的信念,包括行为规范、行为者的信念和社会的制裁。从社会观点说,道德是人和人关系的行为规范。社会对个人行为的制裁力,使他们合于规定下的形式行事,用以维持该社会的生存和延续。数千年,儒家传统文化对人们行为的影响已经使其超脱了文化的属性。按照新制度经济学的基本观点,更确切地说,儒家传统文化作为社会制度和秩序的属性之一,是社会经过长期博弈后得到均衡解,至少表现出以下六个鲜明的特征。

(1)儒家传统文化有着独特的"义利"价值观,倡导集体主义文化。《论语·里仁》提到,"君子喻于义,小人喻于利",所谓"君子",是指贵族或者受过良好教育的知识分子。按照孔子的观点,受到儒家文化熏陶的君子应当更关注社会的公正和道义,不仅仅是以个人私利为最高目标,而是超越功利。《论语·里仁》还提到,"富与贵,是人之所欲也;不以其道得之,不处也;贫与贱,是人之所恶也;不以其道得之,不去也"。可见,儒家文化将"义"置于"利"之上。孟子进一步阐释了"义"的概念:"非其有而取之,非义也"(《孟子·尽心上》),"义,人之正路也"(《孟子·离娄上》)。同时,儒家倡导集体主义文化,强调组织利益高于个人利益,为了组织利益可以暂时牺牲个人利益;有集体主义取向的个体更加注重与他人的关系、面子以及组织和谐,尽量避免发生冲突。在这种"重义轻利"的价值观和集体主义文化的引导下,儒家文化的门徒相比于普通人群,多出了一层"义"的追求,正所谓的"义者利之和",由此形成一个利益均衡点,从而使得利己主义的倾向有所缓解。

(2)儒家传统文化强调"至诚"的道德观。《礼记·中庸》指出,"唯天下至诚,为能经纶天下之大经,立天下之大本,知天地之化育";孟子进一步阐释道,"诚者,天之道也;思诚者,人之道也"(《孟子·离娄上》)。儒家要求门徒诚实不欺、讲求信用,甚至将诚信作为评价一个人的最重要标准("人而不信,不知其可也"《论语·为政》)。"君子养心,莫善于诚"(《荀子·修身》)、"为人谋而不忠乎,与朋友交而不信乎"(《论语·学而》)等格言无不体现儒家文化对"诚""信"道德修养的褒扬。至诚的道德观不仅表现出个体自身以较高的道德标准进行自我约束,而且也表现出社会群体中每一成员对其他成员行为的外部监督。

(3)儒家传统文化不是教人"出世"而是教人"入世",强调以人为本的思想,尊重人的人格,注重如何做人以及提高人的内在道德修养,倡导"修身、养性"以提高个人修养,最终达到"君子慎独"的境界。"仁也者,人也"(《孟子·尽心下》),这里"仁"的核心是人本思想,"人"是指有道德的人。"仁者,人也,亲亲为大"(《礼记·中庸》),强调感恩、孝慈、宽容、忍耐和和谐等内容,是一种内在的伦理行为。儒家认为"修身"是君子有所成就的前提,"自天子以至于庶人,一是皆以修身为本"(《礼记·大学》),"君子不可不修身"(《礼记·中庸》),"修身"甚至是古代帝王治国的前提("古之欲明,明德于天下者,先治其国;欲治其国者,先齐其家;欲齐其家者,先修其身……")[①]。儒家文化鼓励门徒通过修身达到

---

① 众所周知,《大学》里讲到:"大学之道,在明明德,在亲民,在止于至善。知止而后有定,定而后能静,静而后能安,安而后能虑,虑而后能得。物有本末,事有终始。知所先后,则近道矣。古之欲明明德于天下者,先治其国;欲治其国者,先齐其家;欲齐其家者,先修其身;欲修其身者,先正其心;欲正其心者,先诚其意;欲诚其意者,先致其知;致知在格物。物格而后知至,知至而后意诚,意诚而后心正,心正而后身修,身修而后家齐,家齐而后国治,国治而后天下平。自天子以至于庶人,一是皆以修身为本。其本乱而末治者,否矣;其所厚者薄,而其所薄者厚,未之有也。此谓知本,此谓知之至也。"据此,可以抽象概括出儒家传统的精髓为"格物致知,正心诚意,修身齐家治国平天下"。到了明代,心性儒学大师王阳明将"格物致知"和"正心诚意"融合为一体,认为两者互为条件,相互依存,把儒学推向了一个新的高度。

"君子慎独"的境界,也就是说,即使没有外界的监督,儒家门徒也应具有很强的自我约束力,谨言慎行。

(4)儒家传统文化中蕴含着创造力和创新精神。"苟日新,日日新,又日新"(《礼记·大学》)的思想,从动态视角来强调创新,表征出儒家传统文化中内化的创新精神,既是社会进步的驱动力,又是"日新又新"精神的唤醒(阎海峰,1999)。《论语·述而》中提到的"学而不厌,诲人不倦""学而时习之,不亦说乎?"等都在强调儒家传统文化的学习观。学习是知行合一的过程,蕴含着顺时应变、从善如流的思想观念。同时,和谐主义也是儒家传统文化的一个重要内容。"君子和而不同,小人同而不和"(《论语·子路》)、"礼之用,和为贵"(《论语·学而》)、"天时不如地利,地利不如人和"(《孟子·公孙丑下》)、"老者安之,朋友信之,少者怀之"(《论语·公冶长》)、"和者,天地之生成"(《春秋繁露》)等反映了儒家门徒宽广的思想境界和追求和谐的美好愿望,强调个体应接受或适应外部环境,以和为贵,加强团队内部的团结。

(5)对"名"的推崇也是儒家传统文化的一大特征。"齐景公有马千驷,死之日,民无德而称焉。伯夷、叔齐饿于首阳之下,民到于今称之。'诚不以富,亦只以异。'其斯之谓与?"(《论语·季氏》)。这段话反映了儒家对于"名"的看法,拥有千乘马车的齐景公并没有什么美德可称颂;伯夷、叔齐虽然饿死在首阳山下,但人们至今仍称颂他们的品德。事实上,善名与称赞是儒家门徒的追求,而恶名也是儒家门徒竭力想要避免的。《论语·卫灵公》中也提到,品德高尚的人害怕去世后没有留下好名声("君子疾没世而名不称焉")。可见,除了"君子慎独"这一自我约束外,"名"作为一种声誉机制也将约束儒家门徒的行为。

(6)"礼"也是儒家传统文化的一个重要特征。"礼"是一种道德规范,强调的是外在的伦理行为,表现为外在的社会控制。"不学礼,无以立"(《论语·季氏篇第十六》),孔子强调了儒家礼义道德的功能。"人生而有欲,欲而不得,则不能无求;求而无度量分界,则不能不争。争则乱,乱则穷。先王恶其乱也,故制礼义以分之,以养人之欲,给人之求",荀子进一步阐释了儒家礼制是调节人与人之间关系的社会规范,进而维护社会和谐。"礼节民心,乐和民心,政以行之,刑以防之"(《礼记·乐记》)、"招携以礼,怀远以德,德礼不易,无人不怀"(《左传·僖公七年》)等都体现了礼制文化的社会控制功能。具有制度特性的儒家礼制文化兼有道德规范和法律规范的特征,有效地促进了个体之间、个体与群体之间的宗法伦理关系的建构,实现其社会控制功能。

概而言之,经过数千年的传承和洗礼,人们长期涵濡、浸淫于儒家传统文化之中。它不仅是一套规导人们行为的价值判断系统,而且还是一套礼制文化系统。长期以来,儒学思想作为一种精神信仰已积淀到血脉之中、内化于心,实现社会规范对人的内在制约与控制。这种无形的制度在制度结构中扮演着至关重要的角色,极大地影响个体的思想观念和行为。

2.2.3 儒家文化与宗教信仰

Hofstede(1980)开创性地对文化变量加以刻画,进而涌现出了大量关于文化的实证研究(Stulz & Williamson,2003;Gul et al.,2011;Ghoul et al.,2012;Du,2013;Eun et al.,2015;Du et al.,2015)。在新制度经济学研究框架中,文化、习俗、宗教信仰等都属于非正式制度,对社会经济和市场发展有着重要的影响(North,1990)。宗教信仰要求信奉者崇拜特定的神灵,信奉和遵守特定的教义、教规,参与特定的仪式,并以此指导和规范人们的思想和行为(林立强,2010)。宗教信仰具有文化属性和制度属性的双重特征,前者通过教义、伦理、道德来重塑个体的价值观、理念和信仰,形成隐形的道德伦理规范和行为标准;后者通过其组织性、教会仪式和社会活动的开展,形成共同精神追求和理念分享(Stark & Finke,2000;Longenecker et al.,2004;Li,2008;Du,2013;Du et al.,2015;Adhikari & Agrawal,2016;王金波,2013;李毓鑫和王金波,2015;贺建刚,2015;潘黎和钟春平,2016;曾泉和裴红梅,2016)。

宗教信仰的上述特征与儒家传统文化的鲜明特征在某些地方有相似之处,但两者并不能简单地等同起来。实际上,儒家传统文化与宗教信仰两者存在本质差异。其差异主要表现在以下几个方面:第一,宗教信仰是人类心灵的一种寄托,信奉者敬奉神灵,它是超越的、形而上的;而儒家文化是人类思想的荟萃,没有宗教神灵崇拜,它是集体主义(利他主义)和个体主义的结合在某个状态下达到的一个完美均衡(盛洪,2016)。第二,宗教信仰与科学是有冲突的,而儒家传统文化与科学是一致的,没有一种文化像儒家传统文化这么能容忍科学(包容性极强),是解释复杂事物的方法(盛洪,2016)。第三,宗教信仰是具有强制力的,而儒家传统文化内在的价值观只能是引导和倡导,没有强制力。第四,宗教信仰是一个封闭系统,而儒家传统文化是一个开放系统。它不断适应政治与社会变化,并与经济发展紧密相关,一方面的变化会影响另一方面的变化,即文化变迁影响经济发展,反之,经济发展也会促使文化变迁(亨廷顿和哈里森,2013)。

此外，儒家传统文化中的礼教作为道德展演的一种行为实践，不是基于对某种特定的神圣性的敬畏之心，而是一种基于现实生活的、弥散式的知识体系，这一点显然有别于宗教信仰（费孝通，2011）。从这些差异也可看出，相比于宗教信仰，儒家传统文化对个体和群体品格与价值观取向的影响更为深远，也处于更加基础与重要的地位。

2.2.4　儒家文化与交易成本

产权理论认为，交易费用是人与人之间交互行动（transaction）所引起的成本。在产权经济学的分析框架中，交易的实质是产权的交换，交易费用是产权进行交换的成本，具体可分为两类：第一类是计量成本（measurement cost），指的是信息传递成本，以此确定产权交换的价值；第二类是执行成本（enforcement cost），指的是履行合约成本，确保产权交换得以顺利执行（Alchian & Demsetz，1972；Cheung，1983；Williamson，2000；李增泉和孙铮，2009；刘浩等，2015）。

企业是一系列合约缔结的联合体（Coase，1937；Cheung，1983）。由于契约具有不完备性的特征，交易成本的普遍存在，使得公司行为出现异化（Allen et al.，2005）。科斯理论的精髓是企业对市场价格机制的取代，企业被视为一个团队生产，与市场相比，团队生产（企业）更能节约交易成本。但在这个团队中，由于信息不对称，无法准确地确定每个成员在团队中的贡献，并根据贡献来进行合理的激励和经济收入分配，导致了偷懒行为在团队生产中的出现（Alchian & Demsetz，1972）。如果不能很好地解决偷懒行为，团队生产的好处将被某些成员的偷懒行为所抵消。激励和监督是解决团队生产中偷懒行为的有效方式，但这些方式都需要信息。代理理论也认为，企业运营环境中存在多级代理问题，由于代理人与委托人的效用函数差异，在信息不对称的环境中，代理人偏离委托人利益的自利行为可能性更大（Jensen & Meckling，1976；Eisenhardt，1989）。

文化是一种能够塑造正式制度的非正式制度，是正式制度的基础，为日常生活活动提供了一种行为准绳，从而降低了不确定性（North，1990）。经过数千年的传承和洗礼，以儒家文化中"义利"价值观和"至诚"道德观为主体的传统文化建构了现代商业伦理精神体系，为个体提供了行为框架、准则和价值判断的标准（吴照云和王宇露，2003），为个体行为沿着特定方向提供一种指引，潜移默化地影响管理者的价值取向和行为；同时，儒家传统文化蕴藏的价值判断系统和礼制文化系统,有助于增进组织、个体之间的相互信任,而信任有助于促进交流与合作,可以降低信息搜索成本、监督需求以及信息不对称程度,进而降低交易成本(Williamson,1985;Zaheer et al.,1998;Ostrom & Walker,2003;Gulati & Nickerson,2008;Guiso et al.,2009;Alesina & Giuliano,2015;刘凤委等,2009)。古志辉(2015a,2015b)研究发现,儒家传统文化可以约束代理人的自利行为,从而降低代理成本,提高企业运营效率。Cheng et al.(2017)也发现,儒家传统文化中的"至诚"道德观和"义利"价值观,会影响组织及个体所遵循的规则,约束其利己主义心态,强化诚信观念,从而在"君子慎独"理念以及追求善"名"、避免恶"名"的激励下,自发约束其不道德行为,并且随着儒家文化影响力的增强,公司财务报告的可靠性和信息披露的透明度也随之提高。

在信息不完全和不对称的情况下,团队生产中不可能完全避免机会主义行为,以至于出现偷懒或搭便车的现象,激励和监督是解决这一问题的有效手段(Alchian & Demsetz,1972)。在每一个团队中,相同的意识形态和共同的价值观有利于创造和谐的环境、促进成员之间互动与沟通、增进组织信任与提高学习能力,进而节约信息费用,最终降低交易成本。文化的功能在于它是信息载体,在于由它所生成的习惯势力,在于生长在同一文化土壤的人们共享它所载的信息,交易成本并由此而降低(汪丁丁,1992)。文化中的道德和伦理法则不仅是市场机制得以有效运行的重要条件,而且也是降低交易成本的一项重要制度安排(North,1981)。林毅夫(1994)也强调,文化是法律法规等正式制度的基础,对交易秩序的维护作用甚至超过正式制度。

儒家文化作为法律、管制等正式制度之外的一项非正式制度,为组织和个体提供行为框架、准则和价值体系,引导和约束个体行为,对社会契约具有重要影响,从改善信息环境和强化合约履行两条路径,起到降低交易成本的作用。一方面,儒家传统文化向代理人灌输"君子以义为利"的价值观和"忠信"的道德修养,人们积极向善,传递正能量,增进了组织、个体之间的相互信任,改善了产权交换的信息环境,降低了委托人和代理人之间的信息传递成本。另一方面,随着信息环境的改善,信息透明度也随之增强,缩小了企业内部以及企业内部与外部之间的信息传递偏差,降低了合约履行成本;同时,儒家传统文化通过意识观念的渗透和同化,内在地影响合约当事人的行为方式,约束当事人的自利行为,保障合约顺利履行,确保委托人和代理人之间更好地履行合约以及持续改进合约。

2.3　儒家文化变量度量

　　文化度量一直是学术界的难点,近年来,不少学者开始运用历史信息和数据来解释文化对经济行为的影响(La Porta et al.,1998;Acemoglu et al.,2001;陈强,2015;毛捷等,2015;代谦和别朝霞,2016)。中国地域辽阔,文化底蕴深厚,而且各地区文化习俗迥异,这为研究文化对经济行为的影响提供了很好的条件。

　　明、清代是中国历史上商业繁荣、经济发展的最重要时期。缘何如此?根据新制度经济学理论,基于制度视角可以对明清繁荣景象给出一个合理而清晰的解释。一方面,其繁荣景象是正式制度的产物[①]。具体而言,明朝开国皇帝朱元璋首次提出在中国的广袤疆域进行人口普查和土地勘测,推行了土地产权"鱼鳞图册"制度,以此维护土地秩序、作为征税基础(税基),确保税源和财政稳定。以"黄册"(人丁)、"鱼鳞图册"(地籍)为载体形成的产权制度(即成文法)不仅保护了农户(投资者和经营者)的经济权利,而且可以激励农户(投资者和经营者)进而提高农业生产率。这虽然无法与现代的产权制度比肩,但却为后世土地私有制奠定了理论和实践基础。另一方面,当时的非正式制度(儒家文化)对明清时期的经济繁荣的贡献也不可忽视。明太祖朱元璋在总结元代灭亡的教训时,意识到学校教育对社会统治的重要作用,倡导"治国之要,教化为先,教化之道,学校为本"的教育思想,于是便大兴教育,各地建儒学、修书院,向广大民众灌输儒家思想,宣扬道德伦理,教化和治理相辅相成,实现文化认同,通过影响人们的信念来规导和约束其行为。

　　地域是区分人群和文化形成的关键要素,只有当人类群体对行为模式、艺术与信仰等活动特征形成一致的认识,文化才开始出现,并区别于其他不同群体,发挥"认知地图"作用,对组织成员行为起到"社会控制"作用(姜付秀等,2015)。在中国,由于地理、历史和政治等原因,各地域的文化在行为准则、风俗传统和道德规范等方面都存在不同程度的差异,且这种差异具有显性、易感知和可观测的特征(高翔和龙小宁,2016)。儒家文化也不例外,不同地域的经济、社会发展具有独特路径,儒家思想经过长时间的发展已融入了当地文化与习俗

---

　　① 由于产权私有制的出现,明清时期是中国历史上经济最繁荣的时期,而绝非流行文学宣扬的"康乾盛世""德政昭昭"。

之中,各地间的割据与统一的局面交替出现,使得各地域的儒家文化相对稳定而存在较大差异,并且这种差异在相当长的时间内很难改变。因此,文化的建立与培育是一个相对长期的过程,选择儒家学校衡量儒家文化具有一定合理性。

据《明一统志》记载,明代共设有 1435 所府、州、县学,由于部分儒学设立时间记载有误或言之不详,该数据可能存在偏误。徐永文(2012)进一步以《明会典》《明一统志》《明史》及《古今图书集成》所在的行政区域为依据对明代儒家学校进行重新统计,结论是明代府、州、县总数为 1585,设有 1496 所府、州、县学。据《新唐书·百官志》记载,设立书院旨在帮助皇帝了解经史典籍、举荐贤才和提供国家治理的建议。北宋时期达到 71 所书院,南宋时期有 500 所以上,明朝时期书院得到了快速发展,新建和修复的书院达到 1962 所(白新良,2012)。各地的府、州、县学和书院是儒家文化的重要象征,都具有"化民成俗"的社会职能,这些教育机构是传播儒家思想的重要工具。明代正德三年(公元 1508 年)"龙场悟道"之后,心学大放异彩,王阳明对传统儒家思想有了新的认识,重新梳理了儒学知识资源,提出"知行合一"之说,更好地与儒家学校结合传播儒学思想。概括地讲,心性儒学大师王阳明将"格物致知"和"正心诚意"融合为一体,认为两者互为条件,相互依存,把儒学推向了一个新的高度。将"格物致知"这种形而下的经验和"正心诚意"这种形而上的超越(意指超越形而下的经验)有机结合,某个状态下达到一个完美均衡或者接近完美均衡(盛洪,2016)。

因此,本书利用明代晚期儒家学校数量来度量儒家文化的影响力,为儒家文化的经济价值和合法性从侧面进一步进行考证。根据白新良(2012)的统计,通过对《明会典》《明一统志》《明史》《古今图书集成》《中国书院史资料》等资料进一步查证,明代各地有府、州、县学等 1512 所,书院有 1962 所,共计 3474 所儒家学校。明末省级行政区域的设置与现代中华人民共和国行政区域设置存在较大的差异,进一步根据府州县学和书院的具体所在地地址,通过谷歌地图得到其经度(Lon_i)和纬度(Lat_i)坐标,再根据上市公司注册地的详细地址,通过谷歌地图查出其经度(Lon_j)和纬度(Lat_j)坐标,然后根据下列公式计算儒家学校与上市公司之间的距离(Dis)。具体计算公式为:

$$C = \sin(\text{Lat}_i) \times \sin(\text{Lat}_j) + \cos(\text{Lat}_i) \times \cos(\text{Lon}_i) \times \cos(\text{Lat}_j) \times \cos(\text{Lon}_j) + \cos(\text{Lat}_i) \times \sin(\text{Lon}_i) \times \cos(\text{Lat}_j) \times \sin(\text{Lon}_j) \tag{2.1}$$

$$\text{Dis} = R \times \arccos(C) \tag{2.2}$$

其中,R 为赤道半径,取值为 6371.004 公里。如广州府学的经度为 113.27°,纬度为 23.13°,某公司注册地在东莞市,其经度为 113.75°,纬度为 23.04°,则其距离约为 50.11 公里。借鉴 Du(2013)、陈冬华等(2013)和古志辉(2015a,2015b)的做法,计算公司注册所在地 200 公里范围内儒家学校的数量作为儒家文化(Culture_1)的代理变量,Culture_1 数值越大,表明该地区上市公司受儒家文化影响越强;为了确保结论的稳健性,同时计算了公司注册所在地 300 公里范围内儒家学校的数量(Culture_2),儒家文化变量的两种度量方式互为稳健性检验。基于回归系数量纲考虑,将该数据除以 1000 进行标准化或是计算儒家学校数量的自然对数。

第3章 儒家文化与信息披露质量

　　根据本书的研究思路和整体研究框架,本章将中国传统文化中的儒家思想嵌入公司信息披露质量分析框架,重点考察了儒家文化影响与公司信息披露质量之间的关系。研究发现,控制其他因素的影响后,随着儒家文化影响力的增强,公司财务报告可靠性和信息披露透明度无论在经济上还是统计意义上均有显著提高。考虑内生性问题及一系列稳健性检验后,结论依然保持不变。其结论不仅丰富了嵌入中国传统文化的公司治理理论研究,而且为儒家文化这一非正式制度对公司信息披露质量的提升作用提供了经验证据。本章包含6节,第一节为问题的提出;第二节为理论分析和研究假说,构建了儒家文化对信息披露质量影响的分析框架,并推导提出本章的研究假说;第三节为研究设计,介绍了样本选择和数据来源、变量定义及回归模型;第四节为实证结果分析,报告了儒家文化对公司信息披露质量的影响;第五节为稳健性检验;最后一节为本章小结。

3.1　问题的提出

　　美国财务会计准则委员会(FASB)和国际会计准则理事会(IASB)的概念框架指出:"财务报告应为现在和潜在的投资者、债权人和其他报告使用者做出合理的投资、筹资、分配以及类似决策提供有用信息。"2006年中国颁布的《企业会计准则——基本准则》规定:"中国企业财务报告的目标是向财务会计报告使用者提供与企业财务状况、经营成果和现金流量等有关的会计信息,反映企业管理层受托责任履行情况,有助于财务会计报告使用者作出经济决策。"高质量的信息披露有助于传递企业的经营与财务信息,帮助管理层、投资者与债权人等利益相关者进行决策(Holthausen & Leftwich,1983;张先治等,2014),也有利于降低信息不对称程度,抑制代理人的自利行为,优化资源配置(Chen et al.,2007;Biddle & Hilary,2009;Jung et al.,2014)。现有文献表明,公司信息披露质量受到一系列内外部制度因素的影响。一方面,内部控制、高管薪酬契约、企业性质、股权集中度等内部制度因素会作用于信息披露质量(Doyle & Mcvay,2007;Li et al.,2010;Feng et al.,2010;苏冬蔚和林大庞,2010;刘启亮等,2013)。另一方面,信息披露质量也会受到如会计制度改革、法制环境等外部制度的影响(Leuz et al.,2003;Bushman et al.,2004;王跃堂等,2001;刘峰等,2004;朱凯等,2009)。

现有文献取得了相对丰硕的成果,但这些文献主要关注企业内、外部的正式制度安排如何影响信息披露质量,较少探讨非正式制度,尤其是文化对信息披露质量的作用。事实上,以价值观念、伦理道德、风俗习惯等非正式制度为代表的文化,部分构成了正式制度生长及发挥作用的土壤,能有效弥补正式制度在规制或约束个体行为及其相互关系方面的漏洞,从而与正式制度协同,对社会、经济发展产生重大影响(Allen et al.,2005;潘爱玲等,2012;陈冬华等,2013)。文化作为区别不同群体成员的心理模式,影响着国家民族、地区、企业乃至个体的行为,而会计作为一种社会与技术交互作用的行为,必然会受到文化的制约与影响(Hofstede,1980;潘爱玲等,2012;张玉明和陈前前,2015)。虽有文献开始关注文化对信息披露质量的影响(Harrison & McKinnon,1986;Gary,1988;Gray & Vint,2012;Mcguire et al.,2012;姜付秀等,2015),但现有文献并未将中国传统文化的特色融入信息披露质量研究框架,深入考察中华优秀传统文化的主体和精髓——儒家文化治理作用的研究更是缺乏。

基于此,本章将中国传统文化中的儒家思想嵌入信息披露质量的分析框架,考察了儒家文化影响与公司信息披露质量之间的关系。各地域的文化在行为准则、风俗传统和道德规范方面都存在不同程度的差异,且这种差异具有显性、易感知与观测的特征(高翔和龙小宁,2016)。因此,本章参考古志辉(2015a,2015b)的度量方法,根据明末省级行政区域管辖范围内儒家学校(官方学校和书院)的数量来衡量儒家文化的影响力。以 2007—2013 年上市公司为样本的实证结果表明,控制宗教传统、地方经济发展水平以及地区教育水平等其他变量影响后,随着儒家文化影响力的增强,公司财务报告可靠性和信息披露透明度无论在经济还是统计意义上均有显著提高。采用工具变量法缓解内生性问题、改变财务报告可靠性和信息披露透明度的测量方法、考虑旅游和饮食等形式外来文化冲击的影响后上述结论依然保持不变,验证了本章所提出的假说。

本章的研究贡献体现如下：①文化因素会影响信息传递及股票价格，而这在很多研究中因不可观测而常被忽略（Eun et al.,2015）。部分文献开始关注文化对信息披露质量的影响（Harrison & McKinnon,1986；Gary,1988；Mcguire et al.,2012；姜付秀等,2015），但鲜有研究关注中国儒家传统文化的作用（古志辉,2015a,2015b），这与儒家思想的重要地位存在一定程度的脱节。本章考察儒家文化对于信息披露质量的影响，扩展了现有文献，在研究视角上有所创新。②本章通过梳理儒家文化的特征，构建了儒家文化影响公司行为的理论分析框架，并从信息披露质量切入，提供了儒家文化影响公司行为的经验证据，丰富了嵌入中国传统文化的会计与财务研究。本研究也具有一定的政策含义，为上市公司提高信息披露质量、监管者加强信息披露质量监管、投资者保护等方面提供了有益参考。

3.2　理论分析与研究假说

现代企业中所有权与经营权的分离，为管理层操纵和扭曲信息披露提供了可能。出于获取薪酬奖励、政治晋升等目的，管理层有动机向特定方向操纵盈余（Healy,1985；李延喜等,2007；何威风等,2013；肖淑芳等,2013），在实现个人私利的同时，也降低了信息披露的质量。因此，管理层追逐个人私利是导致低质量信息披露的一个因素，但管理层披露低质量的信息也需要承担相应成本，如果公司被会计师事务所出具非标准审计意见，或者报表在事后被重述，管理层可能会被更换（Desai & Wilkins,2004），并且声誉受损，难以在市场上找到满意工作或者影响自身薪酬（Collins et al.,2008）。在这种情况下，即使低质量披露能带来较高的私人收益，管理层顾忌到高昂的成本，仍然不会选择低质量的信息披露。然而，中国缺乏完善的经理人市场，管理层披露低质量信息的成本较低。这两方面的因素共同作用，导致了中国市场上的信息披露质量整体不高。

儒家文化中的"至诚"道德观和"义利"价值观，会影响组织及个体所遵循的规则，约束其利己主义心态，强化诚信观念，从而在"君子慎独"理念以及追求善"名"、避免恶"名"的激励下，自发约束其不道德行为。

第一，"以义制利"的价值观使儒家文化的门徒相比于普通人多出了一层对"义"的追求，约束了其利己主义。管理层通过操控盈余的方式来欺骗他人，追逐自身的利益，这一行为不符合儒家的价值观。儒家文化强调，"富与贵，是人之所欲也;不以其道得之,不处也;贫与贱,是人之所恶也;不以其道得之,不去也",可见,"重义轻利"的价值观可在一定程度上约束管理层的不道德行为,减少管理者利用信息披露攫取私利和操控信息的可能性,有助于提高公司信息披露透明度。另一方面,诚信是人们对会计信息的本质要求,是会计的基础与根本信念,这一信念体现了会计的文化观和伦理观,对于净化社会风气,营造一个公平、公正、平等的市场环境,保证市场参与者的公正有序竞争,起着重要而深远的作用,而儒家文化恰恰强调"至诚"的道德观。"孔子尝为委吏矣,曰:会计当而已矣!"(《孟子·万章下》)孔子所说的会计要"当",会计信息真实可信是比较合理的一个解释(葛家澍,2012)。对盈余的人为操纵意味着管理层通过虚假的信息来掩饰、欺骗股东、债权人等利益相关者,与儒家文化的"至诚"理念相违背。事实上,"至诚"的道德观与公司信息披露质量的本质要求相契合,诚信的理念在一定程度上可以防止管理者机会主义行为的发生,抑制公司盈余管理行为,提高财务报告可靠性。

第二,尽管儒家文化有"以义制利""至诚"等理念,但这些理念需要落实到其门徒的行为上,否则,空有理念却无法指导门徒的行为,会导致儒家文化的影响流于表层。儒家文化的两个特征能在一定程度上敦促门徒贯彻儒家精神。

一方面,即使在缺乏外部监督,欺骗成本较低的情况下,儒家门徒也比一般人更注重规范自身的行为,通过修身达到"君子慎独"的境界。这实质上是儒家文化为门徒设置了一个精神约束,减少了门徒对于个体利益的向往。在这种情况下,即使管理层有动机和机会操控盈余,"君子慎独"的理念也会在某种程度上约束和抑制管理层对于私利的追逐,使得公司财务报告可靠性与信息披露透明度随之提高。

另一方面,儒家门徒对于"名"的追求也有助于提高信息披露质量。发达市场国家存在成熟的经理人市场,如果管理层进行低质量的信息披露,可能会被出具非标准审计意见,或者报表在事后被重述,管理层可能会被更换(Desai & Wilkins,2004),或者声誉受损难以在市场上找到满意工作,抑或影响高管薪酬(Collins et al.,2008)。然而,中国缺乏完善的经理人市场,管理层进行盈余管理的声誉成本较低,而儒家文化对于"名"的重视有助于约束管理层行为。《论语·卫灵公》中提到,"君子疾没世而名不称焉",也就是说,品德高尚的人害怕去世后没有留下好名声。善名与称赞固然是儒家门徒的追求,而恶名亦是儒家门徒竭力想要避免的。前已述及,低质量的信息披露、不可靠的财务报表与儒家文化中"至诚""以义制利"的信念相矛盾,会降低同伴对该管理层的评价。而儒家的门徒恰恰较之常人更在乎"名",在这种情况下,管理层有动机提高信息披露质量,财务报告可靠性与透明度也因之更高。

据此,提出本章的研究假说 H3.1 和 H3.2。

H3.1:在其他条件不变的情况下,上市公司所在地的儒家文化影响力越强,上市公司财务报告可靠性越高。

H3.2:在其他条件不变的情况下,上市公司所在地的儒家文化影响力越强,上市公司信息披露透明度越高。

3.3 研究设计

3.3.1 样本与数据

本章的初始研究样本为 2007—2013 年所有 A 股上市公司,之所以将 2007 年作为样本研究起始年份,是因为现行会计准则自 2007 年 1 月 1 日起实施,在会计确认、计量和报告行为等方面发生了较大的变化(娄芳等,2010;刘启亮等,2011)。样本经过如下步骤筛选:①剔除 ST、* ST 类公司;②剔除金融保险行业公司;③剔除所需研究的主要数据缺失的公司;④剔除资产负债率大于 1 的公司;⑤剔除行业及年度不足 15 个观测值的公司(王红建等,2015)。最终,得到 8685 个公司—年度观测值。

本章的信息披露考评数据来自深圳证券交易所网站,儒家文化数据经手工搜集,其他研究数据均取自深圳国泰安信息技术有限公司开发的 CSMAR 数据库和上海万得信息技术股份有限公司开发的 WIND 数据库,并结合上市公司年报以及东方财富网、新浪财经网、金融界、巨潮资讯网等专业网站所披露的信息对研究相关数据进行了核实和印证。

3.3.2 变量定义

3.3.2.1 财务报告可靠性

财务报告可靠性是表征信息披露质量的一个重要维度,本章借鉴 Dechow et al.(1995)的方法,运用截面修正的 Jones 模型来计算可操纵性应计利润,从而来衡量会计信息质量。

$$TA_t = NI_t - CFO_t \tag{3.1}$$

$$TA_t/A_{t-1} = \alpha_1(1/A_{t-1}) + \alpha_2(\Delta REV_t/A_{t-1}) + \alpha_3(PPE_t/A_{t-1}) + \varepsilon_t \quad (3.2)$$

$$NDA_t = \hat{\alpha}_1(1/A_{t-1}) + \hat{\alpha}_2(\Delta REV_t/A_{t-1} - \Delta REC_t/A_{t-1}) + \hat{\alpha}_3(PPE_t/A_{t-1})$$
$$(3.3)$$

$$DA_t = |TA_t/A_{t-1} - NDA_t| \quad (3.4)$$

其中,TA_t 为总应计项目,等于第 t 期的扣除非经常性损益后的净利润减去第 t 期的经营活动现金净流量;NI_t 为第 t 期的扣除非经常性损益后的净利润;CFO_t 为第 t 期的经营活动现金净流量;A_{t-1} 为第 $t-1$ 期期末总资产;ΔREV_t 为第 t 期与第 $t-1$ 期的主营业务收入的变化额;ΔREC_t 为第 t 期与第 $t-1$ 期的应收账款净额的变化额;PPE_t 为第 t 期期末总的固定资产原值;NDA_t 为经过 $t-1$ 期期末总资产调整后的第 t 期的不可操纵性应计利润;DA_t 为第 t 期的可操纵性应计利润的绝对值。

具体估计步骤:根据式(3.1)计算总应计利润,再通过式(3.2)进行分年度分行业回归,分别估计出 $\hat{\alpha}_1,\hat{\alpha}_2,\hat{\alpha}_3$,然后将估计系数代入式(3.3)计算出不可操纵的应计利润,最后将式(3.3)估计得到的不可操纵性应计利润代入式(3.4)得到操纵性应计利润。由于正向或者负向的操纵性应计利润均能在一定程度上表明公司披露的盈余与其正常值的偏离,本章将得到的操纵性应计利润取绝对值以衡量盈余管理,数值越大,表明公司盈余管理程度越高,财务报告可靠性越低。

Kothari et al.(2005)的研究表明,在修正的 Jones 模型加入 ROE 能够更好地估计可操纵性应计利润。为增强结果的可靠性,本章也采用修正的 Jones 业绩匹配模型来估计操纵性应计利润,估计的步骤同 Dechow et al.(1995)的方法。

$$TA_t/A_{t-1} = \beta_0 + \beta_1(1/A_{t-1}) + \beta_2(\Delta REV_t/A_{t-1}) + \beta_3(PPE_t/A_{t-1}) +$$
$$\beta_4 ROE_{t-1} + \varepsilon_t \quad (3.5)$$

$$NDA_t = \hat{\beta}_1(1/A_{t-1}) + \hat{\beta}_2(\Delta REV_t/A_{t-1} - \Delta REC_t/A_{t-1}) + \hat{\beta}_3(PPE_t/A_{t-1}) +$$
$$\hat{\beta}_4 ROE_{t-1} \quad (3.6)$$

$$DA_t = |TA_t/A_{t-1} - NDA_t| \quad (3.7)$$

其中,ROE_{t-1} 为第 $t-1$ 期的总资产报酬率。

在稳健性检验中,本章还采用 Dechow & Dichev(2002)模型来估计应计质量,对儒家文化影响与财务报告可靠性关系进行检验。

3.3.2.2 信息披露透明度

信息披露透明度是表征信息披露质量的另一个重要维度,本章参考 Hutton et al.(2008)、Kim et al.(2011)、Kim & Zhang(2016a)的研究,以当期与前两期的操控性应计之和来度量信息透明度。Disclosure_1 和 Disclosure_2 分别为按照 Dechow et al.(1995)模型和 Kothari et al.(2005)模型计算的累计操控性应计之和,本章将计算得到的指标乘以 -1。这样的处理便于解释回归结果,变量数值越大,表示公司信息披露的透明度越高。在稳健性检验中,借鉴曾颖和陆正飞(2006)、伊志宏等(2010)、杨海燕等(2012)的做法,采用深交所对上市公司信息披露质量的评级作为信息披露透明度的代理变量。深交所从及时性、准确性、完整性和合法性 4 个方面对上市公司进行信息披露考评,考评结果分为优秀、良好、及格和不及格 4 个等级,每年考核一次。当深交所信息披露评价结果为优秀和良好时取 1,否则 Disclosure_3 取 0。此外,根据深交所信息披露考评的原始结果优秀、良好、及格和不及格 4 级计分制(Disclosure_4),分别赋值 4、3、2、1,变量数值越大,表明信息披露透明度越高,采用有序(Ordered)Logistic 模型回归。

3.3.2.3 儒家文化

借鉴 Du et al.(2015)、陈冬华(2013)和古志辉(2015a,2015b)的做法,计算公司注册所在地 200 公里范围内儒家学校数量作为儒家文化(Culture_1)的代理变量,Culture_1 数值越大,表明该地区上市公司受儒家文化影响越强;为了确保结论的稳健性,同时计算了公司注册所在地 300 公里范围内儒家学校数量(Culture_2)。儒家文化变量的两种度量方式互为稳健性检验。基于回归系数量纲考虑,将该数据除以 1000 进行标准化。

3.3.3 模型设定

为了检验本章的研究假说,将待检验的回归模型设定为:

$$DA = \lambda_0 + \lambda_1 \times Culture + \lambda_2 \times Others + \sum Industrydum + \sum Yeardum + \varepsilon \tag{3.8}$$

$$Disclosure = \lambda_0 + \lambda_1 \times Culture + \lambda_2 \times Others + \sum Industrydum + \sum Yeardum + \varepsilon \tag{3.9}$$

式(3.8)的被解释变量为财务报告可靠性(DA);式(3.9)的被解释变量为信

息披露透明度(Disclosure);解释变量为儒家文化影响[①](Culture_1 和 Culture_2)。另外,参考已有的研究,本章控制了其他可能影响信息披露质量的因素,包括宗教传统(Religious)、两职合一(Dual)、股权性质(Soe)、股权集中度(First)、资产收益率(Roe)、财务杠杆(Lev)、公司规模(Size)、成长机会(Growth)、上市年限(Age)、独立董事比例(Indratio)、地区人均生产总值(lngdpp)、地区教育水平(Education)、事务所规模(Big4)、董事会规模(Board)、监事会规模(Spvboard)、行业效应(Industry)以及年份效应(Year)变量等。变量具体定义如表 3.1 所示。

表 3.1　变量定义

变量名称	变量代码	定义
财务报告可靠性	DA_1	按照 Dechow et al.(1995)模型估计的操纵性应计利润绝对值
	DA_2	按照 Kothari et al.(2005)模型估计的操纵性应计利润绝对值
信息披露透明度	Disclosure_1	按照 Dechow et al.(1995)模型估计的累计操纵性应计乘以 -1
	Disclosure_2	按照 Kothari et al.(2005)模型估计的累计操纵性应计乘以 -1
儒家文化	Culture_1	公司注册地址 200 公里范围内儒家学校数量除以 1000 予以标准化
	Culture_2	公司注册地址 300 公里范围内儒家学校数量除以 1000 予以标准化
宗教传统	Religious	公司注册地址 200 公里范围内重点寺庙数量的自然对数
两职合一	Dual	CEO 兼任董事长为 1,否则为 0
股权性质	Soe	国有性质为 1,否则为 0
股权集中度	First	第一大股东持股比例
资产收益率	Roe	净利润与净资产的比值
财务杠杆	Lev	负债总额与资产总额的比值
公司规模	Size	公司总资产的自然对数
成长机会	Growth	公司营业收入增长率

①　为了行文方便,本章儒家文化和儒家文化影响交叉使用。

续表

变量名称	变量代码	定义
上市年限	Age	公司 IPO 以来所经历年限加 1 并取自然对数
独立董事比例	Indratio	独立董事人数与董事会人数的比值
地区人均生产总值	lngdpp	公司注册省所在地人均 GDP 的自然对数
地区教育水平	Education	地区大学生毕业人数占该地区总人口的比重
事务所规模	Big4	当年公司由国际四大审计为 1,否则为 0
董事会规模	Board	董事会人数的自然对数
监事会规模	Spvboard	监事会人数的自然对数
行业效应	Industry	行业虚拟变量
年份效应	Year	年度虚拟变量

3.4 实证结果分析

在实证分析之前,为确保模型估计的一致性和有效性,对数据做如下处理:对主要连续变量在 1% 和 99% 的水平进行 Winsorize 处理;对进入模型的所有解释变量和控制变量进行了方差膨胀(VIF)诊断,结果显示 VIF 介于 1.06~3.08,均值为 1.85,远低于临界值(临界值为 10),由此可以排除多重共线性问题;为确保结果的稳健性,对标准误差进行了怀特异方差方法和聚类(cluster)调整。

3.4.1 描述性统计分析

表 3.2 列出了主要变量的描述性统计结果。操纵性应计利润变量的统计显示,DA_1 的均值为 0.0775,中值为 0.0536,最小值为 0.0009,最大值为 0.7112,标准差为 0.0859;DA_2 的均值为 0.0726,中值为 0.0491,最小值为 0.0008,最大值为 0.6914,标准差为 0.0831,说明样本公司财务报告可靠性差异较大。信息披露透明度的统计显示,Disclosure_1 的均值为 -0.2366,中值为 -0.1892,最小值为 -1.3360,最大值为 -0.0275,标准差为 0.1857;Disclosure_2 的均值为 -0.2246,中值为 -0.1758,最小值为 -1.2884,最大值为 -0.0265,标准差为 0.1795,说明样本公司信息披露透明度也存在较大

差异。儒家文化影响变量的统计显示,Culture_1 的总体均值为 0.1570;Culture_2 的总体均值为 0.2911。宗教传统(Religious)的均值为 2.1376,20.68%的样本公司总经理兼任董事长,样本公司中有 47.71%的是国有企业,第一大股东持股比例(First)的总体均值为 37.85%,资产收益率(Roe)的总体均值为0.0891;财务杠杆(Lev)的总体均值为 0.4516,公司规模(Size)的总体均值为 21.9887,成长机会(Growth)的总体均值为 0.4031,上市年限(Age)的总体均值为 2.1294;独立董事比例(Indratio)的总体均值为 0.3670,人均地区生产总值(lngdpp)的总体均值为 1.4076,7.70%的公司由四大会计师事务所审计,董事会规模(Board)的总体均值为 2.1940,监事会规模(Spvboard)的总体均值为 1.2998。

表 3.2　变量的描述性统计

变量	样本量	均值	标准差	最小值	中位数	最大值
DA_1	8685	0.0775	0.0859	0.0009	0.0536	0.7112
DA_2	8685	0.0726	0.0831	0.0008	0.0491	0.6914
Disclosure_1	5724	−0.2366	0.1857	−1.3360	−0.1892	−0.0275
Disclosure_2	5724	−0.2246	0.1795	−1.2884	−0.1758	−0.0265
Culture_1	8685	0.1570	0.0521	0.0300	0.1620	0.2520
Culture_2	8685	0.2911	0.0758	0.0460	0.2850	0.4400
Religious	8685	2.1376	0.8500	0.6931	3.2958	2.0794
Dual	8685	0.2068	0.4050	0.0000	0.0000	1.0000
Soe	8685	0.4771	0.4995	0.0000	0.0000	1.0000
First	8685	37.8466	15.2574	9.2719	36.4538	75.8828
Roe	8685	0.0891	0.0925	−0.3368	0.0858	0.3531
Lev	8685	0.4516	0.2081	0.0409	0.461	0.8966
Size	8685	21.9887	1.2502	19.6953	21.0666	25.7929
Growth	8685	0.4031	1.3264	−0.6338	0.1089	10.2207
Age	8685	2.1294	0.6392	0.6931	2.3026	3.0910
Indratio	8685	0.3670	0.0518	0.2857	0.3333	0.5714
lngdpp	8685	1.4076	0.5085	0.0557	1.4832	2.1566

续表

变量	样本量	均值	标准差	最小值	中位数	最大值
Education	8685	4.8049	1.5114	1.8154	4.5578	8.5631
Big4	8685	0.0770	0.2667	0.0000	0.0000	1.0000
Board	8685	2.1940	0.1985	1.6094	2.1972	2.7081
Spvboard	8685	1.2998	0.2844	1.0986	1.0986	2.1972

3.4.2 相关性分析

表 3.3 为主要变量 Pearson 相关系数,其中显示,变量 Culture_1 与变量 DA_1 和 DA_2 的相关系数分别为 -0.040 和 -0.038,且均在 1% 水平上显著负相关,变量 Culture_2 与变量 DA_1 和 DA_2 的相关系数为 -0.033 和 -0.035,且均在 1% 水平上显著负相关,这说明从整体上来看,地区儒家文化影响一定程度上能够提高公司财务报告可靠性;变量 Culture_1 与变量 Disclosure_1 和 Disclosure_2 的相关系数分别为 0.060 和 0.057,且均在 1% 水平上显著正相关,变量 Culture_2 与变量 Disclosure_1 和 Disclosure_2 的相关系数为 0.047 和 0.048,且均在 1% 水平上显著正相关,这说明从整体上来看,地区儒家文化影响一定程度上能够提高公司信息披露透明度。综合而言,地区儒家文化影响有助于提高公司财务报告可靠性和信息披露透明度,初步支持本章研究假说 H3.1 和 H3.2 的预期。而模型其他控制变量的相关系数则较低,大部分相关系数在 0.30 以内,表明变量之间不存在严重的多重共线性问题。

3.4.3 回归检验结果

3.4.3.1 儒家文化与操纵性应计利润关系检验

表 3.4 列出了儒家文化影响与财务报告可靠性关系的回归结果。表 3.4 中列(1)—(2)被解释变量为按 Dechow et al. (1995)模型计算的操纵性应计利润(DA_1),列(1)检验结果显示,控制宗教传统、地方经济发展水平以及地区教育水平等其他变量影响后,儒家文化影响(Culture_1)与操纵性应计利润(DA_1)的回归系数为 -0.0821,并且通过了 1% 的显著性测试。这一结果在经济意义上也是显著的,平均来看,儒家文化影响增加一个标准差,会使财务报告可靠性水平提高约 1.29%(-0.0821×0.1570),相当于均值的 16.65%

表 3.3　变量的相关性分析

变量	DA_1	DA_2	Disclosure_1	Disclosure_2	Culture_1	Culture_2	Religious	Dual	Soe	First	Roe	Lev	Size	Growth	Age	Indratio	lngdpp	Education	Big4	Board	Sprboard
DA_1	1.000																				
DA_2	0.988***	1.000																			
Disclosure_1	-0.637***	-0.624***	1.000																		
Disclosure_2	-0.633***	-0.634***	0.988***	1.000																	
Culture_1	-0.040*	-0.038*	0.060***	0.057***	1.000																
Culture_2	-0.033*	-0.035*	0.047***	0.046***	0.822***	1.000															
Religious	-0.019*	-0.020*	0.002	0.004	0.238***	0.373***	1.000														
Dual	0.046**	0.029**	-0.045***	-0.032*	-0.082***	-0.041**	0.029***	1.000													
Soe	-0.070***	-0.052***	0.106***	0.089***	0.119***	0.031**	-0.088***	-0.261***	1.000												
First	0.020*	0.030**	-0.077***	-0.087***	0.079***	0.039**	0.016	-0.070***	0.225**	1.000											
Roe	0.096***	0.091***	-0.144***	-0.139***	0.016	0.028*	0.008	-0.017	-0.03	0.093***	1.000										
Lev	0.059***	0.095***	-0.122***	-0.154***	0.040**	0.004	-0.039**	-0.199***	0.319***	0.075***	-0.065***	1.000									
Size	-0.043**	-0.019*	0.006	-0.012	0.097***	0.035**	-0.052***	-0.203***	0.391***	0.272***	0.116***	0.518***	1.000								
Growth	0.217***	0.223***	-0.273***	-0.276***	-0.023*	-0.026*	0.043**	-0.025*	-0.0204	0.044**	0.076***	0.104***	0.037**	1.000							
Age	-0.062***	-0.026*	-0.005	-0.033*	-0.044***	-0.071***	-0.069***	-0.260***	0.441***	-0.020*	0.013	0.454***	0.367***	0.101***	1.000						
Indratio	0.012	0.006	-0.049***	-0.043***	-0.017	-0.011	-0.012	0.087***	-0.04**	0.050***	-0.013	-0.007	0.055***	0.025*	-0.038***	1.000					
lngdpp	-0.028*	0.040**	0.022	0.033*	-0.052***	-0.133***	0.252***	0.119***	-0.14***	0.030*	-0.028*	-0.148***	0.082***	0.029**	-0.096***	0.058***	1.000				
Education	-0.028*	-0.034*	0.024*	0.031*	0.424***	0.162***	0.127***	0.000	0.072***	0.096***	-0.040**	-0.031*	0.137***	0.026*	0.008	0.036***	0.629***	1.000			
Big4	-0.054***	-0.050*	0.079***	0.046***	0.046***	0.048***	0.016	-0.082***	0.15***	0.153***	0.052***	0.104***	0.414***	-0.033*	0.082***	0.038**	0.099***	0.105***	1.000		
Board	-0.073***	-0.062***	0.110***	0.098***	0.058***	0.047***	-0.036**	-0.162***	0.252***	0.012	0.023*	0.162***	0.284***	-0.042**	0.119***	-0.382***	-0.112***	-0.031*	0.146***	1.000	
Sprboard	-0.071***	-0.060***	0.101***	0.091***	0.080***	0.049***	-0.046**	-0.149***	0.34***	0.096***	0.006	0.199***	0.274***	-0.050*	0.209***	-0.099***	-0.169***	-0.035*	0.138***	0.352***	1.000

注:***、**、*分别表示显著在 1%、5%、10%水平上显著(双尾)。

（1.29%/0.0775）；列（2）检验结果显示，控制其他变量影响后，儒家文化影响（Culture_2）与操纵性应计利润（DA_1）的回归系数为 -0.0442，在 1% 的水平上显著，平均来看，儒家文化影响增加一个标准差，会使财务报告可靠性水平提高约 1.29%（-0.0442×0.2911），相当于均值的 16.65%（1.29%/0.0775）。这一回归结果意味着上市公司所在地的儒家文化影响力越强，上市公司盈余管理程度越低，财务报告可靠性越高，验证了本章的研究假说H3.1。

表 3.4　儒家文化影响与财务报告可靠性关系的回归结果

变量	DA_1		DA_2	
	（1）	（2）	（3）	（4）
Culture_1	-0.0821^{***}		-0.0758^{***}	
	（-2.81）		（-2.70）	
Culture_2		-0.0442^{**}		-0.0442^{**}
		（-2.40）		（-2.50）
Religious	-0.0005	-0.0002	-0.0004	0.0000
	（-0.38）	（-0.16）	（-0.28）	（0.02）
Dual	0.0071^{***}	0.0073^{***}	0.0058^{**}	0.0060^{**}
	（2.61）	（2.70）	（2.25）	（2.33）
Soe	-0.0049^{*}	-0.0052^{*}	-0.0055^{**}	-0.0057^{**}
	（-1.77）	（-1.87）	（-2.05）	（-2.14）
First	0.0001	0.0001	0.0002^{**}	0.0002^{**}
	（1.53）	（1.57）	（2.07）	（2.10）
Roe	0.0745^{***}	0.0745^{***}	0.0661^{***}	0.0662^{***}
	（5.31）	（5.30）	（4.89）	（4.89）
Lev	0.0467^{***}	0.0459^{***}	0.0532^{***}	0.0524^{***}
	（6.29）	（6.18）	（7.52）	（7.40）
Size	-0.0027^{**}	-0.0028^{**}	-0.0023^{*}	-0.0024^{*}
	（-2.02）	（-2.06）	（-1.81）	（-1.83）
Growth	0.0123^{***}	0.0123^{***}	0.0120^{***}	0.0120^{***}
	（7.74）	（7.71）	（7.81）	（7.79）
Age	-0.0142^{***}	-0.0139^{***}	-0.0106^{***}	-0.0104^{***}
	（-5.98）	（-5.85）	（-4.62）	（-4.52）
Indratio	-0.0200	-0.0190	-0.0255	-0.0246
	（-0.92）	（-0.88）	（-1.25）	（-1.21）
lngdpp	-0.0063^{*}	-0.0048	-0.0062^{*}	-0.0052
	（-1.66）	（-1.33）	（-1.71）	（-1.50）

变量	DA_1		DA_2	
	(1)	(2)	(3)	(4)
Education	0.0014	0.0002	0.0010	0.0000
	(1.10)	(0.18)	(0.86)	(0.01)
Big4	−0.0067*	−0.0061	−0.0073**	−0.0068*
	(−1.77)	(−1.62)	(−2.05)	(−1.89)
Board	−0.0190***	−0.0187***	−0.0170***	−0.0167***
	(−2.99)	(−2.95)	(−2.81)	(−2.77)
Spvboard	−0.0080**	−0.0080**	−0.0083**	−0.0084**
	(−2.02)	(−2.04)	(−2.20)	(−2.22)
Intercept	0.2104***	0.2136***	0.1867***	0.1901***
	(7.64)	(7.78)	(7.04)	(7.19)
Industry	Yes	Yes	Yes	Yes
Year	Yes	Yes	Yes	Yes
Adj. R^2	0.1003	0.0999	0.1008	0.1007
F	12.0325	11.9079	11.8296	11.8024
Obs	8685	8685	8685	8685

注：括号中的数据为经 Huber-White sandwich robust t-statistic 和公司层面的 Cluster 处理后的 t 统计量，***、**、* 分别表示检验在 1%、5%、10% 水平上显著（双尾）。

表 3.4 中列(3)—(4)被解释变量为按 Kothari et al.(2005)模型计算的操纵性应计利润(DA_2)，列(3)检验结果显示，控制宗教传统、地方经济发展水平以及地区教育水平等其他变量影响后，儒家文化影响(Culture_1)与操纵性应计利润(DA_2)的回归系数为−0.0758，在 1% 的水平上显著，平均来看，儒家文化影响增加一个标准差，会使财务报告可靠性水平提高约 1.19%（−0.0758×0.1570），相当于均值的 16.39%（1.19%/0.0726）；列(4)检验结果显示，控制其他变量影响后，儒家文化影响(Culture_2)与操纵性应计利润(DA_2)的回归系数为−0.0442，在 1% 的水平上显著，平均来看，儒家文化影响增加一个标准差，会使财务报告可靠性水平提高约 1.29%（−0.0442×0.2911），相当于均值的 17.69%（1.29%/0.0726）。本章的研究假说 H3.1 进一步得到验证。

3.4.3.2　儒家文化与信息披露透明度关系检验

表 3.5 列出了儒家文化影响与信息披露透明度关系的回归结果。表 3.5 中列(1)—(2)被解释变量为按 Dechow et al.(1995)模型计算的累计操纵性应

计利润(Disclosure_1),列(1)检验结果显示,控制宗教传统、地方经济发展水平以及地区教育水平等其他变量影响后,儒家文化影响(Culture_1)与信息披露透明度(Disclosure_1)的回归系数为0.3044,在1%的水平上显著。这一结果在经济意义上也是显著的,平均来看儒家文化影响增加一个标准差,会使信息披露透明度提高约4.78%(0.3044×0.1570),相当于均值的20.20%(4.78%/—0.2366);列(2)检验结果显示,控制其他变量影响后,儒家文化影响(Culture_2)与信息披露透明度(Disclosure_1)的回归系数为0.1708,在1%的水平上显著,平均来看,儒家文化影响增加一个标准差,会使信息披露透明度提高约4.97%(0.1708×0.2911),相当于均值的21.01%(4.97%/—0.2366)。这一回归结果意味着上市公司所在地的儒家文化影响力越强,上市公司信息披露透明度越高,验证了本章的研究假说 H3.2。

表 3.5 中列(3)—(4)被解释变量为按 Kothari et al.(2005)模型计算的累计操纵性应计利润(Disclosure_2),列(3)检验结果显示,控制宗教传统、地方经济发展水平以及地区教育水平等其他变量影响后,儒家文化影响(Culture_1)与信息披露透明度(Disclosure_2)的回归系数为0.2726,在1%的水平上显著,平均来看,儒家文化影响增加一个标准差,会使信息披露透明度提高约4.28%(0.2726×0.1570),相当于均值的19.06%(4.28%/—0.2246);列(4)检验结果显示,控制其他变量影响后,儒家文化影响(Culture_2)与信息披露透明度(Disclosure_2)的回归系数为0.1629,在1%的水平上显著,平均来看,儒家文化影响增加一个标准差,会使信息披露透明度提高约4.74%(0.1629×0.2911),相当于均值的21.10%(4.74%/—0.2246)。本章的研究假说H3.2进一步得到验证。

表 3.5　儒家文化影响与信息披露透明度关系的回归结果

变量	Disclosure_1		Disclosure_2	
	(1)	(2)	(3)	(4)
Culture_1	0.3044*** (3.16)		0.2726*** (2.97)	
Culture_2		0.1708*** (2.73)		0.1629*** (2.73)
Religious	−0.0057 (−1.22)	−0.0071 (−1.42)	−0.0052 (−1.17)	−0.0069 (−1.45)
Dual	−0.0176* (−1.88)	−0.0186** (−1.97)	−0.0160* (−1.77)	−0.0168* (−1.85)

变量	Disclosure_1		Disclosure_2	
	(1)	(2)	(3)	(4)
Soe	0.0313***	0.0324***	0.0301***	0.0310***
	(3.30)	(3.41)	(3.36)	(3.46)
First	−0.0012***	−0.0012***	−0.0012***	−0.0012***
	(−3.85)	(−3.90)	(−4.26)	(−4.31)
Roe	−0.2437***	−0.2449***	−0.2262***	−0.2275***
	(−6.68)	(−6.68)	(−6.55)	(−6.57)
Lev	−0.1277***	−0.1257***	−0.1451***	−0.1433***
	(−5.22)	(−5.15)	(−6.31)	(−6.25)
Size	0.0018	0.0022	0.0018	0.0021
	(0.41)	(0.50)	(0.44)	(0.51)
Growth	−0.0263***	−0.0264***	−0.0256***	−0.0256***
	(−8.54)	(−8.55)	(−8.57)	(−8.58)
Age	0.0140	0.0128	0.0053	0.0043
	(1.52)	(1.38)	(0.60)	(0.49)
Indratio	−0.0462	−0.0494	−0.0338	−0.0364
	(−0.61)	(−0.65)	(−0.48)	(−0.52)
lngdpp	0.0320**	0.0283**	0.0291**	0.0268**
	(2.31)	(2.08)	(2.22)	(2.08)
Education	−0.0074	0.0032	−0.0056	−0.0021
	(−1.69)	(−0.85)	(−1.37)	(−0.59)
Big4	0.0340***	0.0314***	0.0343***	0.0318***
	(2.85)	(2.64)	(3.02)	(2.80)
Board	0.0429**	0.0413*	0.0355*	0.0341*
	(2.03)	(1.96)	(1.77)	(1.71)
Spvboard	0.0280**	0.0279**	0.0276**	0.0275**
	(2.15)	(2.15)	(2.20)	(2.20)
Intercept	−0.3694***	−0.3859***	−0.3178***	−0.3347***
	(−4.04)	(−4.24)	(−3.63)	(−3.84)
Industry	Yes	Yes	Yes	Yes
Year	Yes	Yes	Yes	Yes
Adj. R^2	0.1595	0.1587	0.1692	0.1689
F	9.3229	9.2394	10.0109	10.0309
Obs	5724	5724	5724	5724

注：括号中的数据为经 Huber-White sandwich robust t-statistic 和公司层面的 Cluster 处理后的 t 统计量，***、**、* 分别表示检验在 1%、5%、10% 水平上显著（双尾）。

3.5　稳健性检验

3.5.1　内生性检验

尽管前面的分析为儒家文化对公司财务报告可靠性和信息披露透明度影响提供了经验证据,但是,为了确保结论稳健可靠,须考虑儒家文化影响与公司财务报告可靠性和信息披露透明度之间可能存在的反向因果(Reverse Causality)关系和遗漏变量导致的共同决定(Joint Determination),由此可能会导致模型估计偏误(Nunn & Qian,2014)。本章中,被解释变量公司信息披露质量是公司层面的行为,而解释变量儒家文化影响是地区层面的变量,公司信息披露质量对儒家文化的反向因果影响相对较小;而"共同决定"是指可能存在不可观测的因素影响儒家文化与公司信息披露质量之间的关系。本章借鉴古志辉(2015a,2015b)的做法,以公司周边 200 公里贞节堂(清节堂)数量的自然对数作为工具变量(IV)。儒家文化推崇"从一而终"的贞操观,各个阶层的妇女都以再婚为耻。女性为死去的丈夫或未婚夫守寡、殉节,能受到赐匾立碑、造牌坊的褒扬,而妇女改嫁则被视为大逆不道。为收容、留置贞女、节妇,各地官府拨商税,商人出资,成立贞节堂(清节堂)。各地贞节堂(清节堂)的数量与守节妇女的数量成正比,体现了儒家文化的影响,可作为工具变量。此外,儒家文化强调"女子无才便是德",民国之前女性识字率相对较低,从事技术相对简单的桑蚕养殖和纺织工作(白馥兰,2006),很难将贞节堂(清节堂)的数量与识字率或者技术进步相联系。以公司信息披露质量为被解释变量,贞节堂(清节堂)数量为解释变量,并以儒家文化作为工具变量,Hausman 检验结果表明,卡方值为12.89,伴随概率为 1.000。这一结果进一步支持了选择贞节堂(清节堂)作为儒家文化的工具变量满足外生性要求。为了缓解可能存在的内生性问题,本章构建以下两阶段回归模型(2SLS)。

$$\text{Culture} = \gamma_0 + \gamma_1 \times \text{IV} + \gamma_2 \times \text{Others} + \sum \text{Industrydum} +$$

$$\sum \text{Yeardum} + \varepsilon \qquad (3.10)$$

$$\text{DA} = \gamma_0 + \gamma_1 \times \overline{\text{Culture}} + \gamma_2 \times \text{Others} + \sum \text{Industrydum} +$$

$$\sum \text{Yeardum} + \varepsilon \qquad (3.11)$$

$$\text{Disclosure} = \lambda_0 + \lambda_1 \times \overline{\text{Culture}} + \lambda_2 \times \text{Others} + \sum \text{Industrydum} +$$

$$\sum \text{Yeardum} + \varepsilon \tag{3.12}$$

其中,式(3.10)中的 IV 变量代表公司周边 200 公里贞节堂(清节堂)数量(IV)的自然对数。$\overline{\text{Culture}}$是根据式(3.10)计算的预测值。

表 3.6 汇总了工具变量的回归结果,列(1)为第一阶段的回归结果,结果发现回归方程的 F 值为 304.7,大于临界值 10,表明不存在弱工具变量问题。列(2)—(5)为第二阶段回归结果,检验结果表明,$\overline{\text{Culture}}$的系数显著为负,前文结论未发生实质性改变,假说 H3.1 和 H3.2 依旧得到了支持。

表 3.6　工具变量的回归结果

变量	Culture_1	DA_1	DA_2	Disclosure_1	Disclosure_2
	(1)	(2)	(3)	(4)	(5)
IV	0.0055***				
	(18.82)				
$\overline{\text{Culture}}$		−0.4493**	−0.4293**	1.3386**	1.1939*
		(−2.40)	(−2.40)	(2.07)	(1.94)
Religious	0.0010	0.0012	0.0013	−0.0088	−0.0079
	(0.53)	(0.61)	(0.70)	(−1.37)	(−1.29)
Dual	−0.0049***	0.0053*	0.0041	−0.0133	−0.0121
	(−4.43)	(1.87)	(1.52)	(−1.35)	(−1.28)
Soe	0.0031***	−0.0043	−0.0048*	0.0303***	0.0293***
	(2.66)	(−1.54)	(−1.81)	(3.17)	(3.23)
First	−0.0001**	0.0001	0.0001*	−0.0011***	−0.0012***
	(−2.18)	(1.26)	(1.80)	(−3.58)	(−4.01)
Roe	0.0153***	0.0806***	0.0720***	−0.2610***	−0.2416***
	(2.78)	(5.56)	(5.16)	(−6.79)	(−6.66)
Lev	0.0047	0.0489***	0.0552***	−0.1345***	−0.1512***
	(1.64)	(6.48)	(7.69)	(−5.39)	(−6.44)
Size	0.0030***	−0.0018	−0.0014	−0.0010	−0.0007
	(5.39)	(−1.24)	(−1.04)	(−0.20)	(−0.15)
Growth	−0.0004	0.0121***	0.0118***	−0.0258***	−0.0251***
	(−0.94)	(7.58)	(7.67)	(−8.22)	(−8.28)
Age	−0.0113***	−0.0181***	−0.0143***	0.0235**	0.0137
	(−12.88)	(−6.18)	(−5.12)	(2.11)	(1.28)
Indratio	−0.0116	−0.0259	−0.0311	−0.0323	−0.0214
	(−1.27)	(−1.20)	(−1.54)	(−0.43)	(−0.31)
lngdpp	−0.0610***	−0.0281**	−0.0273**	0.0920**	0.0825**
	(−46.08)	(−2.37)	(−2.41)	(2.19)	(2.07)

续表

变量	Culture_1	DA_1	DA_2	Disclosure_1	Disclosure_2
	(1)	(2)	(3)	(4)	(5)
Education	0.0259***	0.0109**	0.0102**	−0.0344*	−0.0297*
	(82.02)	(2.18)	(2.14)	(−1.96)	(−1.78)
Big4	−0.0010	−0.0069*	−0.0075**	0.0344***	0.0346***
	(−0.61)	(−1.78)	(−2.06)	(2.80)	(2.96)
Board	−0.0010	−0.0188***	−0.0169***	0.0421**	0.0349*
	(−0.38)	(−2.97)	(−2.79)	(1.98)	(1.73)
Spvboard	0.0014	−0.0071*	−0.0075**	0.0253*	0.0251**
	(0.75)	(−1.80)	(−1.98)	(1.95)	(2.01)
Intercept	0.0655***	0.2366***	0.2119***	−0.4335***	−0.3749***
	(5.43)	(8.03)	(7.49)	(−4.39)	(−3.98)
Industry	Yes	Yes	Yes	Yes	Yes
Year	Yes	Yes	Yes	Yes	Yes
Adj. R^2	0.4142	0.0999	0.1005	0.1572	0.1672
F	304.7761	11.5878	11.5264	9.0662	9.8417
Obs	8685	8685	8685	5724	5724

注:括号中的数据为经 Huber-White sandwich robust t-statistic 和公司层面的 Cluster 处理后的 t 统计量,***、**、* 分别表示检验在 1%、5%、10% 水平上显著(双尾)。

3.5.2 变量替代测量检验

3.5.2.1 财务报告可靠性替代测量的检验

本章借鉴 Dechow & Dichev(2002)模型来估计应计质量,进行稳健性检验,回归结果如表 3.7 所示。检验结果同样显示,儒家文化与应计质量显著负相关,表明地区儒家文化影响力越强,公司财务报告可靠性越高,再次验证了本章的研究假说 H3.1。

表 3.7　财务报告可靠性替代测量的回归结果

变量	(1)	(2)
Culture_1	−0.0109*	
	(−1.83)	
Culture_2		−0.0126**
		(−2.12)
Religious	−0.0006	−0.0032
	(−1.30)	(−1.23)

续表

变量	(1)	(2)
Dual	−0.0007	−0.0016*
	(−0.85)	(−1.68)
Soe	−0.0019**	−0.0007
	(−2.19)	(−0.68)
First	0.0000	−0.0000
	(0.36)	(−0.77)
Roe	0.0038	0.0081
	(0.46)	(0.87)
Lev	−0.0049**	−0.0021
	(−2.05)	(−0.77)
Size	−0.0014***	−0.0016***
	(−3.16)	(−3.25)
Growth	0.0003	0.0002
	(1.05)	(0.68)
Age	0.0014**	0.0006
	(1.98)	(0.81)
Indratio	0.0018	0.0101
	(0.25)	(1.24)
lngdpp	0.0001	0.0002
	(0.05)	(0.19)
Education	0.0002	0.0003
	(0.61)	(0.80)
Big4	0.0036**	0.0054***
	(2.16)	(3.00)
Board	−0.0016	−0.0021
	(−0.81)	(−0.91)
Spvboard	−0.0036***	−0.0045***
	(−2.72)	(−3.12)
Intercept	0.0719***	0.0771***
	(7.52)	(7.01)
Industry	Yes	Yes
Year	Yes	Yes
Adj. R^2	0.0350	0.0346
F	10.2172	9.0751
Obs	7882	6130

注:括号中的数据为经 Huber-White sandwich robust t-statistic 和公司层面的 Cluster 处理后的 t 统计量,***、**、*分别表示检验在 1%、5%、10%水平上显著(双尾)。

3.5.2.2 信息披露透明度替代测量的检验

为了确保结果的可靠性,借鉴曾颖和陆正飞(2006)、伊志宏等(2010)、杨海燕等(2012)的做法,采用深交所对上市公司信息披露质量的评级衡量公司信息披露透明度,当信息披露评价结果为优秀和良好时表征公司信息透明度高,Disclosure_3 变量取值为 1,否则为信息透明度低,变量取值为 0。同时,根据深交所信息披露考评的原始结果优秀、良好、及格和不及格 4 级计分制(Disclosure_4),分别赋值 4、3、2、1,生成变量 Disclosure_4,变量数值越大,表明信息披露透明度越高。表 3.8 列出了儒家文化如何影响信息披露考评的回归结果,列(1)和列(2)采用 Logistic 回归,变量 Culture_1 和 Culture_2 与信息披露考评(Disclosure_3)的系数在 5% 的水平上显著为正;列(3)和列(4)采用有序 Logistic 回归,其中显示,变量 Culture_1 和 Culture_2 与信息披露考评(Disclosure_4)的系数在 10% 的水平上显著为正。这一结果意味着上市公司所在地的儒家文化影响力越强,上市公司信息披露透明度越高,再次验证了本章的研究假说 H3.2。

表 3.8　儒家文化影响与信息披露考评关系的回归结果

变量	Logistic 回归		Ordered Logistic 回归	
	(1)	(2)	(3)	(4)
Culture_1	3.5849**		2.1616*	
	(2.26)		(1.81)	
Culture_2		2.4945**		1.5308*
		(2.41)		(1.92)
Religious	−0.0702	−0.1056	0.0985*	0.0776
	(−0.92)	(−1.29)	(1.75)	(1.29)
Dual	−0.1888	−0.1979	−0.0384	−0.0433
	(−1.55)	(−1.62)	(−0.42)	(−0.48)
Soe	0.2296	0.2504	0.3461***	0.3524***
	(1.49)	(1.62)	(2.66)	(2.73)
First	0.0043	0.0042	0.0035	0.0035
	(1.06)	(1.02)	(1.13)	(1.13)
Roe	4.5833***	4.5616***	5.7816***	5.7695***
	(7.04)	(7.02)	(11.24)	(11.20)
Lev	−1.6700***	−1.6262***	−2.1492***	−2.1311***
	(−4.26)	(−4.16)	(−7.30)	(−7.28)
Size	0.3740***	0.3764***	0.5546***	0.5567***
	(4.76)	(4.79)	(9.21)	(9.27)

变量	Logistic 回归		Ordered Logistic 回归	
	（1）	（2）	（3）	（4）
Growth	−0.0581	−0.0555	−0.0338	−0.0336
	（−1.46）	（−1.38）	（−1.04）	（−1.03）
Age	−0.2417**	−0.2593**	−0.2727***	−0.2816***
	（−2.18）	（−2.33）	（−3.36）	（−3.50）
Indratio	−1.6512	−1.6734	−0.5782	−0.5963
	（−1.31）	（−1.33）	（−0.61）	（−0.63）
lngdpp	0.4846**	0.4723**	0.3385**	0.3283**
	（2.50）	（2.50）	（2.10）	（2.07）
Education	−0.0942	−0.0486	−0.1170**	−0.0901**
	（−1.46）	（−0.88）	（−2.27）	（−2.07）
Big4	0.0692	0.0341	0.1841	0.1654
	（0.24）	（0.12）	（0.70）	（0.63）
Board	−0.2735	−0.2847	0.3404	0.3321
	（−0.84）	（−0.87）	（1.35）	（1.31）
Spvboard	−0.4708*	−0.4510*	−0.2045	−0.1926
	（−1.91）	（−1.83）	（−0.95）	（−0.89）
Intercept	−3.9869**	−4.3011**	6.5182***	6.7124***
	（−2.16）	（−2.33）	（4.63）	（4.75）
Industry	Yes	Yes	Yes	Yes
Year	Yes	Yes	Yes	Yes
Pseudo R^2	0.0911	0.0916	0.0910	0.0911
F	335.7981	330.7422	510.9392	502.1438
Obs	5387	5387	5387	5387

注：括号中的数据为经 Huber-White sandwich robust t-statistic 和公司层面的 Cluster 处理后的 t 统计量，***、**、* 分别表示检验在 1%、5%、10%水平上显著（双尾）。

3.5.3　文化冲击的影响

一百多年来，随着西方文化在中国的传播，儒家文化受到了一定程度的冲击。旅游、饮食、语言、服饰等外来文化都会对中国传统文化产生影响，而经济全球化进一步加大和推进了跨文化交流的力度和范围。其中，旅游是文化冲击的一种形式，数倍乃至数百倍于当地原有居民的游客大潮，以及他们所带来的各种文化生活习惯，无不冲击着旅游地的文化基础。中国地广物博，幅员辽阔，天然与文化景观多，吸引境内外大量的游客，旅游者带来的文化入侵，必然对旅

表 3.9 儒家文化影响、旅游文化冲击与公司信息披露质量关系的回归结果

变量	Panel A:操纵性应计利润				Panel B:信息披露透明度			
	DA_1		DA_2		Disclosure_1		Disclosure_2	
	(1)	(2)	(3)	(4)	(5)	(6)	(7)	(8)
Culture_1	-0.0817***	-0.0710**	-0.0765***	-0.0647**	0.3131***	0.2751***	0.2818***	0.2450***
	(-2.74)	(-2.40)	(-2.67)	(-2.28)	(3.21)	(2.79)	(3.03)	(2.61)
Tour_1	0.0379*		0.0276		-0.1148		-0.0859	
	(1.66)		(1.25)		(-1.32)		(-1.02)	
Tour_1 * Culture_1	0.2609		0.3346		-1.1088		-1.1483	
	(0.84)		(1.13)		(-1.07)		(-1.16)	
Tour_2		0.0341**		0.0295**		-0.1253**		-0.1074**
		(2.21)		(2.01)		(-2.37)		(-2.11)
Tour_2 * Culture_1		0.1654		0.2025		-0.5764		-0.5929
		(0.68)		(0.87)		(-0.68)		(-0.73)
Religious	-0.0003	-0.0002	0.0000	-0.0001	-0.0072	-0.0071	-0.0069	-0.0065
	(-0.22)	(-0.15)	(0.00)	(-0.04)	(-1.41)	(-1.50)	(-1.42)	(-1.44)
Dual	0.0070***	0.0069**	0.0057**	0.0056**	-0.0173*	-0.0171*	-0.0156*	-0.0156*
	(2.60)	(2.57)	(2.22)	(2.21)	(-1.85)	(-1.84)	(-1.74)	(-1.73)
Soe	-0.0056**	-0.0057**	-0.0059**	-0.0061**	0.0324***	0.0331***	0.0310***	0.0316***
	(-1.99)	(-2.03)	(-2.22)	(-2.27)	(3.43)	(3.49)	(3.45)	(3.52)
First	0.0001	0.0001	0.0002	0.0002	-0.0011***	-0.0011***	-0.0012***	-0.0012***
	(1.48)	(1.47)	(2.02)	(2.01)	(-3.79)	(-3.78)	(-4.21)	(-4.20)
Roe	0.0741***	0.0741***	0.0658***	0.0658***	-0.2449***	-0.2438***	-0.2271***	-0.2263***
	(5.29)	(5.29)	(4.88)	(4.88)	(-6.72)	(-6.69)	(-6.59)	(-6.56)
Lev	0.0470***	0.0473***	0.0533***	0.0536***	-0.1309***	-0.1322***	-0.1476***	-0.1489***
	(6.31)	(6.33)	(7.51)	(7.53)	(-5.35)	(-5.36)	(-6.42)	(-6.43)
Size	-0.0026*	-0.0026*	-0.0022*	-0.0022*	0.0019	0.0018	0.0018	0.0018
	(-1.95)	(-1.95)	(-1.75)	(-1.74)	(0.44)	(0.42)	(0.46)	(0.45)

续表

变量	Panel A:操纵性应计利润				Panel B:信息披露透明度			
	DA_1		DA_2		Disclosure_1		Disclosure_2	
	(1)	(2)	(3)	(4)	(5)	(6)	(7)	(8)
Growth	0.0122*** (7.75)	0.0122*** (7.76)	0.0120*** (7.82)	0.0120*** (7.83)	-0.0262*** (-8.54)	-0.0261*** (-8.56)	-0.0254*** (-8.56)	-0.0254*** (-8.58)
Age	-0.0141*** (-5.90)	-0.0141*** (-5.92)	-0.0105*** (-4.52)	-0.0105*** (-4.56)	0.0141 (1.52)	0.0142 (1.53)	0.0051 (0.58)	0.0054 (0.61)
Indratio	-0.0212 (-0.98)	-0.0222 (-1.02)	-0.0265 (-1.30)	-0.0273 (-1.34)	-0.0386 (-0.51)	-0.0347 (-0.46)	-0.0276 (-0.39)	-0.0240 (-0.34)
lngdpp	-0.0095** (-2.28)	-0.0118*** (-2.63)	-0.0087** (-2.17)	-0.0107** (-2.51)	0.0455*** (2.76)	0.0565*** (3.35)	0.0396** (2.52)	0.0496*** (3.10)
Education	0.0007 (0.56)	0.0017 (1.24)	0.0004 (0.33)	0.0011 (0.85)	-0.0057 (-1.28)	-0.0095* (-1.95)	-0.0041 (-0.97)	-0.0071 (-1.54)
Big4	-0.0076** (-2.03)	-0.0078** (-2.08)	-0.0080** (-2.24)	-0.0082** (-2.33)	0.0361*** (3.03)	0.0374*** (3.15)	0.0358*** (3.15)	0.0371*** (3.28)
Board	-0.0197*** (-3.12)	-0.0197*** (-3.13)	-0.0176*** (-2.92)	-0.0177*** (-2.94)	0.0455** (2.15)	0.0461** (2.19)	0.0378* (1.89)	0.0384* (1.92)
Spvboard	-0.0077* (-1.97)	-0.0075* (-1.90)	-0.0081** (-2.15)	-0.0079** (-2.10)	0.0267** (2.06)	0.0257** (1.99)	0.0264** (2.12)	0.0256** (2.06)
Intercept	0.2052*** (7.17)	0.2037*** (7.25)	0.1806*** (6.55)	0.1807*** (6.69)	-0.3592*** (-3.71)	-0.3588*** (-3.81)	-0.3042*** (-3.27)	-0.3079*** (-3.41)
Industry	Yes	Yes	Yes	Yes	Yes	Yes	Yes	Yes
Year	Yes	Yes	Yes	Yes	Yes	Yes	Yes	Yes
Adj. R^2	0.1006	0.1008	0.1010	0.1012	0.1603	0.1611	0.1698	0.1704
F	11.6459	11.6222	11.4223	11.3747	9.0396	9.0924	9.6630	9.6640
Obs	8685	8685	8685	8685	5724	5724	5724	5724

注:括号中的数据为经 Huber-White sandwich robust t-statistic 和公司层面的 Cluster 处理后的 t 统计量。***、**、* 分别表示检验在 1%、5%、10% 水平上显著(双尾);变量 Cluture_2 的结果类似,未列报;模型中对交互项测量的变量进行了中心化处理,以避免多重共线性对模型估计结果的影响。

表 3.10 儒家文化影响、饮食文化冲击与公司信息披露质量关系的回归结果

变量	Panel A: 操纵性应计利润				Panel B: 信息披露透明度			
	DA_1		DA_2		Disclosure_1		Disclosure_2	
	(1)	(2)	(3)	(4)	(5)	(6)	(7)	(8)
Culture_1	-0.0911***	-0.0847***	-0.0826***	-0.0757***	0.3265***	0.3042***	0.2918***	0.2692***
	(-3.00)	(-2.78)	(-2.84)	(-2.60)	(3.24)	(2.95)	(3.05)	(2.75)
KFC	-0.0013		-0.0008		0.0083		0.0078	
	(-0.60)		(-0.40)		(0.99)		(0.97)	
KFC * Culture_1	-0.0307		-0.0227		0.0944		0.0839	
	(-0.86)		(-0.67)		(0.78)		(0.73)	
MDL		0.0015		0.0015		-0.0046		-0.0040
		(1.03)		(1.03)		(-0.83)		(-0.75)
MDL * Culture_1		0.0005		0.0045		-0.0212		-0.0230
		(0.02)		(0.20)		(-0.26)		(-0.29)
Religious	-0.0007	-0.0004	-0.0005	-0.0002	-0.0046	-0.0066	-0.0042	-0.0060
	(-0.50)	(-0.26)	(-0.38)	(-0.14)	(-0.97)	(-1.35)	(-0.92)	(-1.29)
Dual	0.0071***	0.0070***	0.0058**	0.0057**	-0.0180*	-0.0174*	-0.0164*	-0.0158*
	(2.61)	(2.60)	(2.25)	(2.24)	(-1.91)	(-1.86)	(-1.80)	(-1.75)
Soe	-0.0049*	-0.0050*	-0.0055**	-0.0055**	0.0315***	0.0311***	0.0304***	0.0300***
	(-1.77)	(-1.80)	(-2.05)	(-2.07)	(3.32)	(3.28)	(3.38)	(3.34)
First	0.0001	0.0001	0.0002**	0.0002**	-0.0012***	-0.0012***	-0.0012***	-0.0012***
	(1.53)	(1.53)	(2.07)	(2.07)	(-3.83)	(-3.85)	(-4.24)	(-4.26)
Roe	0.0748***	0.0742***	0.0664***	0.0658***	-0.2449***	-0.2430***	-0.2273***	-0.2256***
	(5.32)	(5.29)	(4.90)	(4.87)	(-6.69)	(-6.66)	(-6.57)	(-6.54)
Lev	0.0469***	0.0465***	0.0533***	0.0530***	-0.1275***	-0.1279***	-0.1450***	-0.1453***
	(6.30)	(6.25)	(7.51)	(7.48)	(-5.21)	(-5.23)	(-6.30)	(-6.32)
Size	-0.0027**	-0.0026*	-0.0023*	-0.0022*	0.0017	0.0017	0.0017	0.0017
	(-2.04)	(-1.96)	(-1.82)	(-1.75)	(0.39)	(0.40)	(0.42)	(0.43)

续表

变量	Panel A:操纵性应计利润				Panel B:信息披露透明度			
	DA_1		DA_2		Disclosure_1		Disclosure_2	
	(1)	(2)	(3)	(4)	(5)	(6)	(7)	(8)
Growth	0.0122***	0.0123***	0.0120***	0.0120***	−0.0263***	−0.0263***	−0.0255***	−0.0255***
	(7.73)	(7.75)	(7.80)	(7.83)	(−8.56)	(−8.53)	(−8.59)	(−8.55)
Age	−0.0144***	−0.0141***	−0.0108***	−0.0105***	0.0152*	0.0138	0.0063	0.0050
	(−6.05)	(−5.91)	(−4.68)	(−4.55)	(1.65)	(1.49)	(0.72)	(0.57)
Indratio	−0.0212	−0.0201	−0.0264	−0.0255	−0.0421	−0.0445	−0.0300	−0.0324
	(−0.98)	(−0.93)	(−1.29)	(−1.25)	(−0.56)	(−0.59)	(−0.43)	(−0.46)
lngdpp	−0.0050	−0.0097**	−0.0055	−0.0092**	0.0185	0.0431**	0.0163	0.0383**
	(−1.01)	(−2.15)	(−1.16)	(−2.14)	(0.88)	(2.34)	(0.81)	(2.18)
Education	0.0016	0.0019	0.0012	0.0014	−0.0064	−0.0083	−0.0047	−0.0062
	(1.08)	(1.36)	(0.87)	(1.01)	(−1.26)	(−1.66)	(−0.96)	(−1.32)
Big4	−0.0067*	−0.0071*	−0.0073**	−0.0077**	0.0344***	0.0346***	0.0347***	0.0348***
	(−1.77)	(−1.88)	(−2.16)	(−2.16)	(2.90)	(2.91)	(3.06)	(3.06)
Board	−0.0190***	−0.0190***	−0.0170***	−0.0171***	0.0433**	0.0431**	0.0359*	0.0358*
	(−2.99)	(−3.00)	(−2.81)	(−2.82)	(2.05)	(2.04)	(1.80)	(1.78)
Spvboard	−0.0081**	−0.0078**	−0.0084**	−0.0082**	0.0287**	0.0276**	0.0282**	0.0272**
	(−2.03)	(−1.98)	(−2.21)	(−2.17)	(2.20)	(2.12)	(2.25)	(2.18)
Intercept	0.1965***	0.1978***	0.1741***	0.1755***	−0.3098***	−0.3315***	−0.2641***	−0.2840***
	(6.96)	(7.04)	(6.42)	(6.50)	(−3.28)	(−3.52)	(−2.92)	(−3.14)
Industry	Yes	Yes	Yes	Yes	Yes	Yes	Yes	Yes
Year	Yes	Yes	Yes	Yes	Yes	Yes	Yes	Yes
Adj. R^2	0.1002	0.1002	0.1007	0.1008	0.1597	0.1595	0.1693	0.1691
F	11.5307	11.5016	11.3342	11.2988	8.9123	8.8776	9.5738	9.5266
Obs	8685	8685	8685	8685	5724	5724	5724	5724

注:括号中的数据为经 Huber White sandwich robust t-statistic 和公司层面的 Cluster 处理后的 t 统计量。***、**、* 分别表示检验在 1%、5%、10%水平上显著(双尾);变量 Cluture_2 的结果类似,未列报;模型中对交互项测量的变量进行了中心化处理,以避免多重共线性对模型估计结果的影响。

游地文化产生一定冲击(朱沁夫,2013)。本章以上市公司注册地入境旅游外国人数总计与当地人口的比例(Tour_1)、入境旅游人数总计与当地人口的比例(Tour_2)来度量文化冲击,表3.9报告了旅游文化冲击对儒家文化影响与公司信息披露质量关系的回归结果,列(1)—(4)中,变量 Culture_1 的系数依然显著为负,列(5)—(8)中,变量 Culture_1 的系数依然显著为正,假说 H3.1 和 H3.2再次得到验证,交互项 Tour_1 * Culture_1 和 Tour_2 * Culture_1 的系数不显著,表明旅游文化冲击对儒家文化影响与公司信息披露质量之间的关系影响有限。

伴随全球化进程,饮食也随着人口流动跨地方扩展,对传统文化的认识产生冲击(Nijman,1999)。肯德基、麦当劳、必胜客等洋快餐遍布中国各大城市的大街小巷,改变了人们的饮食方式,冲击地方饮食文化原真性。饮食文化作为文化的一个重要组成部分,理解饮食文化的跨地方传播、创新与发展也有助于诠释中国传统文化的变迁。本章以上市公司注册地入肯德基门店数量加1的自然对数(KFC)、麦当劳门店数量加1的自然对数(MDL)来度量文化冲击,表3.10报告了饮食文化冲击对儒家文化影响与公司信息披露质量关系的回归结果,列(1)—(4)中,变量 Culture_1 的系数依然显著为负,列(5)—(8)中,变量Culture_1 的系数依然显著为正,假说 H3.1 和 H3.2 同样得到验证,交互项KFC * Culture_1 和 MDL * Culture_1 的系数不显著,表明饮食文化冲击对儒家文化影响与公司信息披露质量之间的关系影响有限。

3.5.4 其他检验

为增强结果的可靠性,借鉴李毓鑫和王金波(2015)的做法,以 0～9 岁男女出生性别比为宗教传统(Religious)的代理变量进行检验,文中结论未发生实质性改变(如表 3.11 所示)。

表 3.11 儒家文化影响与财务报告可靠性关系的稳健性回归结果

变量	DA_1		DA_2	
	(1)	(2)	(3)	(4)
Culture_1	−0.0614** (−2.01)		−0.0526* (−1.77)	
Culture_2		−0.0352** (−2.02)		−0.0328* (−1.94)
Religious	0.0028 (0.35)	0.0056 (0.70)	0.0026 (0.32)	0.0050 (0.62)
Dual	0.0068** (2.20)	0.0069** (2.23)	0.0057* (1.95)	0.0057** (1.97)

续表

变量	DA_1		DA_2	
	(1)	(2)	(3)	(4)
Soe	−0.0049	−0.0052*	−0.0055*	−0.0058*
	(−1.57)	(−1.66)	(−1.84)	(−1.92)
First	0.0001	0.0001	0.0002**	0.0002**
	(1.43)	(1.48)	(2.05)	(2.10)
Roe	0.0865***	0.0866***	0.0768***	0.0769***
	(5.28)	(5.26)	(4.87)	(4.86)
Lev	0.0524***	0.0518***	0.0589***	0.0584***
	(6.36)	(6.29)	(7.51)	(7.44)
Size	−0.0047***	−0.0047***	−0.0042***	−0.0042***
	(−3.26)	(−3.28)	(−3.04)	(−3.05)
Growth	0.0130***	0.0130***	0.0127***	0.0127***
	(8.19)	(8.19)	(8.17)	(8.16)
Age	−0.0143***	−0.0141***	−0.0100***	−0.0099***
	(−5.42)	(−5.36)	(−3.94)	(−3.89)
Indratio	−0.0244	−0.0241	−0.0313	−0.0311
	(−1.00)	(−0.99)	(−1.37)	(−1.36)
lngdpp	−0.0018	−0.0006	−0.0019	−0.0011
	(−0.46)	(−0.17)	(−0.50)	(−0.31)
Education	0.0003	−0.0006	−0.0001	−0.0008
	(0.22)	(−0.53)	(−0.04)	(−0.71)
Big4	−0.0053	−0.0049	−0.0061	−0.0057
	(−1.29)	(−1.19)	(−1.57)	(−1.47)
Board	−0.0165**	−0.0162**	−0.0150**	−0.0147**
	(−2.39)	(−2.35)	(−2.28)	(−2.24)
Spvboard	−0.0063	−0.0064	−0.0070*	−0.0071*
	(−1.45)	(−1.46)	(−1.68)	(−1.69)
Intercept	0.2357***	0.2353***	0.2087***	0.2091***
	(7.13)	(7.11)	(6.53)	(6.55)
Industry	Yes	Yes	Yes	Yes
Year	Yes	Yes	Yes	Yes
Adj. R^2	0.1112	0.1112	0.1118	0.1119
F	10.7705	10.7243	10.8154	10.8167
Obs	8685	8685	8685	8685

注：括号中的数据为经 Huber-White sandwich robust t-statistic 和公司层面的 Cluster 处理后的 t 统计量，***、**、* 分别表示检验在 1%、5%、10% 水平上显著（双尾）。另外，以信息披露透明度 Disclosure_1 和 Disclosure_1 为被解释变量，文中结论未发生改变。

　　根据中国国学网及网络搜索引擎,我们手工整理了全国各地的孔庙,共计312座,以此作为儒家文化影响的代理变量(Culture_3)考察其与公司信息披露质量之间的关系(如表3.12所示)。检验结果显示,孔庙数量对公司信息披露质量的影响十分有限。究其原因:一方面,文化的建立与培育是一个相对长期的过程。新建的孔庙在短期内难以对儒家文化进行广泛的传播,而封建王朝时期的儒家文化则具有较强的传承性,可以较好地测度该地区的儒家文化强度。另一方面,采用现代的孔庙数量等作为指标可能存在一定的度量偏差。在保护传统文化政策的推动下,地方政府有很强的动机建造孔庙,迎合中央政策,这使得指标捕捉的并非儒家文化的特征。

表 3.12　孔庙与财务报告可靠性关系的回归结果

变量	DA_1	DA_2
	(1)	(2)
Culture_3	0.0125	0.0138
	(0.62)	(0.72)
Religious_1	−0.0022	−0.0019
	(−1.64)	(−1.51)
Dual	0.0075***	0.0062**
	(2.77)	(2.41)
Soe	−0.0052*	−0.0057**
	(−1.86)	(−2.13)
First	0.0001	0.0002**
	(1.63)	(2.17)
Roe	0.0735***	0.0652***
	(5.22)	(4.81)
Lev	0.0468***	0.0533***
	(6.24)	(7.46)
Size	−0.0031**	−0.0026**
	(−2.27)	(−2.05)
Growth	0.0123***	0.0120***
	(7.69)	(7.77)
Age	−0.0133***	−0.0098***
	(−5.57)	(−4.23)
Indratio	−0.0194	−0.0251
	(−0.90)	(−1.23)
lngdpp	−0.0003	−0.0006
	(−0.10)	(−0.21)

续表

变量	DA_1	DA_2
	(1)	(2)
Education	−0.0006	−0.0007
	(−0.55)	(−0.73)
Big4	−0.0066*	−0.0072**
	(−1.72)	(−2.00)
Board	−0.0188***	−0.0168***
	(−2.94)	(−2.76)
Spvboard	−0.0081**	−0.0084**
	(−2.04)	(−2.23)
Intercept	0.2048***	0.1810***
	(7.40)	(6.80)
Industry	Yes	Yes
Year	Yes	Yes
Adj. R^2	0.0990	0.0997
F	11.5003	11.4720
Obs	8685	8685

注:括号中的数据为经 Huber-White sandwich robust t-statistic 和公司层面的 Cluster 处理后的 t 统计量,***、**、* 分别表示检验在 1%、5%、10% 水平上显著(双尾)。

可见,本章参考古志辉(2015a,2015b),采用明末数据构建儒家文化指标具有一定的合理性,符合文化形成与培育的长期性特征,有助于缓解度量偏差。

此外,模型同时控制人均 GDP 和 GDP 增速进行再检验,文中结论未发生实质性改变(如表 3.13 所示)。

表 3.13 控制 GDP 增速的回归结果

变量	DA_1		DA_2	
	(1)	(2)	(3)	(4)
Culture_1	−0.0660**		−0.0634**	
	(−2.15)		(−2.16)	
Culture_2		−0.0449**		−0.0452**
		(−2.27)		(−2.40)
Religious_1	−0.0004	0.0003	−0.0002	0.0005
	(−0.27)	(0.16)	(−0.12)	(0.36)
Dual	0.0056**	0.0058**	0.0044*	0.0046*
	(2.16)	(2.23)	(1.79)	(1.85)

续表

变量	DA_1		DA_2	
	(1)	(2)	(3)	(4)
Soe	−0.0043	−0.0045	−0.0049*	−0.0050*
	(−1.44)	(−1.48)	(−1.70)	(−1.75)
First	0.0001	0.0001	0.0002*	0.0002*
	(1.33)	(1.35)	(1.88)	(1.90)
Roe	0.0710***	0.0712***	0.0624***	0.0627***
	(5.07)	(5.08)	(4.69)	(4.70)
Lev	0.0413***	0.0409***	0.0482***	0.0478***
	(5.34)	(5.29)	(6.56)	(6.51)
Size	−0.0021	−0.0021	−0.0018	−0.0019
	(−1.57)	(−1.61)	(−1.44)	(−1.47)
Growth	0.0081***	0.0082***	0.0081***	0.0081***
	(5.71)	(5.70)	(5.74)	(5.74)
Age	−0.0128***	−0.0127***	−0.0095***	−0.0095***
	(−5.27)	(−5.24)	(−4.08)	(−4.05)
Indratio	−0.0245	−0.0239	−0.0264	−0.0259
	(−1.07)	(−1.05)	(−1.21)	(−1.19)
lngdpp	−0.0060	−0.0063	−0.0060	−0.0065
	(−1.33)	(−1.36)	(−1.37)	(−1.46)
Gdpzs	−0.0041	−0.0108	−0.0043	−0.0115
	(−0.11)	(−0.28)	(−0.12)	(−0.30)
Education	0.0015	0.0008	0.0011	0.0005
	(1.05)	(0.65)	(0.86)	(0.47)
Big4	−0.0080**	−0.0074**	−0.0084**	−0.0078**
	(−2.17)	(−2.00)	(−2.41)	(−2.23)
Board	−0.0182***	−0.0179***	−0.0163***	−0.0160**
	(−2.75)	(−2.71)	(−2.58)	(−2.54)
Spvboard	−0.0059	−0.0060	−0.0062	−0.0063
	(−1.49)	(−1.50)	(−1.62)	(−1.64)
Intercept	0.1959***	0.2014***	0.1739***	0.1796***
	(6.64)	(6.83)	(6.13)	(6.33)
Industry	Yes	Yes	Yes	Yes
Year	Yes	Yes	Yes	Yes
Adj. R^2	0.0834	0.0835	0.0847	0.0850
F	9.4488	9.4183	9.3766	9.3990
Obs	8685	8685	8685	8685

　　注:括号中的数据为经 Huber-White sandwich robust t-statistic 和公司层面的 Cluster 处理后的 t 统计量,***、**、*分别表示检验在1%、5%、10%水平上显著(双尾)。

3.6　本章小结

上市公司信息披露质量一直是各利益相关方关注的焦点。本章将中国传统文化中的儒家思想嵌入公司信息披露质量分析框架,考察了儒家文化影响与公司信息披露质量之间的关系。本章理论分析指出,儒家文化的"至诚"道德观和"义利"价值观,会强化员工的诚信观念,约束其利己主义,而"君子慎独"的理念以及追求善"名"、避免恶"名"的激励,会进一步约束员工的不道德行为,提高公司信息披露的质量。本章以 2007—2013 年上市公司为样本的实证结果表明,控制地方经济发展、地方教育水平以及宗教传统等变量影响后,公司所在地的儒家文化影响力越强,公司财务报告可靠性和信息披露透明度越高,验证了本章的研究假说。

Eun et al.(2015)研究认为,文化因素是一个重要的遗漏变量,它会影响信息传递及股票价格,然而,虽有文献开始关注文化对信息披露质量的影响,但现有文献并未将中国传统文化的特色融入信息披露质量研究框架,深入考察中华优秀传统文化的主体和精髓——儒家文化治理作用的研究更是缺乏。本章研究从一个新的视角为儒家文化影响企业行为提供了证据支持,丰富了中国传统文化经济后果方面的文献;同时,本章研究也丰富了嵌入中国传统文化的公司治理理论研究,并且拓展了公司信息披露质量领域的文献。此外,本章的发现也有一定的政策启示,儒家文化不仅是一套文化体系,更是一套治理体系,发扬儒家文化中优良因子,强化企业文化建设,充分发挥非正式制度对公司的治理作用,可为上市公司提高信息披露质量、监管者加强信息披露质量监管、投资者保护等方面提供有益参考,将有利于规范和发展资本市场,促进资源合理配置。

第4章 儒家文化与内部控制质量

内部控制是经济和文化双重作用的结果,文化对内部控制实施效果有着重要的影响。根据第一章所述的研究思路和整体研究框架,本章将中国传统文化中的儒家思想嵌入内部控制质量分析框架,提出了自律机制假说,以我国上市公司为研究样本,对儒家文化与内部控制关系进行了理论探讨和实证检验。研究结果表明,儒家文化有助于内部控制质量的提高,在信息不对称程度高的公司中作用更明显,儒家文化一定程度上能够改善信息环境和强化合约履行,提升内部控制质量。本章的结论同样也丰富了嵌入中国传统文化的公司治理理论研究,并且为儒家文化这一非正式制度的治理作用提供了经验证据。本章包含6节,第一节为问题的提出;第二节是制度背景、理论分析与研究假说;第三节为研究设计,包括样本选择和数据来源、模型设定与变量定义等;第四节检验了儒家文化与内部控制之间的关系,同时检验了两者关系在不同信息环境下的差异;第五节为稳健性检验;最后一节为本章小结。

4.1 问题的提出

内部控制作为提升现代企业经营业绩、财务报告可靠性和管理水平等的重要工具,一直是政府监管部门、学术界关注的焦点与热点。2002年美国颁布了《萨班斯—奥克斯利法案》(SOX法案)、2003年修订了《公司法》和《联合法案》、2005年加拿大发布了《公司治理指引》,其他国家也陆续颁布内部控制的相关规范。中国也不例外,继2006年上交所和2007年深交所分别发布内部控制指引之后,借鉴美国的内部控制范式,2008年和2010年又由财政部、审计署、银监会、证监会和保监会五部委联合发布了《企业内部控制基本规范》和《企业内部控制配套指引》,构建了中国企业内部控制规范体系。然而,由于文化习俗、风土人情等方面的差异,中国式内部控制与美国式内部控制可能存在较大差异(郑石桥和郑卓如,2013)。

文化是影响社会、政治和经济行为的一个重要因素(亨廷顿和哈里森，2013)。毋庸置疑，文化不仅影响企业行为，在组织中发挥"认知地图"作用，并对组织成员的行为起到"社会控制"的作用(O'Reilly & Chatman,1996;O'Reilly,1989)。具体到内部控制，文化是内部控制的基础和灵魂，是影响内部控制实施效果的重要因素，而内部控制是经济和文化双重作用的结果。因此，文化对内部控制的影响引起了学术界高度重视。美国的 COSO 报告也认为文化对内部控制有重要的影响;王竹泉和隋敏(2010)从人性假设、中国传统文化等角度分析的基础上，提出了"控制结构＋企业文化"的二元论;李志斌(2012)对比了日、美企业的内部控制差异，从两国的国家文化差异剖析了内部控制差异的原因，并提出以中国传统文化儒家伦理思想为内核的中国企业内部控制体系;郑石桥和郑卓如(2013)以新制度经济学为基础，建立了一个关于核心文化价值观对内部控制有效性影响的理论架构。现有文献为中国式特征的内部控制研究提供了新视角，但是，上述研究尚缺乏经验证据来支持中国传统文化对内部控制的影响。鉴于此，本章将中国传统文化中儒家思想嵌入内部控制质量分析框架，提出了自律机制假说，对儒家文化与内部控制关系进行了理论探讨和实证检验。研究结果表明，儒家文化一定程度上能够改善信息环境和强化合约履行，提升内部控制质量，并且在信息不对称程度高的公司中作用更明显。

本章的可能贡献在于:第一，从儒家文化向代理人灌输的价值观和职业伦理角度，构建了儒家文化对内部控制质量影响的理论框架，为解释和预测儒家文化对内部控制的具体影响提供理论依据;第二，提供了儒家文化对内部控制质量影响的经验证据，丰富了嵌入中国传统文化的公司治理理论研究;第三，本章的结论对上市公司加强内部控制、监管者强化内部控制监管等方面具有较强的理论价值和现实意义。

4.2　制度背景、理论分析与研究假说

4.2.1　制度背景

儒学亦称庙学，其思想是中国传统文化的精髓，由春秋时期的孔子创立，后由战国时期孟子等人传承与发展(李金波和聂辉华,2011)。明太祖朱元璋在总结元代灭亡的教训时，意识到儒学对社会统治的重要作用，倡导"治国之要，教化为先，教化之道，学校为本"的教育思想，于是便大兴教育，各地建儒学、修书院，向广大民众灌输儒家思想，明清两朝的儒家教育逐步转向世俗化和大众化，

设立的府、州、县学和书院都具有"化民成俗"的社会职能,这些教育机构是传播儒家思想的重要载体。近年来,随着中国社会的急速发展和巨大变迁,受到西方思想和文化的冲击,儒学伦理的现实境遇已经发生了根本性的改变,已由原有主流文化形态一变而为裂散的、漂浮的文化碎片,因而,有海外汉学界学者对儒家文化产生了一些偏见,认为可能因失去实践基础而面临合法性危机(景海峰,2006;古志辉,2015a;2015b)。

然而,儒家文化对中国社会的影响从未完全消失。可喜的是,党的十八大后政府多次呼吁复兴儒学,汲取优秀传统文化中的养分。国家主席习近平在纪念孔子诞辰 2565 周年国际学术研讨会的讲话中指出:"从历史的角度看,包括儒家思想在内的中国传统思想文化中的优秀成分,对中华文明形成并延续发展几千年而从未中断,对形成和维护中国团结统一的政治局面,对形成和巩固中国多民族和合一体的大家庭,对形成和丰富中华民族精神,对激励中华儿女维护民族独立、反抗外来侵略,对推动中国社会发展进步、促进中国社会利益和社会关系平衡,都发挥了十分重要的作用。"由此可见,儒家文化对建设中国特色社会主义先进文化有着重要意义。事实上,源远流长、博大精深的儒家文化蕴含着丰富的经济管理伦理思想,经过几千年的传承和洗礼,形成了一种文化基因,已成为规导和约束社会伦理生活和道德行为的一种"习惯法",对现代企业商业伦理建设具有重要的意义。作为中华优秀传统文化的主体和精髓,儒家文化表征出"格物致知"和"正心诚意"两种精神活动的取向,无论表层的物质文化与制度文化如何变化和变迁,信仰儒家的价值观都会影响人们的价值观、信念、行为和道德评价标准等。

4.2.2 理论分析与研究假说

我国 2008 年五部委发布的《企业内部控制基本规范》明确了内部控制目标:"合理保证企业经营管理合法合规、资产安全、财务报告及相关信息真实完整,提高经营效率和效果,促进企业实现发展战略。"内部控制目标旨在降低代理成本,提高企业运营效率和企业价值。而企业是一系列合约缔结的联合体,交易成本存在于所有合约中,代理成本是交易成本在委托代理合约中的具体化(Coase,1937;Williamson,1979;Cheung,1983)。因此,交易成本的产生路径,可以为降低代理成本提供理论基础。产权理论认为,交易成本是产权进行交换的成本,具体可分为计量成本(measurement cost)和执行成本(enforcement cost)两类,前者指的是信息传递成本,以此确定产权交换的价值,后者指的是履行合约成本,确保产权交换得以顺利执行(Alchian & Demsetz,1972;Cheung,1983;Williamson,1985;李增泉和孙铮,2009;刘浩等,2015)。因此,改善信息环境和强化合约履行是降低代理成本的理论路径。

值得注意的是,儒家文化是中华优秀传统文化的主体和精髓,无时无刻不在影响着社会发展和民族的秉性、品格和价值观取向(张军成和赵明明,2015)。已有证据表明,儒家文化可以约束代理人的自利行为,从而降低代理成本,提高企业运营效率(古志辉,2015a;古志辉,2015b)。文化是影响内部控制实施效果的重要因素(王竹泉和隋敏,2010;李志斌,2012;郑石桥和郑卓如,2013)。那么,中国传统文化中儒家思想是如何影响企业内部控制而降低代理成本的呢?在不同信息环境下是否存在差异呢?毋庸置疑,前述两条降低代理成本的理论路径自然也是提高内部控制质量的重要途径。一方面,儒家文化"仁、义、礼、智、信"的育人理念向代理人灌输"君子以义为利"的价值观和"忠信"的道德修养,正是引导人们积极向善的正能量;另一方面,儒家文化中有"修身、齐家、治国、平天下"和"吾日三省吾身"的精神,强调代理人通过修身提高自律能力。儒家文化的价值观和修身自律的职业伦理可以改善信息环境和强化合约履行,有助于提升内部控制质量和降低代理成本。

内部控制的主体是董事会、管理层及其他人员,其有效性很大程度上受制于人的因素(王怡心,2013)。事实上,人是保证内部控制有效运行的根本因素,在企业内部控制实践中,如何约束代理人的自利动机则是提高内部控制有效性的关键。本章认为,儒家文化至少在以下两方面影响内部控制质量。

第一,以儒家文化"仁、义、礼、智、信"思想为核心的中国文化传统,经过几千年的传承和洗礼,已成为规导和约束社会伦理生活和道德行为的一种"习惯法"。如,孔子的"言忠信,行笃敬,虽蛮貊之邦行矣"(《论语·卫灵公》)和"儒有不宝金玉,而忠信以为宝"(《礼记·儒行》)、孟子的"人皆可为尧舜"(《孟子·告子下》)和"身有道:不明乎善,不诚其身矣"(《孟子·离娄上》)、荀子的"涂之人可以为禹"(《荀子·性恶》)和"君子养心,莫善于诚"(《荀子·修身》)、曾子的"为人谋而不忠乎?与朋友交而不信乎"(《论语·学而》)、王阳明的"满街皆是圣人"和"尧舜人人可学齐"(《传习录》)等,都强调了人们在道德修养上可达到很高的境界。内部控制信息与沟通要素指出,准确而及时的信息沟通可降低企业契约各方之间的信息不对称,从而减少逆向选择和道德风险行为的发生;而风险评估要素是实施内部控制的先决条件,识别和分析与实现目标相关的风险也需要大量的相关信息。具体到企业内部控制实践,不仅需要各管理层级之间内部合约的相关信息,而且还需要管理层与股东、债权人等其他利益相关者外部合约的相关信息,而儒家文化正是改善了合约的信息环境,降低了合约的履行成本,从而提高内部控制质量,这是因为:一方面,"信"乃"五常之本,百行之源"(五常为仁、义、礼、智、信),从信息传递角度来看,儒家向代理人灌输"君子以义为利"的价值观和"忠信"的道德修养,传递积极"向善"的正能量,儒家文化改善了产权交换的信息环境,降低了委托人和代理人之间的信息传递成本,有助于提高内部控制质量;另一方面,随着信息环境的改善,信息透明度也随之增强,缩小了企业内部以及企业内部与外部之间的信息传递偏差,降低了合约履行成本,进而提升内部控制有效性。

第二,儒家文化育人思想强调代理人以"修身、养性"为内修之道,以官学、私塾及家庭教育为外铄之道,乃至立志其"仁义"之修行,以达到"君子慎独"的目的,进而提高君子的自律能力。如,《礼记·大学》认为"修身、齐家、治国、平天下""小人闲居为不善,无所不至。见君子而后厌然,掩其不善,而著其善……故君子必慎独也",《礼记·中庸》认为"知斯三者,则知所以修身;知所以修身,则知所以治人;知所以治人,则知所以治天下国家矣"……由此可见,修身对于个体的重要性,儒家文化已将修身与管理实践紧密联系在一起,儒家通过教育向代理人灌输的修身自律的职业伦理。对于代理人而言,"慎独"是其从事管理工作的前提条件,在缺乏委托人监督的情况下,代理人要自觉地严于律己,谨慎地对待自己的所思所行,防止有违道德的欲念和行为。受儒家文化的影响越大,委托人和代理人之间的合约得以更好地履行以及持续改进,从而降低代理成本,提高内部控制质量,这是因为:一方面,文化是一种能够塑造正式制度的非正式制度,是正式制度的基础(North,1990),儒家文化作为一种非正式制度,同正式制度一样规范人的行为,具体而言,文化通过意识观念的渗透和同化,内在地影响代理人的行为方式,约束代理人的自利行为,从而影响内部控制的实施;另一方面,内部控制是根植于文化、价值传统、习惯观念之中的科学,而儒家文化作为中国传统文化的精髓,无不渗透到经济活动中,发挥着重要的作用,形成一种无形的力量影响着企业内部控制。

综上所述,儒家文化的精髓之一就是修身养性,其实现的重要途径是自律机制。儒家文化通过教育向代理人灌输"君子以义为利"的价值观和"忠信"的道德修养,使其形成了君子修身自律的职业伦理,儒家文化从改善信息环境和强化合约履行两条路径降低代理成本,提升内部控制质量,即"自律机制假说"。据此,本章提出以下假说:

H4.1:在其他条件不变的情况下,受儒家文化的影响越大,上市公司的内部控制质量越高。

进一步地,儒家文化实现的重要途径是自律机制,通过改善信息环境和强化合约履行两条路径影响内部控制质量。代理理论认为,由于代理人与委托人的效用函数差异,在信息不对称的环境中,代理人偏离委托人利益的自利行为的可能性更大(Jensen & Meckling,1976;Eisenhardt,1989)。那么,在信息不对称程度高(信息环境差)的公司中,儒家文化对内部控制质量的作用更加明显。由此,本章提出以下假说:

H4.2:在其他条件不变的情况下,儒家文化有助于提升上市公司的内部控制质量的现象,在信息不对称程度高的公司中更加明显。

4.3　研究设计

4.3.1　样本选择与数据来源

本章以 2007—2013 年沪深 A 股上市公司为研究样本,并按照下列条件对原始样本进行筛选:①剔除 ST、* ST 类公司;②剔除金融保险行业公司;③剔除所需研究的主要数据缺失的公司;④剔除资产负债率大于 1 的公司;⑤剔除行业及年度不足 15 个观测值的公司。根据以上筛选原则筛选后最终获得 7581 个样本观测值。上市公司数据来自 CSMAR 和 WIND 金融数据库,内部控制质量数据来自迪博数据库的内部控制指数库。儒家文化数据借鉴古志辉(2015a,2015b)的方法,根据明末省级行政区域管辖范围内府、州和县境内的官方学校和书院数量手工整理而成。为了保证数据有效性并消除异常值对研究结论的干扰,对主要的连续变量经过 Winsorize 上下 1% 缩尾处理。

4.3.2　模型设定与变量定义

为了检验本章的研究假说,将待检验的回归模型设定为:

$$\begin{aligned}
\text{ICindex} = &\ \alpha + \beta_1 \text{Culture} + \beta_2 \text{Dual} + \beta_3 \text{Soe} + \beta_4 \text{First} + \beta_5 \text{Roe} + \beta_6 \text{Lev} + \\
&\ \beta_7 \text{Size} + \beta_8 \text{Growth} + \beta_9 \text{Age} + \beta_{10} \text{Indratio} + \beta_{11} \text{lngdp} + \\
&\ \beta_{12} \text{Big4} + \beta_{13} \text{Board} + \beta_{14} \text{Spvboard} + \beta_{15} \text{Law} + \\
&\ \beta_{16} \text{Religious} + \sum \text{Industry} + \sum \text{Year} + \varepsilon
\end{aligned} \tag{4.1}$$

其中,被解释变量(ICindex)为内部控制质量,采用深圳迪博企业风险管理技术有限公司发布的"迪博·中国上市公司内部控制指数",该指数体系囊括企业战略执行结果、经营回报、信息披露真实完整性、经营合法合规性、资产安全五大目标的完成度,并结合内部控制重大缺陷进行修正(中国上市公司内部控制指数研究课题组,2011)。该指数的打分区间为[0,1000],指数越大代表内部控制质量越高,考虑回归系数量纲,参照刘浩等(2015)的做法,将该指数除以1000进行标准化,其取值范围变为[0,1];同时,借鉴逯东等(2015)的研究,以内部控制指数加1并取自然对数来衡量,互为稳健性检验。

解释变量(Culture)为儒家文化。本章借鉴古志辉(2015a,2015b)的度量方法,根据明末省级行政区域管辖范围内儒家学校(官方学校和书院数量)来衡量儒家传统的影响力,并计算公司注册所在地200公里范围内儒家学校数量,将其作为儒家文化的代理变量;为了确保结论的稳健性,同时计算了公司注册所在地300公里范围内儒家学校数量。基于回归系数量纲考虑,将该数据除以1000进行标准化。

分组变量是信息环境。首先,考虑到权威机构提供的信息披露评价指数具有较好的公正性和客观性,本章参考曾颖和陆正飞(2006)、伊志宏等(2010)和曾庆生(2014)的做法,采用深圳证券交易所对上市公司信息披露考评结果度量信息环境。当公司信息披露考评等级为优秀时,定义为信息环境好,否则为信息环境差。其次,虽然深交所考评结果提供了一个较好的度量信息环境的指标,但这样会损失沪市上市公司样本,考虑沪深市场样本的均衡性,借鉴 Bhattacharya et al.(2003)的做法,根据收益激进度(EA)和收益平滑度(ES)构成总信息透明度指数(Tran)来衡量信息环境,具体计算公示如下:

$$\mathrm{ACC}_{it} = \Delta \mathrm{CA}_{it} - \Delta \mathrm{CL}_{it} - \Delta \mathrm{CASH}_{it} + \Delta \mathrm{STD}_{it} - \mathrm{DEP}_{it} + \Delta \mathrm{TP}_{it} \tag{4.2}$$

$$\mathrm{EA}_{it} = \mathrm{ACC}_{it} / \mathrm{TA}_{it} \tag{4.3}$$

其中,ACC_{it} 为第 i 家公司 t 年的应计项目,$\Delta \mathrm{CA}_{it}$ 为公司 t 年流动资产增加额,$\Delta \mathrm{CL}_{it}$ 为公司 t 年流动负债增加额,$\Delta \mathrm{CASH}_{it}$ 为公司 t 年货币资金增加额,$\Delta \mathrm{STD}_{it}$ 为公司 t 年一年内到期的长期负债增加额,DEP_{it} 为公司 t 年折旧和摊销费用,$\Delta \mathrm{TP}_{it}$ 为公司 t 年应交所得税增加额,TA_{it} 为公司 t 年期初总资产。EA 数值越大表明公司具有更强的盈余激进动机,会计信息透明度更低。

$$\mathrm{ES}_{it} = |\mathrm{Correl}(\Delta \mathrm{ACC}_{it}, \Delta \mathrm{CF}_{it})| \tag{4.4}$$

其中,Correl(•)为相关系数,$\Delta \mathrm{ACC}_{it}$ 为公司 t 年应计项目增加额/期初总资产,$\Delta \mathrm{CF}_{it}$ 为公司 t 年经营性现金流量增加额/期初总资产。本章以 $(t-2,t)$ 期间内 $\Delta \mathrm{ACC}_{it}$ 与 $\Delta \mathrm{CF}_{it}$ 相关系数的绝对值计算收益平滑度。

$$\mathrm{Tran} = 0.5 \times \mathrm{Deciles}(\mathrm{EA}_{it}) + 0.5 \times \mathrm{Deciles}(\mathrm{EA}_{it}) \tag{4.5}$$

其中,Deciles(•)表示计算括号内指标的十分位数后再进行分组排名,总信息透明度指数(Tran)是根据 EA 和 ES 分别赋予 50% 权重计算所得,指数数值越高,表明公司会计信息透明度越低(代彬等,2011)。

然后比较样本公司总信息透明度指数,当小于样本公司 1/4 时定义为信息环境好,否则为信息环境差。

参照刘启亮等(2012)、鉴逯东等(2014)等研究,本章控制了影响内部控制质量的变量,具体包括两职合一(Dual)、股权性质(Soe)、股权集中度(First)、资产收益率(Roe)、财务杠杆(Lev)、公司规模(Size)、成长机会(Growth)、上市年限(Age)、独立董事比例(Indratio)、地区生产总值(lngdp)、事务所规模(Big4)、董事会规模(Board)、监事会规模(Spvboard)、法制环境(Law)和宗教传统(Religious)。此外,也在模型中加入了行业效应(Industry)和年份效应(Year)控制变量,控制其他未观察到的因素对内部控制可能产生的影响。具体控制变量定义如表 4.1 所示。

表 4.1　变量定义及计算方法

变量名称	变量代码	测量方法
两职合一	Dual	CEO 兼任董事长为 1,否则为 0
股权性质	Soe	国有性质为 1,否则为 0
股权集中度	First	第一大股东持股比例
资产收益率	Roe	净利润与资产总额的比值
财务杠杆	Lev	负债总额与资产总额的比值
公司规模	Size	公司总资产的自然对数
成长机会	Growth	公司营业收入增长率
上市年限	Age	公司 IPO 以来所经历年限加 1 并取自然对数
独立董事比例	Indratio	独立董事人数与董事会人数的比值
地区生产总值	lngdp	公司注册省所在地 GDP 的自然对数
事务所规模	Big4	当年公司由国际四大审计为 1,否则为 0
董事会规模	Board	董事会人数的自然对数
监事会规模	Spvboard	监事会人数的自然对数
法制环境	Law	樊纲等编制的法律制度环境指数
宗教传统	Religious	公司注册地址 200 公里范围内重点寺庙数量加 1 的自然对数
行业效应	Industry	行业虚拟变量
年份效应	Year	年份虚拟变量

4.4 实证结果分析

在实证分析之前,为确保模型估计的一致性和有效性,对进入模型的所有解释变量和控制变量进行了方差膨胀(VIF)诊断,结果显示 VIF 介于 1.04~2.18,均值为 1.46,远远低于临界值(临界值为 10),由此可以排除多重共线性问题;为确保结果的稳健性,对标准误差进行了怀特异方差方法调整。

4.4.1 描述性统计分析

表 4.2 为各主要变量的描述性统计分析,内部控制质量(ICindex_1)的总体均值为 0.6970,最小值为 0.0661,最大值为 0.9357,总体来看,样本观测值内部控制质量(ICindex_1)差异较大;内部控制质量(ICindex_2)的样本总体均值为6.5407;儒家文化(Culture_1)的总体均值为 0.1568;儒家文化(Culture_2)的总体均值为 0.2912;21.36% 的样本公司总经理兼任董事长,样本公司中有46.12% 的是国有企业,第一大股东持股比例(First)的总体均值为 37.66%,资产收益率(Roe)的总体均值为 8.80%;财务杠杆(Lev)的总体均值为 0.4492,公司规模(Size)的总体均值为 22.0325,成长机会(Growth)的总体均值为0.4167,上市年限(Age)的总体均值为 2.1605;独立董事比例(Indratio)的总体均值为36.90%,地区生产总值(lngdp)的总体均值为 10.0408,7.58% 的公司由四大会计师事务所审计,董事会规模的总体均值为 2.1878,监事会规模的总体均值为 1.2872,法制环境的总体均值为 12.2509,宗教传统的总体均值为2.1454。

表 4.2 描述性统计结果

变量	样本量	均值	标准差	最小值	中位数	最大值
ICindex_1	7581	0.6970	0.0799	0.0661	0.6966	0.9357
ICindex_2	7581	6.5407	0.1139	6.0187	6.5462	6.8416
Culture_1	7581	0.1568	0.0521	0.0300	0.1620	0.2520
Culture_2	7581	0.2912	0.0754	0.0460	0.2850	0.4400
Dual	7581	0.2136	0.4098	0.0000	0.0000	1.0000
Soe	7581	0.4612	0.4985	0.0000	0.0000	1.0000
First	7581	0.3766	0.1536	0.0923	0.3626	0.7586

变量	样本量	均值	标准差	最小值	中位数	最大值
Roe	7581	0.0880	0.0895	−0.3117	0.0842	0.3546
Lev	7581	0.4492	0.2103	0.0390	0.4568	0.8947
Size	7581	22.0325	1.2785	19.7049	21.8188	25.8113
Growth	7581	0.4167	1.3723	−0.6349	0.1096	10.6196
Age	7581	2.1605	0.6379	1.0986	2.3026	3.0910
Indratio	7581	0.3690	0.0529	0.3000	0.3333	0.5714
lngdp	7581	10.0408	0.6136	8.1780	9.9741	10.9520
Big4	7581	0.0758	0.2648	0.0000	0.0000	1.0000
Board	7581	2.1878	0.1982	1.6094	2.1972	2.7081
Spvboard	7581	1.2872	0.2835	0.6972	1.0986	2.0794
Law	7581	12.2509	5.4093	4.2700	13.5600	19.8900
Religious	7581	2.1454	0.8449	0.0000	2.0794	3.2958

4.4.2　相关性分析

表 4.3 列出了主要变量 Pearson 相关系数,从中不难发现,儒家文化(Culture_1)与内部控制质量 ICindex_1 和 ICindex_2 的相关系数为 0.046 和 0.041,儒家文化(Culture_2)与内部控制质量 ICindex_1 和 ICindex_2 的相关系数为 0.047 和 0.043,且均在 1% 水平上显著正相关,这说明从整体上来看,儒家文化一定程度上能够提高内部控制质量,初步支持本章研究假说 H4.1 的预期。而模型其他控制变量的相关系数则较低,大部分相关系数绝对值在 0.30 以内,表明变量之间不存在严重的多重共线性问题。

4.4.3　儒家文化与内部控制关系检验结果

表 4.4 报告了儒家文化与内部控制关系的回归结果,列(1)和列(2)中的被解释变量为内部控制质量(ICindex_1),检验结果显示,儒家文化(Culture_1)与内部控制质量(ICindex_1)的回归系数为 0.0405,在 1% 的水平上显著;儒家文化(Culture_2)与内部控制质量(ICindex_1)的回归系数为 0.0379,在 1% 的水平上显著。列(3)和列(4)中的被解释变量为内部控制质量(ICindex_2),检验结果显示,儒家文化(Culture_1)与内部控制质量(ICindex_2)之间呈显著的正相

表 4.3　变量相关系数

变量	ICindex_1	ICindex_2	Culture_1	Culture_2	Dual	Soe	First	Roe	Lev	Size	Growth	Age	Indratio	lngdp	Biget	Board	Spvboard	Law	Religious
ICindex_1	1.000																		
ICindex_2	0.993***	1.000																	
Culture_1	0.046***	0.047***	1.000																
Culture_2	0.041***	0.043***	0.826***	1.000															
Dual	−0.049***	−0.045***	−0.076***	−0.042***	1.000														
Soe	0.129***	0.120***	0.116***	0.038***	−0.268***	1.000													
First	0.136***	0.133***	0.075***	0.040***	−0.070***	0.215***	1.000												
Roe	0.487***	0.503***	0.018	0.030***	−0.014	−0.028**	0.090***	1.000											
Lev	0.060***	0.042***	0.032***	0.003	−0.196***	0.331***	0.084***	−0.057***	1.000										
Size	0.427***	0.405***	0.097***	0.035***	−0.215***	0.409***	0.256***	0.115***	0.542***	1.000									
Growth	0.011	0.013	−0.023**	−0.025**	−0.023**	−0.003	0.049***	0.090***	0.105***	0.032***	1.000								
Age	0.079***	0.069***	−0.045***	−0.068***	−0.270***	0.457***	−0.030**	0.022**	0.465***	0.372***	0.102***	1.000							
Indratio	0.038***	0.034***	−0.01	−0.007	0.078***	−0.032***	0.065***	−0.006	−0.004	0.059***	0.029***	−0.036***	1.000						
lngdp	−0.018	−0.012	−0.267***	−0.080***	0.145***	−0.279***	−0.069***	0.007	−0.144***	−0.083***	−0.022**	−0.201***	−0.01	1.000					
Biget	0.262***	0.244***	0.038***	0.037***	−0.089***	0.159***	0.150***	0.049***	0.121***	0.413***	−0.039***	0.088***	0.049***	−0.032***	1.000				
Board	0.132***	0.124***	0.060***	0.049***	−0.164***	0.257***	0.004	0.022**	0.161***	0.304***	−0.048***	0.133***	−0.389***	−0.107***	0.134***	1.000			
Spvboard	0.084***	0.080***	0.073***	0.046***	−0.160***	0.343***	0.074***	0.002	0.201***	0.290***	−0.048***	0.223***	−0.095***	−0.166***	0.139***	0.352***	1.000		
Law	0.067***	0.068***	−0.136***	−0.068***	0.101***	−0.149***	0.021*	0.027***	−0.119***	−0.027***	−0.014	−0.134***	−0.008	0.441***	0.085***	−0.065***	−0.142***	1.000	
Religious	−0.009	−0.004	0.237***	0.372***	0.025**	−0.082***	0.017	0.016	−0.042***	−0.052***	−0.043***	−0.073***	−0.022	0.059***	0.011	−0.030***	−0.048***	0.546***	1.000

注：***、**、*分别表示系数在1%、5%、10%水平上显著。

关关系($\beta = 0.0604$，$p < 0.01$)，儒家文化（Culture_2）与内部控制质量（ICindex_2）之间同样呈显著的正相关关系($\beta = 0.0549$，$p < 0.01$)。综上所述，在控制其他因素后，儒家文化与内部控制质量呈显著正相关关系，意味着儒家文化能够提高内部控制质量，结果支持了研究假说 H4.1，验证了本章自律机制假说。

表 4.4　儒家文化与内部控制的回归结果

变量	被解释变量：ICindex_1		被解释变量：ICindex_2	
	（1）	（2）	（3）	（4）
Culture_1	0.0405***		0.0604***	
	(2.64)		(2.74)	
Culture_2		0.0379***		0.0549***
		(3.43)		(3.43)
Dual	0.0051***	0.0050***	0.0068***	0.0068***
	(2.89)	(2.88)	(2.71)	(2.69)
Soe	0.0052***	0.0052***	0.0082***	0.0082***
	(2.93)	(2.95)	(3.22)	(3.24)
First	−0.0030	−0.0031	−0.0029	−0.0030
	(−0.60)	(−0.61)	(−0.41)	(−0.42)
Roe	0.3764***	0.3757***	0.5608***	0.5598***
	(39.11)	(39.00)	(39.60)	(39.51)
Lev	−0.0687***	−0.0685***	−0.1001***	−0.0998***
	(−14.47)	(−14.42)	(−14.27)	(−14.22)
Size	0.0341***	0.0341***	0.0462***	0.0463***
	(32.64)	(32.75)	(31.51)	(31.63)
Growth	−0.0013**	−0.0013**	−0.0018**	−0.0019**
	(−2.25)	(−2.26)	(−2.08)	(−2.09)
Age	−0.0062***	−0.0063***	−0.0090***	−0.0090***
	(−4.24)	(−4.29)	(−4.21)	(−4.26)
Indratio	0.0283*	0.0272*	0.0323	0.0307
	(1.86)	(1.79)	(1.50)	(1.43)
lngdp	0.0016	0.0006	0.0023	0.0008
	(1.13)	(0.43)	(1.14)	(0.42)
Big4	0.0199***	0.0195***	0.0242***	0.0235***
	(5.63)	(5.51)	(5.19)	(5.05)
Board	0.0013	0.0008	0.0000	−0.0007
	(0.28)	(0.18)	(0.00)	(−0.10)

续表

变量	被解释变量:ICindex_1		被解释变量:ICindex_2	
	(1)	(2)	(3)	(4)
Spvboard	−0.0041	−0.0042	−0.0045	−0.0046
	(−1.41)	(−1.43)	(−1.10)	(−1.13)
Law	0.0007***	0.0008***	0.0009***	0.0010***
	(3.47)	(4.00)	(3.22)	(3.75)
Religious	−0.0030***	−0.0041***	−0.0037**	−0.0053***
	(−2.74)	(−3.49)	(−2.44)	(−3.20)
Intercept	−0.0439	−0.0376	5.5313***	5.5408***
	(−1.64)	(−1.41)	(146.60)	(148.13)
Industry	Yes	Yes	Yes	Yes
Year	Yes	Yes	Yes	Yes
Adj. R^2	0.4676	0.4679	0.4589	0.4592
F	120.7850	121.5217	122.5549	123.3775
Obs	7581	7581	7581	7581

注:括号中的数据为 Huber-White sandwich robust t-statistic,***、**、*分别表示检验在1%、5%、10%水平上显著;此外,通过公司层面的 Cluster 稳健性估计,结果基本一致。

4.4.4 信息环境对儒家文化与内部控制关系影响的检验结果

前文分析表明,儒家文化对内部控制有效性具有提升作用。进一步地,考察不同信息环境下儒家文化对内部控制的作用是否存在差异,本章以信息披露透明度和会计信息透明度两个指标度量信息环境,将样本分为信息环境好与差两组。表4.5是按信息披露透明度分组的回归结果,列(1)至列(4)中的被解释变量为内部控制质量(ICindex_1)。列(1)和列(3)检验结果显示,在信息环境好的样本中,儒家文化(Culture_1)与内部控制质量(ICindex_1)的回归系数为−0.0091,但不显著;儒家文化(Culture_2)与内部控制质量(ICindex_1)的回归系数为0.0258,同样也不显著;列(2)和列(4)检验结果显示,在信息环境差的样本中,儒家文化(Culture_1)与内部控制质量(ICindex_1)的回归系数为0.0410,在10%的水平上显著;儒家文化(Culture_2)与内部控制质量(ICindex_1)的回归系数为0.0478,在1%的水平上显著。

表 4.5　儒家文化与内部控制的回归结果：基于信息披露透明度分组

变量	被解释变量(ICindex_1)				被解释变量(ICindex_2)			
	(1) 信息环境好	(2) 信息环境差	(3) 信息环境好	(4) 信息环境差	(5) 信息环境好	(6) 信息环境差	(7) 信息环境好	(8) 信息环境差
Culture_1	-0.0091 (-0.20)	0.0410* (1.82)			0.0018 (0.03)	0.0609* (1.80)		
Culture_2			0.0258 (0.69)	0.0478*** (2.88)			0.0467 (0.92)	0.0702*** (2.78)
Dual	0.0033 (0.91)	0.0038* (1.77)	0.0032 (0.88)	0.0038* (1.77)	0.0042 (0.85)	0.0050 (1.55)	0.0041 (0.83)	0.0050 (1.55)
Soe	0.0015 (0.33)	0.0120*** (3.98)	0.0012 (0.27)	0.0119*** (3.98)	0.0031 (0.52)	0.0175*** (3.88)	0.0026 (0.44)	0.0174*** (3.89)
First	0.0061 (0.55)	0.0011 (0.14)	0.0068 (0.62)	0.0013 (0.16)	0.0102 (0.69)	0.0040 (0.36)	0.0112 (0.76)	0.0043 (0.38)
Roe	0.3482*** (11.07)	0.3446*** (24.42)	0.3482*** (11.03)	0.3434*** (24.29)	0.4730*** (11.50)	0.5261*** (23.81)	0.4726*** (11.45)	0.5244*** (23.68)
Lev	-0.0541*** (-4.55)	-0.0530*** (-7.94)	-0.0528*** (-4.42)	-0.0526*** (-7.85)	-0.0682*** (-4.26)	-0.0817*** (-8.09)	-0.0662*** (-4.12)	-0.0811*** (-8.01)
Size	0.0330*** (11.35)	0.0270*** (15.21)	0.0329*** (11.39)	0.0270*** (15.29)	0.0424*** (11.08)	0.0378*** (14.47)	0.0424*** (11.14)	0.0378*** (14.54)
Growth	-0.0023 (-1.60)	0.0001 (0.08)	-0.0023 (-1.56)	0.0001 (0.09)	-0.0033 (-1.74)	0.0001 (0.04)	-0.0032 (-1.70)	0.0001 (0.06)
Age	0.0016 (0.40)	-0.0047** (-2.15)	0.0016 (0.39)	-0.0048** (-2.23)	0.0023 (0.44)	-0.0073** (-2.26)	0.0022 (0.41)	-0.0075** (-2.33)
Indratio	0.0412 (1.23)	0.0303 (1.32)	0.0429 (1.29)	0.0291 (1.27)	0.0502 (1.12)	0.0334 (0.99)	0.0521 (1.17)	0.0317 (0.94)

续表

变量	被解释变量 (ICindex_1)				被解释变量 (ICindex_2)			
	(1)	(2)	(3)	(4)	(5)	(6)	(7)	(8)
	信息环境好	信息环境差	信息环境好	信息环境差	信息环境好	信息环境差	信息环境好	信息环境差
lngdp	0.0007	0.0019	0.0012	0.0007	0.0017	0.0024	0.0020	0.0007
	(0.17)	(0.90)	(0.31)	(0.36)	(0.28)	(0.77)	(0.37)	(0.24)
Big4	0.0280***	0.0146**	0.0284***	0.0143**	0.0344***	0.0193**	0.0348***	0.0189*
	(3.17)	(2.07)	(3.22)	(2.03)	(3.07)	(1.97)	(3.10)	(1.93)
Board	-0.0108	0.0041	-0.0113	0.0034	-0.0164	0.0041	-0.0172	0.0031
	(-0.96)	(0.63)	(-1.01)	(0.53)	(-1.10)	(0.43)	(-1.15)	(0.33)
Spvboard	-0.0063	-0.0123**	-0.0064	-0.0122**	-0.0095	-0.0155**	-0.0097	-0.0155**
	(-0.79)	(-2.30)	(-0.82)	(-2.29)	(-0.90)	(-2.12)	(-0.92)	(-2.11)
Law	-0.0004	0.0005*	-0.0002	0.0007**	-0.0005	0.0007*	-0.0003	0.0009**
	(-0.88)	(1.77)	(-0.50)	(2.36)	(-0.83)	(1.66)	(-0.41)	(2.23)
Religious	-0.0003	-0.0003	-0.0016	-0.0019	-0.0009	-0.0004	-0.0028	-0.0027
	(-0.12)	(-0.21)	(-0.54)	(-1.18)	(-0.24)	(-0.20)	(-0.71)	(-1.13)
Intercept	-0.0037	0.0763*	-0.0137	0.0819*	5.6324***	5.6703***	5.6203***	5.6787***
	(-0.05)	(1.75)	(-0.19)	(1.88)	(57.80)	(89.69)	(58.77)	(90.46)
Industry	Yes	Yes	Yes	Yes	Yes	Yes	Yes	Yes
Year	Yes	Yes	Yes	Yes	Yes	Yes	Yes	Yes
Adj.R^2	0.5285	0.3478	0.5289	0.3487	0.5129	0.3413	0.5136	0.3422
F	19.0790	35.5701	19.1653	35.8636	19.9715	34.9067	20.0765	35.2202
Obs	922	3465	922	3465	922	3465	922	3465

注:括号中的数据为 Huber-White sandwich robust t-statistic。***、**、* 分别表示检验在 1%、5%、10% 水平上显著；此外，通过公司层面的 Cluster 稳健性估计，结果基本一致。

列(5)至列(8)中的被解释变量为内部控制质量(ICindex_2),列(5)和列(7)检验结果显示,在信息环境好的样本中,儒家文化(Culture_1)与内部控制质量(ICindex_2)的回归系数为 0.0018,但不显著;儒家文化(Culture_2)与内部控制质量(ICindex_2)的回归系数为 0.0467,同样也不显著。列(6)和列(8)检验结果显示,在信息环境差的样本中,儒家文化(Culture_1)与内部控制质量(ICindex_2)之间呈显著的正相关关系($\beta=0.0609, p<0.10$),儒家文化(Culture_2)与内部控制质量(ICindex_2)之间同样呈显著的正相关关系($\beta=0.0702, p<0.01$)。综上所述,在控制其他因素后,儒家文化与内部控制质量之间显著正相关关系在信息环境好的样本中作用有限,而在信息环境差的样本中对内部控制质量有明显的提高,结果支持了研究假说 H4.2,进一步验证了自律机制假说。

深交所对上市公司信息披露考评结果为考察信息环境提供了一个好的情景。为增强研究结论的稳健性,考虑沪深市场样本的均衡性,借鉴 Bhattacharya et al.(2003)的做法,根据收益激进度和收益平滑度构造总信息透明度指数来衡量信息环境,将样本分为信息环境好与差两组。表 4.6 是按会计信息透明度分组的回归结果,与表 4.5 互为稳健性检验。列(1)至列(4)中的被解释变量为内部控制质量(ICindex_1)。列(1)和列(3)检验结果显示,在信息环境好的样本中,儒家文化(Culture_1)与内部控制质量(ICindex_1)的回归系数为0.0445,但不显著;儒家文化(Culture_2)与内部控制质量(ICindex_1)的回归系数为0.0377,同样也不显著;列(2)和列(4)检验结果显示,在信息环境差的样本中,儒家文化(Culture_1)与内部控制质量(ICindex_1)的回归系数为0.0377,在 5% 的水平上显著;儒家文化(Culture_2)与内部控制质量(ICindex_1)的回归系数为 0.0357,在 1% 的水平上显著。

列(5)至列(8)中的被解释变量为内部控制质量(ICindex_2),列(5)和列(7)检验结果显示,在信息环境好的样本中,儒家文化(Culture_1)与内部控制质量(ICindex_2)的回归系数为 0.0811,但不显著;儒家文化(Culture_2)与内部控制质量(ICindex_2)的回归系数为 0.0616,同样也不显著。列(6)和列(8)检验结果显示,在信息环境差的样本中,儒家文化(Culture_1)与内部控制质量(ICindex_2)之间呈显著的正相关关系($\beta=0.0538, p<0.05$),儒家文化(Culture_2)与内部控制质量(ICindex_2)之间同样呈显著的正相关关系($\beta=0.0506, p<0.01$)。此外,借鉴 Hutton et al.(2008)、Kim et al.(2011)、Kim & Zhang(2016a)的研究,以当期与前两期的操控性应计之和来度量信息透明度进行分组检验,结论未发生实质性改变(限于篇幅,未列报)。

表 4.6 儒家文化与内部控制的回归结果：基于会计信息透明度分组

变量	被解释变量 (ICindex_1)				被解释变量 (ICindex_2)			
	(1)	(2)	(3)	(4)	(5)	(6)	(7)	(8)
	信息环境好	信息环境差	信息环境好	信息环境差	信息环境好	信息环境差	信息环境好	信息环境差
Culture_1	0.0445	0.0377**			0.0811	0.0538**		
	(1.02)	(2.29)			(1.23)	(2.29)		
Culture_2			0.0377	0.0357***			0.0616	0.0506***
			(1.24)	(3.01)			(1.33)	(2.98)
Dual	0.0055	0.0051***	0.0054	0.0051***	0.0080	0.0069***	0.0077	0.0068***
	(0.91)	(2.84)	(0.90)	(2.83)	(1.01)	(2.59)	(0.99)	(2.58)
Soe	0.0055	0.0050**	0.0056	0.0050**	0.0089	0.0079***	0.0092	0.0079***
	(1.35)	(2.56)	(1.39)	(2.56)	(1.50)	(2.78)	(1.56)	(2.78)
First	−0.0006	−0.0044	−0.0006	−0.0044	−0.0020	−0.0045	−0.0018	−0.0045
	(−0.05)	(−0.80)	(−0.05)	(−0.81)	(−0.11)	(−0.58)	(−0.10)	(−0.59)
Roe	0.4082***	0.3718***	0.4070***	0.3712***	0.6187***	0.5525***	0.6165***	0.5517***
	(16.60)	(35.45)	(16.65)	(35.35)	(16.19)	(36.11)	(16.22)	(36.03)
Lev	−0.0690***	−0.0703***	−0.0693***	−0.0700***	−0.0974***	−0.1029***	−0.0980***	−0.1025***
	(−5.74)	(−13.39)	(−5.75)	(−13.33)	(−5.61)	(−13.23)	(−5.63)	(−13.16)
Size	0.0364***	0.0336***	0.0365***	0.0337***	0.0487***	0.0458***	0.0490***	0.0458***
	(13.75)	(29.57)	(13.82)	(29.65)	(13.69)	(28.39)	(13.82)	(28.47)
Growth	−0.0011	−0.0014**	−0.0011	−0.0014**	−0.0015	−0.0019*	−0.0016	−0.0019*
	(−0.72)	(−2.12)	(−0.72)	(−2.14)	(−0.71)	(−1.92)	(−0.73)	(−1.94)
Age	−0.0086*	−0.0063***	−0.0086	−0.0063***	−0.0113	−0.0091***	−0.0113*	−0.0092***
	(−1.89)	(−3.96)	(−1.89)	(−4.01)	(−1.67)	(−4.01)	(−1.68)	(−4.04)
Indratio	0.0567	0.0241	0.0562	0.0231	0.0716	0.0264	0.0706	0.0249
	(1.42)	(1.46)	(1.41)	(1.40)	(1.24)	(1.13)	(1.22)	(1.07)

续表

变量	被解释变量 (ICindex_1)				被解释变量 (ICindex_2)			
	(1)	(2)	(3)	(4)	(5)	(6)	(7)	(8)
	信息环境好	信息环境差	信息环境好	信息环境差	信息环境好	信息环境差	信息环境好	信息环境差
lngdp	0.0100***	0.0002	0.0091**	−0.0008	0.0142***	0.0003	0.0127**	−0.0011
	(2.80)	(0.12)	(2.56)	(−0.51)	(2.70)	(0.12)	(2.45)	(−0.52)
Big4	0.0124	0.0220***	0.0119	0.0216***	0.0151	0.0270***	0.0143	0.0264***
	(0.95)	(5.94)	(0.91)	(5.83)	(0.88)	(5.51)	(0.83)	(5.38)
Board	−0.0010	0.0020	−0.0014	0.0016	−0.0025	0.0011	−0.0032	0.0005
	(−0.10)	(0.41)	(−0.14)	(0.32)	(−0.16)	(0.16)	(−0.20)	(0.07)
Spvboard	−0.0066	−0.0033	−0.0070	−0.0033	−0.0081	−0.0033	−0.0088	−0.0033
	(−0.97)	(−1.01)	(−1.04)	(−1.01)	(−0.79)	(−0.74)	(−0.88)	(−0.75)
Law	−0.0001	0.0008***	0.0000	0.0009***	−0.0003	0.0011***	−0.0001	0.0013***
	(−0.14)	(3.94)	(0.08)	(4.37)	(−0.39)	(3.80)	(−0.15)	(4.22)
Religious	−0.0022	−0.0031***	−0.0032	−0.0042***	−0.0021	−0.0041**	−0.0035	−0.0055***
	(−0.77)	(−2.61)	(−1.03)	(−3.25)	(−0.54)	(−2.41)	(−0.80)	(−3.04)
Intercept	−0.1444**	−0.0254	−0.1391**	−0.0193	5.3932***	5.5570***	5.4027***	5.5658***
	(−2.12)	(−0.87)	(−2.05)	(−0.66)	(56.68)	(134.29)	(57.18)	(135.71)
Industry	控制	控制	控制	控制	控制	控制	控制	控制
Year	控制	控制	控制	控制	控制	控制	控制	控制
Adj. R^2	0.4855	0.4654	0.4853	0.4661	0.4707	0.4584	0.4704	0.4592
F	33.1246	92.9126	33.0438	93.7869	34.2290	93.8684	34.2273	94.8421
Obs	1858	5723	1858	5723	1858	5723	1858	5723

注：括号中的数据为 Huber-White sandwich robust t-stat.stic，***、**、* 分别表示检验在 1%、5%、10% 水平上显著。此外，通过公司层面的 Cluster 稳健性估计，结果基本一致。

综上所述,在控制其他因素后,儒家文化与内部控制质量之间的显著正相关关系在信息环境好的样本中作用有限,而在信息环境差的样本中对内部控制质量有明显的提高,结果依然支持了研究假说 H4.2,再次验证了自律机制假说。

4.5 稳健性检验

4.5.1 内生性检验

前文的分析为儒家文化对内部控制质量影响提供了经验证据,但其结果不可避免地会受内生性问题的干扰。为了缓解内生性问题,本章使用工具变量方法(2SLS)为前文的结论提供一个稳健性检验。地区受教育水平可以显著影响当地企业的诚信文化(姜付秀等,2015),而诚信道德观是儒家文化的重要组成部分。对此,本章使用各地区大学生毕业人数占该地区总人口的比重(IV)作为工具变量进行第一阶段回归,同时检验其内部控制质量之间的关系,我们发现它与儒家文化有关,但与内部控制质量不存在显著关系,因此,我们认为 IV 是一个有效影响儒家文化的外生工具变量。

表 4.7 报告了 2SLS 检验结果。其中显示,$\overline{Culture}$的系数为正,且在 10% 的水平显著,前文结论未发生实质性改变,假说 H4.1 依旧得到了支持。

表 4.7　2SLS 检验结果

变量	Culture_1	因变量:ICindex_1		因变量:ICindex_2	
	(1)	(2)	(3)	(4)	(5)
IV	0.0221***				
	(5.15)				
$\overline{Culture}$		0.0485*	0.0485*	0.0701*	0.0701*
		(1.82)	(1.82)	(1.83)	(1.83)
Dual	−0.0038***	0.0051***	0.0051***	0.0069***	0.0069***
	(−3.35)	(2.91)	(2.91)	(2.72)	(2.72)
Soe	0.0050***	0.0051***	0.0051***	0.0081***	0.0081***
	(4.25)	(2.86)	(2.86)	(3.15)	(3.15)
First	−0.0054*	−0.0030	−0.0030	−0.0029	−0.0029
	(−1.74)	(−0.59)	(−0.59)	(−0.41)	(−0.41)
Roe	0.0209***	0.3764***	0.3764***	0.5608***	0.5608***
	(3.88)	(39.15)	(39.15)	(39.66)	(39.66)
Lev	0.0030	−0.0687***	−0.0687***	−0.1001***	−0.1001***
	(1.06)	(−14.48)	(−14.48)	(−14.27)	(−14.27)

变量	Culture_1	因变量:ICindex_1		因变量:ICindex_2	
	(1)	(2)	(3)	(4)	(5)
Size	0.0026***	0.0340***	0.0340***	0.0462***	0.0462***
	(4.75)	(32.49)	(32.49)	(31.44)	(31.44)
Growth	−0.0002	−0.0013**	−0.0013**	−0.0018**	−0.0018**
	(−0.53)	(−2.24)	(−2.24)	(−2.07)	(−2.07)
Age	−0.0103***	−0.0062***	−0.0062***	−0.0088***	−0.0088***
	(−11.37)	(−4.16)	(−4.16)	(−4.13)	(−4.13)
Indratio	−0.0051	0.0285*	0.0285*	0.0324	0.0324
	(−0.57)	(1.87)	(1.87)	(1.50)	(1.50)
lngdp	0.0103***	0.0017	0.0017	0.0025	0.0025
	(9.71)	(1.22)	(1.22)	(1.22)	(1.22)
Big4	−0.0015	0.0199***	0.0199***	0.0242***	0.0242***
	(−0.83)	(5.63)	(5.63)	(5.19)	(5.19)
Board	0.0059**	0.0013	0.0013	0.0000	0.0000
	(2.20)	(0.28)	(0.28)	(0.01)	(0.01)
Spvboard	0.0022	−0.0041	−0.0041	−0.0045	−0.0045
	(1.24)	(−1.41)	(−1.41)	(−1.10)	(−1.10)
Law	−0.0061***	0.0007***	0.0007***	0.0009***	0.0009***
	(−45.15)	(3.30)	(3.30)	(3.10)	(3.10)
Religious	0.0309***	−0.0032**	0.0032**	−0.0040**	−0.0040**
	(37.59)	(−2.52)	(−2.52)	(−2.27)	(−2.27)
Intercept	−0.0898***	−0.0459*	−0.0459*	5.5288***	5.5288***
	(−5.31)	(−1.70)	(−1.70)	(145.41)	(145.41)
Industry	Yes	Yes	Yes	Yes	Yes
Year	Yes	Yes	Yes	Yes	Yes
Adj. R^2	0.4802	0.4673	0.4673	0.4585	0.4585
F	210.1333	120.2663	120.2663	121.9148	121.9148
Obs	7581	7581	7581	7581	7581

注:括号中的数据为 Huber-White sandwich robust t-statistic,***、**、* 分别表示检验在 1%、5%、10% 水平上显著;此外,通过公司层面的 Cluster 稳健性估计,结果基本一致。

4.5.2　儒家文化变量测量的补充检验

本章采用历史数据来刻画儒家文化,这是因为,一是明清两朝的儒家教育逐步转向世俗化和大众化,设立的府学、州学、县学和书院都具有"化民成俗"的社会职能,这些教育机构是传播儒家思想的重要载体;二是文化的建立与培育是一个相对长期的过程,虽然历经文化冲击,但儒学根植于文化、价值传统、习惯观念之中,通过意识观念的渗透和同化,内在地影响人的行为方式,并不因时间推移而"褪色"。

为进一步说明变量选择的合理性,根据中国国学网及网络搜索引擎,我们手工整理了全国各地的孔庙,共计 312 座,以此作为儒家文化的代理变量(Culture_3)考察其与内部控制质量之间的关系。表 4.8 报告孔庙与内部控制质量之间关系的回归结果,列(1)和(2)的结果显示,孔庙数量对内部控制质量的影响十分有限。

表 4.8　孔庙与内部控制的回归结果

变量	因变量：ICindex_1 (1)	因变量：ICindex_2 (2)
Culture_3	0.0078	0.0009
	(0.49)	(0.04)
Dual	0.0049***	0.0065***
	(2.79)	(2.58)
Soe	0.0055***	0.0088***
	(3.13)	(3.45)
First	−0.0030	−0.0029
	(−0.59)	(−0.41)
Roe	0.3766***	0.5611***
	(39.19)	(39.70)
Lev	−0.0687***	−0.1002***
	(−14.43)	(−14.25)
Size	0.0343***	0.0465***
	(33.00)	(31.90)
Growth	−0.0013**	−0.0019**
	(−2.25)	(−2.08)
Age	−0.0068***	−0.0098***
	(−4.68)	(−4.64)
Indratio	0.0269*	0.0308
	(1.76)	(1.42)
lngdp	0.0003	0.0013
	(0.17)	(0.48)
Big4	0.0199***	0.0242***
	(5.63)	(5.20)
Board	0.0011	−0.0001
	(0.25)	(−0.01)
Spvboard	−0.0041	−0.0045
	(−1.41)	(−1.11)

变量	因变量：ICindex_1	因变量：ICindex_2
	(1)	(2)
Law	0.0006**	0.0007*
	(2.37)	(1.87)
Religious	−0.0023*	−0.0023
	(−1.89)	(−1.38)
Intercept	−0.0303	5.5451***
	(−1.07)	(138.20)
Industry	控制	控制
Year	控制	控制
Adj. R^2	0.4670	0.4583
F	120.3233	121.8964
Obs	7581	7581

注：括号中的数据为 Huber-White sandwich robust t-statistic，***、**、*分别表示检验在 1%、5%、10%水平上显著；此外，通过公司层面的 Cluster 稳健性估计，结果基本一致。

以上检验结果表明，采用现代的孔庙数量作为指标可能存在一定的度量偏差。究其原因：一方面，在保护传统文化政策的推动下，地方政府有很强的动机建造孔庙，迎合中央政策，这使得指标捕捉的并非儒家文化的特征；另一方面，新建的孔庙在短期难以对儒家文化进行广泛的传播，而封建王朝时期的儒家文化则具有较强的传承性，该地区的儒家文化强度可以得到较好的测度。因此，本章参考古志辉（2015a，2015b），采用历史数据构建儒家文化指标具有一定的合理性，符合文化形成与培育的长期性特征，有助于缓解度量偏差。

4.5.3　文化冲击的影响

近一百多年来，随着西方文化在中国的传播，儒家文化受到了一定程度的冲击。旅游、饮食、语言、服饰等外来文化都会对中国传统文化产生影响，而经济全球化进一步推进了跨文化交流的力度和范围。其中，旅游是文化冲击的一种形式，数倍乃至数百倍于当地原有居民的游客大潮，以及他们所带来的各种文化生活习惯，无不冲击着旅游地的文化基础。中国地广物博，幅员辽阔，天然与文化景观多，吸引境内外大量的游客，旅游者带来的文化入侵，必然对旅游地文化产生一定冲击（朱沁夫，2013）。本章以上市公司注册地入境旅游外国人数总计与当地人口的比例（Tour_1）、入境旅游人数总计与当地人口的比例（Tour_2）

来度量文化冲击,表 4.9 列出了旅游文化冲击对儒家文化与内部控制质量关系的回归结果,列(1)—(4)中,变量 Culture_1 的系数依然显著为正,假说 H4.1 再次得到验证,交互项 Tour_1 * Culture_1 和 Tour_2 * Culture_1 的系数均不显著,表明旅游文化冲击对儒家文化影响与内部控制质量之间的关系影响有限。

表 4.9　儒家文化、旅游文化冲击与内部控制的回归结果

变量	因变量:ICindex_1		因变量:ICindex_2	
	(1)	(2)	(3)	(4)
Culture_1	0.0360**	0.0443***	0.0587**	0.0657***
	(2.15)	(2.80)	(2.43)	(2.89)
Tour_1	0.0328*		0.0376	
	(1.78)		(1.40)	
Tour_1 * Culture_1	−0.0609		−0.2178	
	(−0.30)		(−0.75)	
Tour_2		0.0115		0.0105
		(1.14)		(0.73)
Tour_2 * Culture_1		0.0232		−0.0949
		(0.13)		(−0.38)
Dual	0.0051***	0.0050***	0.0069***	0.0068***
	(2.91)	(2.88)	(2.74)	(2.70)
Soe	0.0049***	0.0049***	0.0079***	0.0079***
	(2.76)	(2.80)	(3.08)	(3.09)
First	−0.0030	−0.0031	−0.0029	−0.0029
	(−0.59)	(−0.61)	(−0.40)	(−0.41)
Roe	0.3769***	0.3765***	0.5613***	0.5608***
	(39.12)	(39.09)	(39.60)	(39.58)
Lev	−0.0678***	−0.0682***	−0.0991***	−0.0995***
	(−14.12)	(−14.25)	(−13.97)	(−14.08)
Size	0.0340***	0.0340***	0.0462***	0.0462***
	(32.57)	(32.61)	(31.44)	(31.47)
Growth	−0.0013**	−0.0013**	−0.0018**	−0.0019**
	(−2.26)	(−2.27)	(−2.08)	(−2.10)
Age	−0.0064***	−0.0063***	−0.0092***	−0.0090***
	(−4.35)	(−4.25)	(−4.32)	(−4.23)
Indratio	0.0277*	0.0272*	0.0317	0.0309
	(1.82)	(1.79)	(1.47)	(1.43)
lngdp	0.0034*	0.0017	0.0041	0.0016
	(1.87)	(0.97)	(1.55)	(0.66)

变量	因变量:ICindex_1		因变量:ICindex_2	
	(1)	(2)	(3)	(4)
Big4	0.0193***	0.0196***	0.0234***	0.0237***
	(5.39)	(5.49)	(4.98)	(5.06)
Board	0.0013	0.0012	0.0001	−0.0001
	(0.30)	(0.26)	(0.02)	(−0.02)
Spvboard	−0.0040	−0.0039	−0.0045	−0.0043
	(−1.37)	(−1.32)	(−1.10)	(−1.05)
Law	0.0002	0.0005*	0.0004	0.0008**
	(0.74)	(1.80)	(0.95)	(1.97)
Religious	−0.0022*	−0.0026*	−0.0033*	−0.0038**
	(−1.65)	(−1.95)	(−1.71)	(−1.99)
Intercept	−0.0498*	−0.0359	5.5299***	5.5498***
	(−1.78)	(−1.29)	(140.00)	(141.19)
Industry	Yes	Yes	Yes	Yes
Year	Yes	Yes	Yes	Yes
Adj. R^2	0.4676	0.4675	0.4589	0.4588
F	115.0967	115.1987	116.8044	116.9051
Obs	7581	7581	7581	7581

注:括号中的数据为经 Huber-White sandwich robust t-statistic 和公司层面的 Cluster 处理后的 t 统计量,***、**、*分别表示检验在 1%、5%、10%水平上显著(双尾);变量 Cluture_2 的结果类似,未列报;模型中对交互项测量的变量进行了中心化处理,以避免多重共线性对模型估计结果的影响。

此外,伴随全球化进程,饮食也随着人口流动跨地方扩展,对传统文化的认识产生冲击(Nijman,1999)。肯德基、麦当劳、必胜客等洋快餐遍布中国各大城市的大街小巷,改变了人们饮食的方式,冲击地方饮食文化原真性。饮食文化作为文化的一个重要组成部分,理解饮食文化的跨地方传播、创新与发展也有助于诠释中国传统文化的变迁。本章以上市公司注册地肯德基门店数量加 1 的自然对数(KFC)、麦当劳门店数量加 1 的自然对数(MDL)来度量文化冲击,表 4.10 报告了饮食文化冲击对儒家文化影响与内部控制质量关系的回归结果,列(1)—(4)中,变量 Culture_1 的系数依然显著为正,假说 H4.1 同样得到验证,交互项 KFC * Culture_1 和 MDL * Culture_1 的系数均不显著,表明饮食文化冲击对儒家文化影响与内部控制质量之间的关系影响有限。

表 4.10　儒家文化、饮食文化冲击与内部控制的回归结果

变量	因变量：ICindex_1		因变量：ICindex_2	
	(1)	(2)	(3)	(4)
Culture_1	0.0439***	0.0404***	0.0643***	0.0598***
	(2.85)	(2.63)	(2.92)	(2.72)
KFC	0.0029		0.0035	
	(1.10)		(0.94)	
KFC * Culture_1	0.0356		0.0420	
	(1.56)		(1.27)	
MDL		0.0005		0.0005
		(0.51)		(0.30)
MDL * Culture_1		0.0034		−0.0011
		(0.23)		(−0.05)
Dual	0.0050***	0.0050***	0.0068***	0.0068***
	(2.89)	(2.88)	(2.70)	(2.70)
Soe	0.0051***	0.0051***	0.0081***	0.0081***
	(2.88)	(2.90)	(3.17)	(3.19)
First	−0.0030	−0.0030	−0.0028	−0.0029
	(−0.59)	(−0.60)	(−0.40)	(−0.41)
Roe	0.3767***	0.3766***	0.5612***	0.5609***
	(39.21)	(39.08)	(39.67)	(39.57)
Lev	−0.0685***	−0.0686***	−0.0998***	−0.0999***
	(−14.36)	(−14.34)	(−14.17)	(−14.16)
Size	0.0340***	0.0340***	0.0462***	0.0462***
	(32.65)	(32.62)	(31.49)	(31.50)
Growth	−0.0013**	−0.0013**	−0.0019**	−0.0019**
	(−2.26)	(−2.26)	(−2.09)	(−2.09)
Age	−0.0062***	−0.0063***	−0.0089***	−0.0090***
	(−4.20)	(−4.24)	(−4.17)	(−4.22)
Indratio	0.0291*	0.0280*	0.0332	0.0318
	(1.91)	(1.84)	(1.54)	(1.47)
lngdp	0.0003	0.0013	0.0007	0.0018
	(0.10)	(0.73)	(0.16)	(0.67)
Big4	0.0199***	0.0198***	0.0241***	0.0240***
	(5.60)	(5.55)	(5.15)	(5.12)
Board	0.0015	0.0013	0.0004	0.0000
	(0.34)	(0.29)	(0.06)	(0.01)
Spvboard	−0.0039	−0.0040	−0.0042	−0.0044
	(−1.31)	(−1.38)	(−1.02)	(−1.09)

续表

变量	因变量:ICindex_1		因变量:ICindex_2	
	（1）	（2）	（3）	（4）
Law	0.0004	0.0006**	0.0005	0.0008**
	(1.29)	(2.42)	(1.26)	(2.35)
Religious	−0.0021*	−0.0028**	−0.0026	−0.0037**
	(−1.72)	(−2.16)	(−1.55)	(−2.02)
Intercept	−0.0228	−0.0407	5.5593***	5.5398***
	(−0.63)	(−1.36)	(106.30)	(130.65)
Industry	Yes	Yes	Yes	Yes
Year	Yes	Yes	Yes	Yes
Adj. R^2	0.4677	0.4674	0.4589	0.4587
F	115.2981	115.0366	117.0800	116.7125
Obs	7581	7581	7581	7581

注:括号中的数据为经 Huber-White sandwich robust t-statistic 和公司层面的 Cluster 处理后的 t 统计量,***、**、* 分别表示检验在 1%、5%、10% 水平上显著(双尾);变量 Cluture_2 的结果类似,未列报;模型中对交互项测量的变量进行了中心化处理,以避免多重共线性对模型估计结果的影响。

4.6　本章小结

内部控制作为提升现代企业经营业绩、财务报告可靠性和管理水平等的重要工具,一直是政府监管部门、学术界关注的焦点与热点。并且内部控制是经济和文化双重作用的结果,文化对内部控制实施效果有着重要的影响。本章基于产权理论,将中国传统文化中的儒家思想嵌入内部控制质量分析框架,提出了自律机制假说,以 2007—2013 年 A 股上市公司为研究样本,考察了儒家文化与内部控制质量之间的关系。研究发现,儒家文化从改善信息环境和强化合约履行两条路径影响内部控制质量,随着儒家文化影响力的增强,内部控制质量也随之提高,这一现象在信息不对称程度高(信息环境差)的公司中作用更为明显。考虑内生性问题及一系列稳健性检验后,结论依然保持不变。本章的结论不仅丰富了嵌入中国传统文化的公司治理理论研究,而且为儒家文化这一非正式制度的治理作用提供了经验证据。同时,对上市公司加强内部控制、监管者强化内部控制监管等方面具有较强的理论价值和现实意义。

第 5 章　儒家文化与公司违规行为

　　公司治理环境内生于所处市场的正式制度（包括法律、管制以及媒体等），而正式制度又内生于当地的非正式制度（包括文化、习俗、惯例、宗教等），非正式制度对经济与社会发展的推动作用不言而喻。本章按照"文化—行为"逻辑，探讨了作为非正式制度的重要组成部分之儒家文化对公司违规行为的影响。以沪深两市的家族企业为研究样本，考察了儒家文化对上市公司违规行为的影响以及其与正式制度（法律）的交互作用。研究结果表明，儒家文化影响力越强，上市公司违规行为发生的概率越低，并且在儒家文化与正式制度两者的交互叠加作用时上市公司违规行为发生的概率更低。在考虑可能存在的内生性问题及排他性检验后，该结论依旧稳健。本章也丰富了嵌入中国传统文化的公司治理理论研究，并提供了儒家文化这一非正式制度显著提高公司治理质量的正面证据以及其与正式制度之间互动关系的理解。本章包含 6 节：第一节为问题的提出；第二节是制度背景、理论分析与研究假说；第三节为研究设计，包括样本选择和数据来源、变量定义和模型设定等；第四节为实验结果与分析；第五节为内生性检验和敏感性测试；最后一节为本章小结。

5.1　问题的提出

　　随着中国资本市场快速发展，证券监管体制也日趋完善，对上市公司违规行为的执法力度也逐步加强。尽管如此，上市公司涉嫌违反证券法律法规被调查或处罚的案件时有发生，这些违规行为损害了外部投资者利益，破坏了市场经济秩序，影响资本市场的配置效率。图 5.1 描述了 2007—2014 年家族上市公司违规情况，从中可以清晰看出，样本中违规企业各年占比最低约为 2%，最高约为 12%，平均 5% 左右，各年虽有波动，但总体上呈上升态势，与陆瑶和李茶（2016）的发现基本一致。居高不下的上市公司违规行为备受政府监管部门和学术界的关注。当务之急是，深入考察上市公司的违规行为的影响因素，这具有重要的理论意义和现实意义。已有文献表明,公司治理环境的改善有利于降低上市公司违规行为倾向(Dyck et al.,2007;Yu & Yu,2010;Johnson et al.,2014;Khanna et al.,2015;陆瑶等,2012;万良勇等,2014;陆瑶和李茶,2016)。

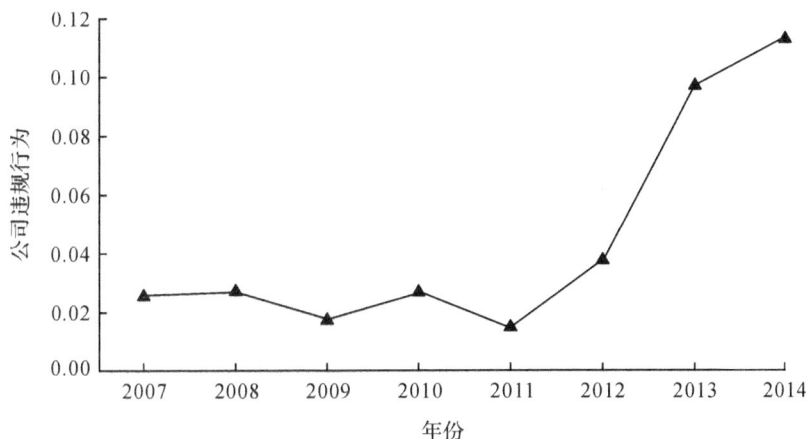

图 5.1　2007—2014 年家族上市公司违规行为情况

公司治理环境内生于所处市场的正式制度(包括法律、管制以及媒体等),而正式制度又内生于当地的非正式制度(包括文化、习俗、惯例、宗教等),非正式制度对经济与社会发展的推动作用不言而喻(La Porta et al.,1998;Williamson,2000)。对于制度建设尚待完善、法律执行效率有待提高的中国资本市场,基于文化、习俗、惯例、宗教这类非正式制度视角理解企业行为,可能比从法律、管制和媒体等正式制度视角理解企业行为的意义更为深远。文化是区别不同群体成员的心理模式,影响着国家民族、企业和个体行为(Hofstede,1980)。毋庸讳言,中国地广物博,幅员辽阔,文化底蕴深厚,五千年中国文化源远流长,儒家文化作为中华优秀传统文化的主体和精髓,经过数千年的传承和洗礼,无时无刻不在影响着社会发展和民族的秉性、品格和价值观取向(张军成和赵明明,2015)。尽管理论上文化这类非正式制度对企业行为有着重要的影响,由于文化变量难以刻画和度量,常常视为不可观测变量而被忽略,从而导致内生性问题,以至于计量结果有偏。基于上述动因,本章试图从儒家文化这一非正式制度出发,探寻市场经济的道德和伦理基础在公司治理中所起的作用。

与一般上市公司相比,家族企业在经营目标、经营理念、资源约束和制度压力等方面均存在较大差异(Chrisman et al.,2013;许静静和吕长江,2011;贺小刚和连燕玲,2009;贺小刚等,2013;李新春等,2015),而这些差异可能会对公司违规行为产生显著影响。本章以2007—2014年家族上市公司为研究样本,考察了儒家文化对上市公司违规行为的影响以及其与正式制度(法律)的交互作用。

与以往的研究相比,本章可能有如下三点贡献:一是文化因素是一个重要的遗漏变量,现有研究主要集中在公司治理结构、股权结构、外部环境等方面对公司违规行为的影响,而本章丰富了公司违规行为影响因素的相关文献,基于"文化—行为"逻辑,从儒家文化这一非正式制度视角审视文化对公司违规行为倾向的影响,从根源上诠释了同一制度环境下公司发生违规行为的异质性。二是本章丰富了嵌入中国传统文化的公司治理理论研究,而且提供了儒家文化这一非正式制度显著提高公司治理质量的正面证据以及其与正式制度之间互动关系的理解。三是本章研究的结果为相关政府职能部门提供了重要的政策启示,为维护市场秩序、保护投资者权益等方面提供有益参考,从而促进资源合理配置,增强资本市场的有效性。

5.2 制度背景、理论分析与研究假说

5.2.1 制度背景

根据《辞海》解释,儒学有两种含义:一是指儒家的思想、理论、学说等;另一种是指元、明、清代在全国府、州、县设立的儒家学校。儒学思想是指一个包含个人修身养性的道德修养论、立身处世的日常伦理规范、治国经世的社会政治取向的综合思想理论体系。它是中国传统文化的精髓,由春秋时期的孔子创立,后经战国时期孟子等人的继承与发展而形成的一种"显学"(李金波和聂辉华,2011)。明太祖朱元璋"治国以教化为先,教化以学校为本"的教育理念,充分汲取前代的经验和教育成果,大兴地方教育,向广大民众灌输儒家思想,宣扬道德伦理,教化和治理相辅相成,实现文化认同,通过影响人们的信念来规导和约束其行为。明代全国各地的府、州、县设学率高达94%,这些教育机构为儒家门徒提供了求学进德、安身立命之地,不仅是儒家传统文化创造、积累、传播中心及人才培养的基地,而且是实现知识积累与传播功能的重要载体,同时也肩负知识更新与创造的使命。近年来,随着西方文化在中国的传播,儒家文化经历了重重磨难和考验,甚至导致海外汉学界学者对其产生了一些认知偏见(景海峰,2006;古志辉,2015a)。

事实上,博大精深、源远流长的儒家传统文化在中国社会有其深厚的土壤,已成为在社会中生活的人自觉和应当遵守的社会伦理规则和道德行为的一种"习惯法",虽历经西方文化的不断冲击,但在中国传统文化中的主导地位从未动摇。可喜的是,党的十八大以来,中央政府多次呼吁复兴儒学,倡导社会各界弘扬中华优秀传统文化,建立以儒家文化为核心的社会价值体系。可见,复兴儒家文化对新时代建设社会主义先进文化和现代中国商业社会的伦理构建具有重要的现实意义。

5.2.2　理论分析与研究假说

公司的违规行为破坏了市场经济秩序,损害了投资者权益,影响资本市场的配置效率。尽管制度不断完善和执法力度逐步加强,但是并没有完全遏制公司违规行为。什么因素导致公司违规行为频发呢?已有文献表明,法律法规等正式制度的完备性及其执行效率是影响公司违规行为的一个重要因素(Bown & De Clercq,2008;Callen & Long,2015),但是基于正式制度视角无法解释处于同一制度环境下的不同公司在违规行为倾向上表现出来的异质性。也有研究发现,公司治理环境的改善也有利于降低上市公司违规行为倾向(Povel et al.,2007;Dyck et al.,2007;Yu & Yu,2010;Johnson et al.,2014;Khanna et al.,2015;陆瑶等,2012;万良勇等,2014;陆瑶和李茶,2016)。

实际上,与法律、管制和媒体这类正式制度相比,文化、习俗、惯例、宗教这类非正式制度视角可能更有助于理解和诠释企业行为的异质性(Allen et al.,2005;陈冬华等,2013)。文化是人类群体世代相传的行为模式、艺术、信仰等活动特征的总和,是区分不同群体成员的心理模式,在组织中发挥"认知地图"作用,并对组织成员行为起到"社会控制"作用(姜付秀等,2015)。儒家文化在中国是一项重要的非正式制度,作为中华优秀传统文化的主体和精髓,经过几千年的传承和洗礼,已成为规导和约束社会伦理生活和道德行为的一种"习惯法",影响着国家民族、企业和个体的行为。

家族企业是一类重要的经济组织,在资本市场上和社会经济中占据着重要地位。通常来说,家族企业股东持有上市公司大量股份,在对管理者监督方面,不会像分散的小股东那样采取"搭便车"行为,公司第一层代理问题相对较低。然而,由于家族企业控制权往往大于现金流权,且家族企业股东比企业其他股东更具有信息优势,从而使得家族企业股东有动力和能力剥夺其他小股东利益,导致家族企业第二层代理问题较为严重(Ali et al.,2007;Chen et al.,

2008)。正因为家族企业所有权和控制权重合的特殊性,以及在经营目标、经营理念、资源约束和制度压力等方面与其他企业也存在较大差异(Chrisman et al. ,2013;许静静和昌长江,2011),考察家族企业违规行为有着重要的理论和实践意义。具体到公司违规行为,一方面,"礼"是儒家文化中的核心概念之一,蕴含着伦理纲常、森严的等级制度,相比其他企业,儒家"君臣父子"的血亲等级概念根植于家族企业中,逐渐内化为轨道和约束组织成员"日用而不知"的纲常伦理,其影响持续至今;另一方面,家族企业较为严重的第二层代理问题是滋生公司发生违规行为的土壤,这为考察儒家文化这一非正式制度的治理作用提供了契机。

因此,本章认为,儒家文化至少在以下三方面影响家族企业上市公司违规行为倾向。首先,文化是一种能够塑造正式制度的非正式制度,是正式制度的基础,为日常生活活动提供了一种行为准绳,从而降低了不确定性(North,1990)。儒家文化作为法律、管制等正式制度之外的一种非正式制度,为个体行为沿着特定方向提供一种指引,潜移默化地影响管理者的价值取向和行为。其次,经过数千年的传承和洗礼,以儒家文化中"义利"价值观和"至诚"道德观为基础的传统文化形成了现代商业伦理精神体系,改变了合约中的信息结构,降低信息传递成本,使得合约当事人之间的所获信息更透明,减少因信息优势而产生的机会主义行为,不仅可以防止管理者机会主义行为的发生,而且约束代理人的自利行为,降低代理成本,规导和约束企业行为(古志辉,2015a;古志辉,2015b)。最后,儒家文化育人思想强调代理人以"修身、养性"为内修之道,以官学、私塾及家庭教育为外铄之道,乃至立志其"仁义"之修行,以达到"君子慎独"的目的,进而提高君子的自律能力。儒家文化已将修身与管理实践紧密联系在一起,儒家通过教育向代理人灌输的修身自律的职业伦理。对于代理人而言,"慎独"是其从事管理工作的前提条件,在缺乏委托人监督的情况下,代理人要自觉地严于律己,谨慎地对待自己的所思所行,防止有违道德的欲念和行为。

综上分析,受儒家文化影响越强,公司管理层会更加严格地遵守法律规范,减少违规行为发生的概率。由此,我们提出本章的第一个研究假说:

H5.1:限定其他条件,受儒家文化影响越大,上市公司违规行为发生的概率越低。

进一步地,本章认为儒家文化对上市公司违规行为的影响并非同质性的,会受到正式制度(法律)的影响而随之变化。制度是一个博弈规则,这种规则又分为正式规则(如法律、产权制度和契约等)和非正式规则(如文化和习俗等),交易费用是制度形成的基础,制度安排影响市场交易成本(North,1990)。公司治理环境内生于所处市场的正式制度(包括法律、管制以及媒体等),而正式制度又内生于当地的非正式制度,非正式制度对经济与社会发展的推动作用不言而喻(La Porta et al.,1998;Williamson,2000)。以价值观念、伦理道德、风俗习惯、意识形态等非正式制度为代表的文化,至少部分构成正式制度生长及发挥作用的土壤,不仅能够有效弥补正式制度在规制或约束个体行为及其相互关系方面的漏洞,而且还会对一个社会的经济发展产生重大影响(潘爱玲等,2012)。非正式制度与正式制度之间存在着复杂而微妙的关系,二者共同规导和约束企业行为,降低公司违规行为发生的概率。由此,我们提出本章的研究假说二:

H5.2:限定其他条件,当儒家文化与正式制度两者交互叠加作用时上市公司违规行为发生的概率更低。

基于假说 H5.1 和假说 H5.2 的理论分析,概括本章的研究逻辑框架如图 5.2 所示。

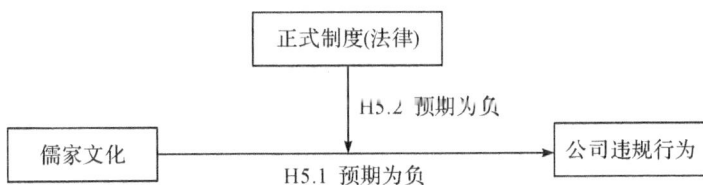

图 5.2　研究逻辑框架

5.3　研究设计

5.3.1　样本选择与数据来源

考虑到我国现行会计准则自 2007 年 1 月 1 日起实施,本章参照已有文献做法以 2007 年作为数据收集的始点(娄芳等,2010;刘启亮等,2011;张祥建等,2015),并借鉴 Pindado et al.(2011)、翁宵暐等(2014)的研究,将上市公司实际控制人为个人或家族且其控制权比例超过 10% 的企业界定为家族企业,以2007—2014 年中国沪深两市的家族企业为研究样本。在数据整理过程中,经过如下步骤筛选:①剔除 ST、*ST 类公司;②剔除金融保险行业公司;③剔除所需研究的主要数据缺失的公司;④剔除资产负债率大于 1 的公司。最终,我们得到 4569 个样本观测值。本章使用的企业违规数据来自 RESSET 金融数据库，儒家文化数据经手工搜集，其他研究数据均来自 CSMAR 和 WIND 金融数据库，并结合上市公司年报，以及东方财富网、新浪财经网、金融界、巨潮资讯网等专业网站所披露的信息对研究相关数据进行了核实和印证。为了保证数据有效性并消除异常值对研究结论的干扰，对主要的连续变量经过 Winsorize 上下 1‰缩尾处理。

5.3.2 变量定义

5.3.2.1 公司违规行为

本章参考已有研究的做法，将上市公司在信息披露、违规对外担保、关联方非法占用资金、公司经营及高管行为等方面存在的违法违规界定为违规行为，若公司在当年被稽查出有违规行为时（同一公司同一年份不重复记违规行为），Fraud 则赋值为 1，否则赋值为 0（Khanna et al. ,2015；杨玉龙等，2014；陆瑶和李茶，2016）。

5.3.2.2 儒家文化

借鉴 Du et al. (2015)、陈冬华(2013)和古志辉(2015a,2015b)的做法，计算公司注册所在地 200 公里范围内儒家学校的数量作为儒家文化(Culture_1)的代理变量，Culture_1 数值越大，表明该地区上市公司受儒家文化影响越强；为了确保结论的稳健性，同时计算了公司注册所在地 300 公里范围内儒家学校的数量(Culture_2)，儒家文化变量的两种度量方式互为稳健性检验。基于回归系数量纲考虑，将该数据除以 1000 进行标准化。

5.3.2.3 正式制度（法律）

借鉴陈冬华等(2013)的方法，以樊纲等(2011)编制的法律制度环境指数作为研究代理变量，得分越高，说明正式制度（法律）环境越好。

5.3.2.4 控制变量

参照 Povel et al. (2007)、Wang et al. (2010)、Khanna et al. (2015)、陆瑶等(2012)、陆瑶和李茶(2016)等对公司违规行为的研究，本章控制了财务杠杆(Lev)、公司规模(Size)、成长机会(Tobin Q)、净资产收益率(Roe)、股权集中度(Con5)、两职兼任(Dual)、董事会规模(Board)、独立董事比例(Indratio)、机构持股比例(Instratio)、股票换手率(Turn)、专业委员会数量(Com)和控制权比例(Shareholder)等因素的影响。另外，构建了两组虚拟变量以控制行业效应(Industry)和年份效应(Year)的影响。变量具体定义如表 5.1 所示。

表 5.1　变量定义及计算方法

变量名称	变量代码	测量方法
公司违规行为	Fraud	当年被稽查出存在重大事项违规时赋值为 1，否则赋值为 0
儒家文化	Culture_1	公司注册地址 200 公里范围内儒家学校数量除以 1000 予以标准化
	Culture_2	公司注册地址 300 公里范围内儒家学校数量除以 1000 予以标准化
正式制度（法律）	Law	樊纲等（2011）编制的法律制度环境指数
财务杠杆	Lev	负债总额与资产总额的比值
公司规模	Size	公司总资产的自然对数
成长机会	Tobin Q	流通股权市值、净资产、净债务市值三项之和与期末资产总额之比
净资产收益率	Roe	净利润与净资产总额的比值
股权集中度	Con5	公司前 5 大股东持股数量占总股本的比重
两职兼任	Dual	CEO 兼任董事长为 1，否则为 0
董事会规模	Board	董事会人数的自然对数
独立董事比例	Indratio	独立董事人数与董事会人数的比值
机构持股比例	Instratio	机构投资者持股数量占总股本的比重
股票换手率	Turn	公司流通股年换手率
专业委员会数量	Com	公司董事会专业委员会设立个数
控制权比例	Shareholder	实际控制人拥有上市公司控制权比例
行业效应	Industry	行业虚拟变量
年份效应	Year	年度虚拟变量

5.3.3　模型设定

为了检验本章的研究假说，将待检验的回归模型设定为：

$$\text{Fraud} = \beta_0 + \beta_1 \times \text{Culture} + \beta_2 \times \text{Law} + \beta_3 \times \text{Others} + \sum \text{Industrydum} + \sum \text{Yeardum} + \varepsilon \tag{5.3}$$

$$\text{Fraud} = \beta_0 + \beta_1 \times \text{Culture} + \beta_2 \times \text{Law} + \beta_3 \times \text{Law} \times \text{Culture} + \beta_4 \times \text{Others} + \sum \text{Industrydum} + \sum \text{Yeardum} + \varepsilon \tag{5.4}$$

根据前文分析,式(5.3)中 β_1 预期显著为负,式(5.4)中 β_3 预期显著为负,即随着儒家文化影响力的增强,上市公司违规行为发生的可能性降低,并且儒家文化作为一种非正式制度,与正式制度存在一定的互补关系,两者交互叠加作用时上市公司违规行为发生的可能性更低。

5.4 实证结果与分析

5.4.1 描述性统计分析

表 5.2 报告了变量的描述性统计。其中显示,样本中家族企业发生违规行为的均值约为 4.73%,标准差为 21.22%,这说明样本中发生违规行为企业比例较小。儒家文化变量的统计显示,Culture_1 的总体均值为 0.1580;Culture_2 的总体均值为 0.2848。正式制度(法律)的总体均值为 10.2947,资产负债率的总体均值为 51.54%,公司规模的总体均值为 22.4699,Tobin Q 的总体均值为 1.6515,净资产收益率的总体均值为 8.74%,股权集中度的总体均值为 55.74%;9.35% 的样本公司总经理兼任董事长,董事会规模的总体均值为 2.2533,独立董事比例的总体均值为 36.47%,机构持股比例的总体均值为 43.17%,股票换手率的总体均值为 5.1397,董事会专业委员会设立个数的总体均值为 3.7080,控制权比例的均值为 41.43%。

表 5.2 描述性统计分析

变量	样本量	均值	标准差	最小值	中位数	最大值
Fraud	4569	0.0473	0.2122	0.0000	0.0000	1.0000
Culture_1	4569	0.1580	0.0591	0.0220	0.1620	0.2520
Culture_2	4569	0.2848	0.0910	0.0370	0.2850	0.4400
Law	4569	10.2947	5.2706	3.7600	8.1800	19.8900
Lev	4569	0.5154	0.1905	0.0409	0.5306	0.8966
Size	4569	22.4699	1.2936	19.6953	22.2842	25.7818
Tobin Q	4569	1.6515	0.9450	0.6053	1.3440	6.5750
Roe	4569	0.0874	0.1014	−0.3368	0.0856	0.3531
Con5	4569	0.5574	0.1583	0.2016	0.5575	0.8934
Dual	4569	0.0935	0.2911	0.0000	0.000	1.0000
Board	4569	2.2533	0.2003	1.6094	2.1972	2.7081

变量	样本量	均值	标准差	最小值	中位数	最大值
Indratio	4569	0.3647	0.0527	0.2857	0.3333	0.5714
Instratio	4569	0.4317	0.2385	0.0028	0.4456	0.8786
Turn	4569	5.1397	3.9210	0.6153	4.2506	14.9772
Com	4569	3.7080	0.6826	1.0000	4.0000	4.0000
Shareholder	4569	0.4143	0.1534	0.1006	0.5262	0.7588

5.4.2　相关性分析

表 5.3 列出了主要变量 Pearson 相关系数，从中不难发现，Culture_1 与 Fraud 的相关系数为 -0.050，且在 1% 水平上显著负相关；Culture_2 与 Fraud 的相关系数为 -0.032，且在 5% 水平上显著负相关，这说明儒家文化能够降低公司违规行为发生的可能性，初步支持本章研究假说 H5.1 的预期。Law 与 Fraud 的相关系数为 -0.030，且在 5% 水平上显著负相关，这说明正式制度（法律）也在一定程度可以降低公司违规行为发生的概率。而模型其他控制变量的相关系数则较低，大部分相关系数的绝对值在 0.30 以内，表明变量之间不存在严重的多重共线性问题。

5.4.3　回归结果分析

表 5.4 报告了儒家文化与公司违规行为之间关系的检验结果。其中列(1)包含了所有控制变量，列(2)和列(4)是在列(1)模型的基础上，进入解释变量儒家文化 Culture_1 和 Culture_2 后的模型，列(3)和列(5)则是增加了变量儒家文化和正式制度（法律）的交互项，各模型都具有显著的解释力。列(2)的结果表明，控制其他变量后，儒家文化（Culture_1）与公司违规行为的关系显著为负（$\beta=-3.9213, p<0.01$），并且在列(3)中该作用依旧稳健，这说明儒家文化影响力越强则公司违规行为发生的可能性越低，假说 H5.1 得到了验证。列(3)中的正式制度（法律）与儒家文化（Culture_1）的交互项呈显著的负相关关系（$\beta=-0.5514, p<0.10$），即儒家文化与正式制度（法律）两者交互叠加作用时上市公司违规行为发生的可能性更低，假说 H5.2 得到了支持，意味着正式制度（法律）与非正式制度（儒家文化）在决定公司违规行为倾向上存在一定的互补关系。列(4)和列(5)是更换儒家文化变量度量后的回归结果，再次验证了假说 H5.1 和假说 H5.2。

表 5.3 变量相关系数

变量	Fraud	Culture_1	Culture_2	Law	Lev	Size	Tobin Q	Roe	Con5	Dual	Board	Indratio	Instratio	Turn	Com	Shareholder
Fraud	1.000															
Culture_1	-0.050***	1.000														
Culture_2	-0.032**	0.840***	1.000													
Law	-0.030	0.002	0.056***	1.000												
Lev	-0.009	-0.006	-0.024	-0.076***	1.000											
Size	-0.010	0.089***	0.049***	0.126***	0.384***	1.000										
Tobin Q	0.008	-0.006	-0.022	-0.010	-0.328***	-0.406***	1.000									
Roe	-0.036**	0.035*	0.046***	0.027*	-0.130***	0.097***	0.194***	1.000								
Con5	-0.003	0.107***	0.085***	0.082***	-0.031	0.371***	-0.157***	0.157***	1.000							
Dual	0.028*	-0.002	-0.013	-0.012	-0.029*	-0.063***	0.050***	0.027	-0.068***	1.000						
Board	-0.002	0.010	0.041***	-0.047***	0.032**	0.206***	-0.082***	0.012	0.111***	-0.045***	1.000					
Indratio	0.016	0.026*	0.024	0.035**	0.069***	0.175***	-0.041***	-0.017	0.047***	0.008	-0.269***	1.000				
Instratio	0.019	0.053***	0.038***	0.130***	0.057***	0.315***	0.185***	0.199***	0.306***	-0.048***	0.036**	0.027*	1.000			
Turn	-0.048***	0.002	-0.003	-0.159***	-0.059***	-0.345***	0.153***	-0.056***	-0.132***	0.012	-0.027*	-0.068***	-0.479***	1.000		
Com	0.023	-0.021	-0.018	0.005	0.081***	-0.011	-0.007	-0.050***	-0.083***	0.005	-0.010	0.058***	0.037*	-0.045***	1.000	
Shareholder	-0.023	0.098***	0.064***	0.077***	-0.016	0.285***	-0.123***	0.102***	0.725***	-0.084***	0.014	0.071***	0.204***	-0.083***	-0.072***	1.000

注:***、**、*分别表示在 1%、5%、10%水平上显著。

表 5.4 儒家文化与公司违规行为关系的检验结果

变量	(1)	(2)	(3)	(4)	(5)
Lev	0.3665	0.3368	0.3169	0.3490	0.3179
	(0.73)	(0.66)	(0.62)	(0.69)	(0.62)
Size	−0.1532*	−0.1442	−0.1359	−0.1536*	−0.1455
	(−1.73)	(−1.62)	(−1.51)	(−1.73)	(−1.63)
Tobin Q	0.1472	0.1429	0.1497	0.1408	0.1465
	(1.50)	(1.43)	(1.52)	(1.42)	(1.49)
Roe	−0.6790	−0.6592	−0.6979	−0.6212	−0.6248
	(−0.88)	(−0.84)	(−0.90)	(−0.79)	(−0.80)
Con5	1.5823**	1.6881***	1.6879***	1.6442***	1.6484***
	(2.47)	(2.65)	(2.65)	(2.58)	(2.59)
Dual	0.2789	0.3060	0.3114	0.2884	0.2859
	(1.33)	(1.45)	(1.48)	(1.37)	(1.36)
Board	0.4074	0.3906	0.3823	0.4425	0.4489
	(0.95)	(0.90)	(0.88)	(1.02)	(1.03)
Indratio	1.5352	1.5980	1.5914	1.6603	1.6644
	(1.19)	(1.22)	(1.23)	(1.27)	(1.28)
Instratio	−0.8442**	−0.8169*	−0.7979*	−0.8233**	−0.8018*
	(−2.02)	(−1.95)	(−1.92)	(−1.96)	(−1.92)
Turn	−0.0233	−0.0200	−0.0206	−0.0203	−0.0207
	(−0.70)	(−0.60)	(−0.62)	(−0.61)	(−0.63)
Com	0.0098	0.0015	0.0045	0.0038	0.0081
	(0.08)	(0.01)	(0.04)	(0.03)	(0.06)
Shareholder	−1.1398	−1.1882*	−1.1477	−1.1946*	−1.1739*
	(−1.64)	(−1.70)	(−1.64)	(−1.72)	(−1.69)
Law	−0.0315*	−0.0295*	−0.0363**	−0.0288*	−0.0329**
	(−1.95)	(−1.86)	(−2.20)	(−1.78)	(−2.03)
Culture_1		−3.9213***	−5.5647***		
		(−3.42)	(−3.70)		
Law * Culture_1			−0.5514*		
			(−1.87)		
Culture_2				−1.5785**	−3.1558***
				(−2.24)	(−2.96)
Law * Culture_2					−0.3933*
					(−1.90)
Intercept	0.5162	0.7441	−0.3142	0.7263	−0.1944
	(0.24)	(0.34)	(−0.14)	(0.34)	(−0.09)
Industry	Yes	Yes	Yes	Yes	Yes

续表

变量	(1)	(2)	(3)	(4)	(5)
Year	Yes	Yes	Yes	Yes	Yes
Pseudo R^2	0.1059	0.1117	0.1137	0.1083	0.1102
F/χ^2	184.4940	213.0679	212.8319	194.6241	196.3275
Obs	4569	4569	4569	4569	4569

注：***、**、* 分别表示在 1%、5%、10%水平上显著；括号中的数据是通过 Robust 异方差稳健调整的 t-statistic；此外，通过公司层面的 Cluster 稳健性检验和 Bootstrap 稳健性估计，结果基本一致。

5.5 稳健性检验

5.5.1 内生性检验

如前文所述，儒家文化对公司违规行为有显著影响，且正式制度（法律）与儒家文化对公司违规行为抑制起到互补作用，但其结果不可避免地会受内生性问题的干扰。为了缓解内生性问题，本章使用工具变量方法（2SLS）为前文的结论提供一个稳健性检验。地区受教育水平可以显著影响当地企业的诚信文化（姜付秀等，2015），而诚信道德观是儒家文化的重要组成部分。对此，本章使用各地区大学生毕业人数占该地区总人口的比重（Instrument）作为工具变量进行第一阶段回归，同时检验其与公司违规行为之间的关系，我们发现它与儒家文化有关，但与公司违规行为不存在显著关系，因此，Instrument 是一个有效影响儒家文化的外生工具变量。

表 5.5 报告了 2SLS 检验结果。其中显示，$\overline{\text{Culture}}$的系数为负，且在 1%的水平显著，Law 与$\overline{\text{Culture}}$的交互项系数为负，且在 10%的水平显著，前文结论未发生实质性改变，假说 H5.1 和假说 H5.2 依旧得到了支持。

表 5.5 2SLS 检验结果

变量	Culture_1	Fraud		
	(1)	(2)	(3)	(4)
Lev	0.0152***	0.3665	0.4447	0.4496
	(3.27)	(0.73)	(0.87)	(0.88)
Size	−0.0021**	−0.1532*	−0.1506*	−0.1439
	(−2.53)	(−1.73)	(−1.68)	(−1.59)

续表

变量	Culture_1	Fraud		
	(1)	(2)	(3)	(4)
Tobin Q	-0.0017 (-1.49)	0.1472 (1.50)	0.1427 (1.45)	0.1547 (1.58)
Roe	0.0209^{**} (2.52)	-0.6790 (-0.88)	-0.6752 (-0.87)	-0.6915 (-0.90)
Con5	0.0205^{***} (2.91)	1.5823^{**} (2.47)	1.6754^{***} (2.61)	1.6992^{***} (2.66)
Dual	0.0007 (0.27)	0.2789 (1.33)	0.2683 (1.26)	0.2599 (1.23)
Board	-0.0002 (-0.05)	0.4074 (0.95)	0.4862 (1.13)	0.4761 (1.11)
Indratio	0.0171 (1.19)	1.5352 (1.19)	1.4800 (1.14)	1.6243 (1.24)
Instratio	0.0077^{*} (1.82)	-0.8442^{**} (-2.02)	-0.7694^{*} (-1.82)	-0.7770^{*} (-1.85)
Turn	0.0012^{***} (4.00)	-0.0233 (-0.70)	-0.0184 (-0.56)	-0.0204 (-0.61)
Com	-0.0003 (-0.27)	0.0098 (0.08)	-0.0006 (-0.00)	-0.0039 (-0.03)
Shareholder	-0.0213^{***} (-3.10)	-1.1398 (-1.64)	-1.0225 (-1.45)	-1.0466 (-1.49)
Instrument	0.0177^{***} (2.78)			
Law		-0.0315^{*} (-1.95)	-0.0113 (-0.64)	-0.0093 (-0.54)
$\overline{\text{Culture}}$			-9.9246^{***} (-3.12)	-10.9679^{***} (-3.38)
Law $* \overline{\text{Culture}}$				-1.0727^{*} (-1.71)
Intercept	0.0706^{***} (3.44)	0.5162 (0.24)	1.3357 (0.62)	-0.3396 (-0.15)
Industry	Yes	Yes	Yes	Yes
Year	Yes	Yes	Yes	Yes
Adj. R^2 / Pseudo R^2	0.2964	0.1059	0.1116	0.1134
F/χ^2	94.5499	184.4940	205.7926	203.6006
Obs	4569	4569	4569	4569

注：***、**、* 分别表示在 1%、5%、10% 水平上显著；括号中的数据是通过 Robust 异方差稳健调整的 t-statistic；此外，通过公司层面的 Cluster 稳健性检验和 Bootstrap 稳健性估计，结果基本一致。

5.5.2 敏感性测试

5.5.2.1 违规动机的影响

融资需求和规避管制动机可能是诱发公司违规的一个重要因素（蒋义宏，2003；王亚平等，2006；张程睿和蹇静，2008；王青和程博，2014），为控制违规动机的影响，参照已有文献做法，以近 3 年公司的主营业务收入增长率平均值反映公司的成长性，成长性越高的公司具有更强的融资需求，若公司主营业务收入增长率高于行业中位数时，融资动机（INC）赋值为 1，反之赋值为 0；若公司前一年净资产收益率小于 0，且当年净资产收益率在 [0,5%] 之间时，规避管制动机（BP）赋值为 1，反之赋值为 0。表 5.6 报告了控制违规动机影响的检验结果，变量 Culture 以及交互项 Culture * Law 均显著为负，前文结论未发生实质性改变；各模型中，变量 INC 和 BP 的系数均不显著，这说明实证结果较少受到违规动机的影响，再次验证了假说 H5.1 和假说 H5.2。

表 5.6　控制违规动机影响的检验结果

变量	(1)	(2)	(3)	(4)	(5)
Lev	0.3677	0.3341	0.3143	0.3472	0.3159
	(0.72)	(0.65)	(0.61)	(0.68)	(0.61)
Size	−0.1549*	−0.1460	−0.1376	−0.1552*	−0.1471
	(−1.74)	(−1.62)	(−1.52)	(−1.73)	(−1.64)
Tobin Q	0.1459	0.1399	0.1467	0.1381	0.1437
	(1.47)	(1.39)	(1.48)	(1.38)	(1.45)
Roe	−0.7030	−0.7042	−0.7406	−0.6607	−0.6651
	(−0.91)	(−0.91)	(−0.96)	(−0.85)	(−0.86)
Con5	1.5671**	1.6636**	1.6661***	1.6222**	1.6274**
	(2.42)	(2.58)	(2.58)	(2.51)	(2.53)
Dual	0.2793	0.3065	0.3115	0.2886	0.2858
	(1.33)	(1.45)	(1.48)	(1.37)	(1.36)
Board	0.4076	0.3918	0.3837	0.4433	0.4500
	(0.95)	(0.90)	(0.88)	(1.02)	(1.03)
Indratio	1.5321	1.5979	1.5901	1.6610	1.6641
	(1.18)	(1.22)	(1.22)	(1.27)	(1.28)
Instratio	−0.8417**	−0.8119*	−0.7930*	−0.8190*	−0.7972*
	(−2.02)	(−1.95)	(−1.92)	(−1.96)	(−1.91)
Turn	−0.0232	−0.0198	−0.0205	−0.0202	−0.0206
	(−0.70)	(−0.59)	(−0.62)	(−0.61)	(−0.63)

变量	(1)	(2)	(3)	(4)	(5)
Com	0.0121	0.0044	0.0071	0.0063	0.0104
	(0.10)	(0.03)	(0.06)	(0.05)	(0.08)
Shareholder	−1.1371	−1.1850*	−1.1454	−1.1919*	−1.1718*
	(−1.64)	(−1.70)	(−1.64)	(−1.71)	(−1.68)
INC	−0.0454	−0.0432	−0.0384	−0.0390	−0.0344
	(−0.31)	(−0.30)	(−0.26)	(−0.27)	(−0.24)
BP	−0.0424	−0.0692	−0.0651	−0.0615	−0.0611
	(−0.24)	(−0.39)	(−0.37)	(−0.35)	(−0.35)
Law	−0.0318*	−0.0300*	−0.0368**	−0.0292*	−0.0333**
	(−1.95)	(−1.87)	(−2.21)	(−1.79)	(−2.03)
Culture_1		−3.9424***	−5.5771***		
		(−3.45)	(−3.71)		
Law * Culture_1			−0.5487*		
			(−1.86)		
Culture_2				−1.5883**	−3.1621***
				(−2.26)	(−2.97)
Law * Culture_2					−0.3923*
					(−1.90)
Intercept	0.5990	0.8428	−0.2282	0.8159	−0.1150
	(0.28)	(0.38)	(−0.10)	(0.37)	(−0.05)
Industry	Yes	Yes	Yes	Yes	Yes
Year	Yes	Yes	Yes	Yes	Yes
Pseudo R^2	0.1060	0.1118	0.1138	0.1085	0.1103
χ^2	185.8731	214.1755	214.1404	196.1496	198.0735
Obs	4569	4569	4569	4569	4569

注：***、**、*分别表示在 1%、5%、10% 水平上显著；括号中的数据是通过 Robust 异方差稳健调整的 t-statistic；此外，通过公司层面的 Cluster 稳健性检验和 Bootstrap 稳健性估计，结果基本一致。

5.5.2.2　信息不对称的影响

由于市场摩擦的存在，信息不对称会对投资者和企业行为产生较大影响（孔东民等，2013），市场信息不对称程度越高，企业越有可能作出损害投资者的决策，发生违规的可能性也随之提高。为控制信息不对称的影响，借鉴 Hutton et al.(2008)、Kim & Zhang(2016a)、潘越等(2011)的研究，以当期与前两期的操控性应计之和来度量信息不对称程度。表 5.7 报告了控制信息不对称影响的检验结果,变量 Culture 以及交互项 Culture * Law 均显著为负,前文结论依旧未发生实质性改变;各模型中,变量 Opaque 系数显著为正,这说明信息不对称程度越高,公司违规行为发生的概率越大,但对本章结论影响有限,进一步验证了假说 H5.1 和假说 H5.2。

表 5.7 控制信息不对称影响的检验结果

变量	(1)	(2)	(3)	(4)	(5)
Lev	0.3279	0.3053	0.2838	0.3111	0.2784
	(0.63)	(0.58)	(0.54)	(0.60)	(0.53)
Size	−0.1764**	−0.1702*	−0.1607*	−0.1792**	−0.1704*
	(−1.97)	(−1.87)	(−1.75)	(−1.97)	(−1.87)
Tobin Q	0.1246	0.1207	0.1277	0.1180	0.1241
	(1.26)	(1.20)	(1.29)	(1.18)	(1.26)
Roe	−0.5351	−0.5172	−0.5586	−0.4832	−0.4950
	(−0.70)	(−0.67)	(−0.73)	(−0.63)	(−0.65)
Con5	1.8855***	1.9906***	1.9717***	1.9533***	1.9420***
	(2.83)	(3.00)	(2.97)	(2.94)	(2.93)
Dual	0.3039	0.3262	0.3333	0.3096	0.3083
	(1.42)	(1.52)	(1.55)	(1.44)	(1.44)
Board	0.4399	0.4169	0.4057	0.4780	0.4821
	(1.00)	(0.94)	(0.91)	(1.07)	(1.08)
Indratio	1.4558	1.5184	1.4875	1.5854	1.5647
	(1.11)	(1.15)	(1.13)	(1.20)	(1.18)
Instratio	−1.1198***	−1.1020***	−1.0760**	−1.1070***	−1.0814**
	(−2.63)	(−2.59)	(−2.54)	(−2.59)	(−2.54)
Turn	−0.0326	−0.0290	−0.0291	−0.0298	−0.0297
	(−0.86)	(−0.76)	(−0.77)	(−0.79)	(−0.79)
Com	0.0143	0.0042	0.0077	0.0071	0.0111
	(0.11)	(0.03)	(0.06)	(0.05)	(0.08)
Shareholder	−1.1261	−1.1688	−1.1195	−1.1834*	−1.1553
	(−1.59)	(−1.64)	(−1.57)	(−1.67)	(−1.62)
Opaque	1.3964*	1.4090*	1.4218*	1.3899*	1.3875*
	(1.69)	(1.71)	(1.73)	(1.68)	(1.68)
Law	−0.0291*	−0.0268*	−0.0333**	−0.0263	−0.0300*
	(−1.80)	(−1.68)	(−2.02)	(−1.62)	(−1.84)
Culture_1		−4.0182***	−5.6433***		
		(−3.41)	(−3.66)		
Law * Culture_1			−0.5429*		
			(−1.79)		

变量	(1)	(2)	(3)	(4)	(5)
Culture_2				-1.5885^{**}	-3.0532^{***}
				(-2.19)	(-2.84)
Law * Culture_2					-0.3672^{*}
					(-1.75)
Intercept	0.9711	1.2840	0.2338	1.2333	0.3376
	(0.45)	(0.58)	(0.10)	(0.57)	(0.15)
Industry	Yes	Yes	Yes	Yes	Yes
Year	Yes	Yes	Yes	Yes	Yes
Pseudo R^2	0.1120	0.1181	0.1200	0.1145	0.1161
χ^2	200.2680	229.9112	229.5026	213.1495	214.3754
Obs	4293	4293	4293	4293	4293

注：***、**、* 分别表示在 1%、5%、10% 水平上显著；括号中的数据是通过 Robust 异方差稳健调整的 t-statistic；此外，通过公司层面的 Cluster 稳健性检验和 Bootstrap 稳健性估计，结果基本一致。

5.5.2.3　宗教信仰的影响

宗教传统会减轻信徒利己的心态和对待风险的态度，遏制公司违规等利己行为（Allen et al.，2005；陈冬华等，2013）。为控制宗教信仰的影响，参考 Du（2013）、陈冬华（2013）的做法，以上市公司注册地 200 公里范围内重点寺庙数量加 1 的自然对数来度量宗教信仰（Religion），数值越大，表明该地区宗教信仰程度高。表 5.8 报告了控制宗教信仰影响的检验结果，变量 Culture 以及交互项 Culture * Law 均显著为负，前文结论仍旧未发生实质性改变；各模型中，变量 Religion 的系数均不显著，这说明实证结果较少受到宗教信仰的影响，假说 H5.1 和假说 H5.2 再次得到验证。

表 5.8　控制宗教信仰影响的检验结果

变量	(1)	(2)	(3)	(4)	(5)
Lev	0.3941	0.3374	0.3311	0.3611	0.3385
	(0.78)	(0.66)	(0.64)	(0.71)	(0.66)
Size	-0.1612^{*}	-0.1444	-0.1397	-0.1567^{*}	-0.1501^{*}
	(-1.80)	(-1.59)	(-1.54)	(-1.74)	(-1.67)
Tobin Q	0.1462	0.1429	0.1509	0.1411	0.1486
	(1.47)	(1.43)	(1.53)	(1.42)	(1.51)
Roe	-0.6430	-0.6586	-0.6890	-0.6142	-0.6132
	(-0.83)	(-0.84)	(-0.89)	(-0.79)	(-0.79)

续表

变量	(1)	(2)	(3)	(4)	(5)
Con5	1.5900**	1.6880***	1.6855***	1.6417***	1.6439***
	(2.48)	(2.65)	(2.64)	(2.58)	(2.58)
Dual	0.2713	0.3058	0.3066	0.2852	0.2783
	(1.29)	(1.45)	(1.45)	(1.35)	(1.32)
Board	0.3960	0.3905	0.3786	0.4353	0.4343
	(0.93)	(0.90)	(0.88)	(1.00)	(1.00)
Indratio	1.4622	1.5964	1.5454	1.6203	1.5766
	(1.13)	(1.22)	(1.19)	(1.23)	(1.20)
Instratio	−0.8370**	−0.8169*	−0.7946*	−0.8228**	−0.7982*
	(−2.01)	(−1.95)	(−1.92)	(−1.96)	(−1.92)
Turn	−0.0229	−0.0200	−0.0207	−0.0205	−0.0211
	(−0.70)	(−0.60)	(−0.63)	(−0.62)	(−0.65)
Com	0.0079	0.0015	0.0041	0.0036	0.0079
	(0.06)	(0.01)	(0.03)	(0.03)	(0.06)
Shareholder	−1.1445*	−1.1881*	−1.1391	−1.1903*	−1.1588*
	(−1.65)	(−1.70)	(−1.63)	(−1.71)	(−1.66)
Religion	−0.0138	−0.0003	−0.0077	−0.0054	−0.0115
	(−1.24)	(−0.02)	(−0.57)	(−0.44)	(−0.86)
Law	−0.0209	−0.0293	−0.0305	−0.0247	−0.0244
	(−1.13)	(−1.54)	(−1.55)	(−1.31)	(−1.27)
Culture_1		−3.9090***	−5.3191***		
		(−3.19)	(−3.50)		
Law * Culture_1			−0.6005**		
			(−1.98)		
Culture_2				−1.4210*	−2.9766***
				(−1.84)	(−2.81)
Law * Culture_2					−0.4377**
					(−2.06)
Intercept	0.7332	0.7473	−0.1234	0.7858	0.0895
	(0.34)	(0.34)	(−0.05)	(0.36)	(0.04)
Industry	Yes	Yes	Yes	Yes	Yes
Year	Yes	Yes	Yes	Yes	Yes
Pseudo R^2	0.1068	0.1117	0.1139	0.1085	0.1107
χ^2	189.0642	213.0968	213.1610	195.3102	197.9341
Obs	4569	4569	4569	4569	4569

注:***、**、*分别表示在1%、5%、10%水平上显著;括号中的数据是通过 Robust 异方差稳健调整的 t-statistic;此外,通过公司层面的 Cluster 稳健性检验和 Bootstrap 稳健性估计,结果基本一致。

5.5.2.4　不同处理类型的检验

为了确保结果的可靠性,根据锐思数据库中提供处理的类型进行分类,当违规类型为处罚、警告、立案调查、市场禁入、判刑时,视为违规情节较为严重,被解释变量 Fraud 取 1,否则为 0。表 5.9 报告了不同处理类型的检验结果,变量 Culture 以及交互项 Culture * Law 均显著为负,意味着受儒家文化影响越大,上市公司违规严重性有所降低,并且正式制度(法律)与非正式制度(儒家文化)在降低公司违规严重性上存在一定的互补关系。

表 5.9　不同处罚类型的检验结果

变量	(1)	(2)	(3)	(4)	(5)
Lev	0.7191	0.6818	0.6591	0.6969	0.6603
	(1.32)	(1.23)	(1.19)	(1.27)	(1.19)
Size	−0.1611	−0.1521	−0.1410	−0.1605	−0.1486
	(−1.61)	(−1.50)	(−1.39)	(−1.59)	(−1.47)
Tobin Q	0.0956	0.0897	0.0986	0.0884	0.0969
	(0.86)	(0.80)	(0.89)	(0.79)	(0.88)
Roe	−0.5766	−0.5594	−0.6109	−0.5267	−0.5437
	(−0.68)	(−0.65)	(−0.72)	(−0.61)	(−0.63)
Con5	1.6045**	1.7132**	1.7093**	1.6683**	1.6630**
	(2.27)	(2.43)	(2.42)	(2.37)	(2.36)
Dual	0.4479**	0.1738**	0.4822**	0.4569**	0.4553**
	(2.05)	(2.17)	(2.20)	(2.09)	(2.08)
Board	0.3241	0.3053	0.3020	0.3595	0.3727
	(0.68)	(0.64)	(0.63)	(0.75)	(0.77)
Indratio	1.0223	1.0965	1.0775	1.1685	1.1711
	(0.71)	(0.76)	(0.75)	(0.80)	(0.81)
Instratio	−0.8249*	−0.7925*	−0.7694*	−0.8000*	−0.7727*
	(−1.82)	(−1.76)	(−1.72)	(−1.76)	(−1.71)
Turn	−0.0309	−0.0278	−0.0292	−0.0274	−0.0284
	(−0.83)	(−0.74)	(−0.79)	(−0.74)	(−0.77)
Com	0.1813	0.1716	0.1750	0.1745	0.1815
	(1.12)	(1.06)	(1.08)	(1.07)	(1.11)
Shareholder	−0.9933	−1.0417	−0.9910	−1.0482	−1.0177
	(−1.31)	(−1.37)	(−1.30)	(−1.38)	(−1.34)
Law	−0.0346**	−0.0323*	−0.0400**	−0.0315*	−0.0366**
	(−2.00)	(−1.90)	(−2.27)	(−1.82)	(−2.10)
Culture_1		−3.8242***	−5.7197***		
		(−3.09)	(−3.50)		

续表

变量	(1)	(2)	(3)	(4)	(5)
Law * Culture_1			-0.6314^*		
			(-1.95)		
Culture_2				-1.6341^{**}	-3.5636^{***}
				(-2.15)	(-3.02)
Law * Culture_2					-0.4783^{**}
					(-2.07)
Intercept	0.0379	0.2685	-0.8705	0.2339	-0.8326
	(0.02)	(0.11)	(-0.34)	(0.09)	(-0.33)
Industry	Yes	Yes	Yes	Yes	Yes
Year	Yes	Yes	Yes	Yes	Yes
Pseudo R^2	0.1254	0.1307	0.1332	0.1279	0.1305
χ^2	185.5369	208.1858	207.0495	195.3959	196.2066
Obs	4569	4569	4569	4569	4569

注:***、**、*分别表示在1%、5%、10%水平上显著;括号中的数据是通过 Robust 异方差稳健调整的 t-statistic;此外,通过公司层面的 Cluster 稳健性检验和 Bootstrap 稳健性估计,结果基本一致。

5.5.2.5　不同违规类型的检验

中国证监会将公司违规行为分为信息披露违规、经营违规以及领导人违规三类,样本中各自的比例分别为 1.63%、0.57% 和 2.37%,鉴于经营违规所占比例较小,本章以信息披露违规和领导人违规两类为被解释变量进行稳健性检验。表 5.10 报告了不同违规类型的检验结果,列(1)—(3)的被解释变量为信息披露违规(违规为 1,否则为 0),列(4)—(6)的被解释变量为领导人违规(违规为 1,否则为 0),变量 Culture 以及交互项 Culture * Law 均显著为负,前文结论仍旧未发生实质性改变,假说 H5.1 和假说 H5.2 再次得到验证。

表 5.10　不同违规类型的检验结果

变量	(1)	(2)	(3)	(4)	(5)	(6)
Lev	1.8745^{**}	1.8793^{**}	1.8733^{**}	-1.6967^{***}	-1.7502^{***}	-1.7752^{***}
	(2.35)	(2.32)	(2.31)	(-2.60)	(-2.64)	(-2.68)
Size	-0.3116^{**}	-0.3166^{**}	-0.3075^{**}	0.1193	0.1465	0.1578
	(-2.08)	(-2.08)	(-1.98)	(1.05)	(1.28)	(1.37)
Tobin Q	-0.1400	-0.1521	-0.1420	0.0238	0.0194	0.0267
	(-0.75)	(-0.81)	(-0.76)	(0.17)	(0.14)	(0.19)

续表

变量	(1)	(2)	(3)	(4)	(5)	(6)
Roe	−1.3318	−1.2744	−1.2540	−1.5610	−1.5571	−1.6180
	(−1.39)	(−1.32)	(−1.30)	(−1.35)	(−1.36)	(−1.42)
Con5	0.5159	0.5653	0.5425	0.7826	0.9093	0.9708
	(0.50)	(0.55)	(0.54)	(0.95)	(1.10)	(1.18)
Dual	0.5715*	0.5778*	0.5856*	−0.1030	−0.0740	−0.0635
	(1.84)	(1.86)	(1.88)	(−0.30)	(−0.22)	(−0.19)
Board	−1.4335**	−1.3922**	−1.3649*	0.7335	0.7260	0.7133
	(−2.10)	(−1.98)	(−1.93)	(1.36)	(1.32)	(1.30)
Indratio	0.4824	0.6135	0.6434	1.6266	1.7022	1.7753
	(0.24)	(0.29)	(0.31)	(0.91)	(0.95)	(1.00)
Instratio	−0.7070	−0.6951	−0.6864	0.8510	0.8633	0.8833*
	(−1.11)	(−1.09)	(−1.08)	(1.58)	(1.61)	(1.66)
Turn	−0.1345***	−0.1323***	−0.1332***	−0.0214	−0.0174	−0.0174
	(−3.43)	(−3.40)	(−3.43)	(−0.65)	(−0.53)	(−0.53)
Com	0.6615	0.6512	0.6526	−0.0157	−0.0160	−0.0057
	(1.60)	(1.59)	(1.59)	(−0.11)	(−0.11)	(−0.04)
Shareholder	−0.3728	−0.3979	−0.3584	−1.8710**	−1.9301**	−1.9251**
	(−0.36)	(−0.38)	(−0.35)	(−1.99)	(−2.06)	(−2.05)
Law	−0.0567*	−0.0517*	−0.0603**	0.0067	0.0088	−0.0022
	(−1.95)	(−1.78)	(−1.99)	(0.31)	(0.42)	(−0.10)
Culture_1		−2.1115**	−4.9472**		−5.0799***	−6.8484***
		(−1.98)	(−2.50)		(−3.53)	(−3.61)
Law * Culture_1			−0.6203*			−0.7166**
			(−1.65)			(−1.96)
Intercept	4.5052	4.9011	3.5048	−6.6181**	−6.7420**	−7.6341***
	(1.12)	(1.20)	(0.84)	(−2.54)	(−2.53)	(−2.78)
Industry	Yes	Yes	Yes	Yes	Yes	Yes
Year	Yes	Yes	Yes	Yes	Yes	Yes
Pseudo R^2	0.0938	0.0979	0.1006	0.0352	0.0441	0.0475
χ^2	89.1597	89.2423	94.1687	43.4438	54.2670	56.9344
Obs	4296	4296	4296	4569	4569	4569

注：***、**、*分别表示在1%、5%、10%水平上显著；括号中的数据是通过 Robust 异方差稳健调整的 t-statistic；此外，通过公司层面的 Cluster 稳健性检验和 Bootstrap 稳健性估计，结果基本一致。

5.6　本章小结

公司的违规行为破坏了市场经济秩序,损害了投资者权益,影响资本市场的配置效率。本章以 2007—2014 年沪深两市的家族企业为研究样本,检验了儒家文化对上市公司违规行为的影响以及其与正式制度(法律)的交互效应。研究结果表明,儒家文化影响力越强,家族企业上市公司违规行为发生的概率越低,这一现象在儒家文化与正式制度两者的交互叠加作用时更为明显。本章的研究结论:一方面丰富了公司违规行为影响因素的相关文献,从儒家文化这一非正式制度视角审视文化对公司违规行为倾向的影响,从根源上诠释了同一制度环境下公司发生违规行为的异质性;另一方面,丰富了嵌入中国传统文化的公司治理理论研究,而且提供了儒家文化这一非正式制度显著提高公司治理质量的正面证据以及其与正式制度之间互动关系的理解,并且为维护市场秩序,保护投资者权益,促进资源合理配置,增强资本市场的有效性等方面提供有益参考。

第 6 章　儒家文化与企业避税行为

　　市场经济越发展,税收问题越重要。企业为增加公司收益而采取激进避税行为也日益普遍,最终影响社会福利。根据第一章所述的研究思路和整体研究框架,本章继续沿着"文化—行为"逻辑,探讨了作为非正式制度的重要组成部分之儒家文化对企业激进避税行为的影响。本章以沪深两市的上市公司为研究样本,对儒家文化与企业避税关系进行了理论探讨和实证检验。研究结果发现,儒家文化与企业避税之间呈显著的负相关关系,这一现象在税收征管弱的地区、媒体关注程度高的企业中更为明显。在考虑一系列稳健性检验后,该结论依旧稳健。本研究不仅为儒家文化这一非正式制度的治理作用提供了经验证据,而且对于抑制企业管理层的机会主义倾向和税收征管工作等方面也有一定的启示。本章包含 6 节,第一节为问题的提出;第二节是理论分析与研究假说;第三节为研究设计,包括样本选择和数据来源、变量定义和模型设定等;第四节检验了儒家文化与企业避税行为之间的关系,同时检验了两者关系在不同税收征管强度、媒体关注程度下的差异;第五节为稳健性检验;最后一节为本章小结。

6.1　问题的提出

　　公司税收对于政府和经济发展具有非常重要的意义,但税负会给公司带来巨大的经济压力,因而,纳税人会从自身效用最大化角度出发,在避税活动的产生成本与收益之间权衡,进行税收决策。企业避税现象全球普遍存在并呈日益恶化的趋势,引起了学术界的高度关注(Hanlon & Heitzman,2010)。在美国,企业避税行为被视作国家税务系统面临的最大挑战(Desai & Dharmapala,2006)。Dyreng et al.(2008)以 1995—2004 年的美国上市公司为样本,发现美国上市公司长期实际所得税率平均约为 30%,但接近 1/4 的美国上市公司长期实际所得税率保持在 20% 以下,远低于研究期间法定所得税率 33%,而有趣的是,存在 1/4 的上市公司长期实际所得税率却高于 35%。中国企业也不例外,企业避税问题非常严峻,据国家税务总局的统计表明,2005 年反避税工作为国家贡献税收为 4.6 亿元(平均个案补税金额约为 127 万元),而到 2014 年反避税工作为国家贡献税收高达 523 亿元(平均个案补税金额约为 3068 万元)。从平均个案补税金额来看,10 年间增长了 23 倍。如此大的增幅,不仅导致了国家财政收入的重大损失,而且会导致"激进"企业和"守规"的税负不公平,影响实体经济发展。

影响企业激进避税行为的决定因素有哪些呢?已有研究表明,企业避税行为会受到企业财务特征、股权结构、内部控制、高管薪酬契约、关系型交易、债务契约、公司战略、政治关联、政治不确定性、公司治理以及外部利益相关(如工会、机构投资者、税务局、审计师、媒体等)监督等因素的影响(Mcguire et al.,2014;Higgins et al.,2015;Kim & Zhang,2016b;Andrew,2016;Huang et al.,2016;Cen et al.,2017;Sabrina et al.,2017;曾亚敏和张俊生,2009;叶康涛和刘行,2011;蔡宏标和饶品贵,2015;陈骏和徐玉德,2015;陈德球等,2016;代彬等,2016)。上述文献无疑对厘清企业避税行为的动因大有帮助,但这些文献主要关注企业内、外部的正式制度安排如何影响企业避税行为,较少探讨非正式制度,尤其是文化这一非正式制度对企业避税行为的影响。

文化是影响社会、政治和经济行为的一个重要因素(亨廷顿和哈里森,2013)。毋庸置疑,文化不仅影响企业行为,在组织中发挥"认知地图"作用,并对组织成员的行为起到"社会控制"的作用(O'Reilly,1989;O'Reilly & Chatman,1996;Cheng et al.,2017;程博等,2016)。事实上,以价值观念、伦理道德、风俗习惯等非正式制度为代表的文化,部分构成了正式制度生长及发挥作用的土壤,能有效弥补正式制度在规制或约束个体行为及其相互关系方面的漏洞,从而与正式制度协同,对社会、经济发展产生重大影响(Allen et al.,2005;潘爱玲等,2012;陈冬华等,2013)。中国地广物博,幅员辽阔,文化底蕴深厚,五千年中国文化源远流长,儒家文化作为中华优秀传统文化的主体和精髓,经过数千年的传承和洗礼,无时无刻不在影响着社会发展和民族的秉性、品格和价值观取向(张军成和赵明明,2015)。然而,现有研究对文化这一非正式制度如何影响企业避税行为并没有给予足够的关注和重视。鉴于此,本章试图从儒家文化这一非正式制度出发,探寻市场经济的道德和伦理基础对企业避税行为的作用。

本章以 2007—2016 年沪深两市 A 股上市公司为研究样本,考察了儒家文化对企业避税行为的影响,并探讨了二者关系在不同税收征管强度和媒体关注程度下的差异。研究结果表明,儒家文化对企业激进的避税行为有一定的抑制作用,这一现象因税收征管强度和媒体关注程度差异而相异,表征出在税收征管弱的地区、媒体关注多的企业中儒家文化与企业避税行为之间的负相关关系更明显。本章研究结论不仅为儒家文化这一非正式制度的治理作用提供了经验证据,而且对于抑制企业管理层的机会主义倾向和税收征管工作也有一定的启示。

　　与以往的研究相比,本章可能有如下三点贡献:一是现有研究主要集中在股权结构、公司战略、公司治理以及外部利益相关治理等因素对企业避税行为的影响(Mcguire et al.,2014;Higgins et al.,2015;Kim & Zhang,2016b;Andrew,2016;Cen et al.,2017;Sabrina et al.,2017),而本章则是基于"文化—行为"逻辑,从儒家文化这一非正式制度视角审视文化对企业避税行为的影响,丰富了企业避税行为影响因素方面的文献,加深了对代理观的避税框架的认识。二是本章丰富了嵌入中国传统文化的公司治理理论研究,而且提供了儒家文化这一非正式制度显著提高公司治理质量的新证据。三是本章不仅对抑制企业管理层的机会主义倾向以及提高公司治理水平,而且对税收征管工作和相关政府职能部门制定政策具有重要的参考价值。

6.2　理论分析与研究假说

　　避税代理观认为,企业避税是经理人的一种自利行为,经理人采取复杂、隐蔽、不透明的交易来掩盖避税动机,谋求私人利益(Desai & Dharmapala,2006)。企业避税导致了国家税收的流失,是国家资源向股东利益的转移,拥有剩余索取权的股东将分享因纳税款降低而增加的自由现金流,进而增加公司净利润和提升公司价值(Frischmann et al.,2008;Koester,2012)。然而,企业避税行为也可能使公司面临违反税法而产生直接和潜在的负面经济结果,如面临违规处罚风险和声誉损失(Wilson & Daniel,2009)、股价崩盘风险(Hanlon & Slemrod,2009;Kim et al.,2011)、更高的审计费用(Donohoe & Knechel,2014)、增加融资成本(Hutchens & Rego,2013;Hasan et al.,2014)、降低企业激励契约的可执行(Chen & Chu,2005;Barile,2012;叶康涛和刘行,2014)、导致企业非效率投资(刘行和叶康涛,2013)等。

　　由于企业激进的避税行为可能为公司带来负面的经济结果,研究企业避税行为的决定因素越来越受到学者们的青睐。已有研究表明,良好的公司内、外部治理有助于抑制企业激进的避税行为,这些研究大多聚焦在企业内、外部的正式制度对企业避税行为的影响,较少文献探讨非正式制度的作用,尤其是文化这一非正式制度对企业激进避税行为的影响。文化是人类群体世代相传的行为模式、艺术、信仰等活动特征的总和,不同群体成员的心理模式因文化不同而相异,文化在组织中发挥"认知地图"作用,并对组织成员行为起到"社会控制"作用(姜付秀等,2015)。

具体到企业避税行为,与法律、管制和媒体这类正式制度相比,文化这一非正式制度对企业避税行为的影响不言而喻。作为企业避税行为决策的经理人,不仅是追逐公司盈利的"经济人",而且是受制于社会环境影响的"道德人"。儒家文化在中国是一项重要的非正式制度,作为中华优秀传统文化的主体和精髓,经过几千年的传承和洗礼,已成为规导和约束社会伦理生活和道德行为的一种"习惯法",影响着国家民族、企业和个体的行为。本章认为,儒家文化至少在以下三方面影响企业避税行为。

(1)纳税人个体行为的内在标准和价值观受到社会规范的约束,儒家文化这一非正式制度从"根"和"源"上影响个体的自觉纳税的动机和行为(Trivedi et al.,2003)。经理人作为企业纳税行为决策者和执行者,不仅是追逐公司业绩的"经济人",而且是受制于社会规范约束的"道德人",儒家文化影响力越强,对经理人的自利和不当行为规导和约束作用越大(古志辉,2015a;古志辉,2015b)。具体而言,一方面,儒家文化"仁、义、礼、智、信"的育人理念向代理人灌输"君子以义为利"的价值观和"忠信"的道德修养,会影响组织及个体所遵循的规则,约束其利己主义心态,强化诚信观念;另一方面,儒家文化中有"修身、齐家、治国、平天下"和"吾日三省吾身"的精神,强调代理人通过修身提高自律能力,从而在"君子慎独"理念以及追求善"名"、避免恶"名"的激励下,自发约束其不道德行为(Cheng et al.,2017;程博等,2016;程博等,2018)。因此,代理人受到儒家文化的影响,会约束企业激进的避税行为,表现出儒家文化影响力越强,企业避税水平越低。

(2)儒家文化是中国哲学思想和价值观中最持久和最重要的力量,长此以往,代理人已将儒家灌输的修身自律的职业伦理以及儒家蕴含着言语谨慎和行为稳健思想与管理实践紧密结合一起。在缺乏委托人监督的情形下,代理人受到儒家文化的长期熏陶,会自觉地严于律己和谨言慎行,避免与行为激进的人共事,选择与行为谨慎的人共事,从源头上防止有违道德的欲念和行为,进而规避违背道德和违反法律法规的行为发生(程博等,2016;金智等,2017)。尽管避税会给企业和代理人带来潜在收益,但避税可能伴随着相应的直接和间接成本,为公司带来负面的经济结果(Hanlon & Slemrod,2009;Badertscher et al.,2013),所以受到儒家文化思想的熏陶和影响,会约束代理人以攫取私利为目的的激进避税动机,从而降低企业避税水平。

(3)企业行为内生于所在地的制度环境,而制度环境根植于所处地区的正式制度和非正式制度,并且正式制度又会受到当地非正式制度的影响(La Porta et al.,1998;Williamson,2000)。值得注意的是,以价值观念、伦理道德、风俗习惯、意识形态等非正式制度为代表的文化,至少部分构成正式制度生长及发挥作用的土壤,不仅能够有效弥补正式制度在规制或约束个体行为及其相互关系方面的漏洞,而且还会对一个社会的经济发展产生重大影响(潘爱玲等,2012)。已有文献发现,文化作为一种非正式制度,反映国家的法治水平,对正式制度起补充作用,是正式制度构建与执行的土壤(Torglerab,2005;Kim & Zhang,2016b;李维安和徐业坤,2013;张茵等,2017;程博等,2018),从而规范和约束代理人税收决策行为,提高纳税自觉性,降低企业避税水平。

根据以上分析,本章提出以下假说:

H6.1:其他条件保持不变,儒家文化与企业避税之间呈负相关关系,即儒家文化对企业激进的避税行为有一定的抑制作用。

税收征管制度作为约束企业避税行为的一种重要外部治理机制,税务机关通过对公司的财务账目检查,有助于减轻内部人利益侵占等代理问题(Desa & Dharmapala,2009;曾亚敏和张俊生,2009),规范上市公司经营,约束了代理人盈利操纵机会主义行为,增加了上市企业盈利管理的税收成本(叶康涛和刘行,2011),进而抑制企业避税行为(Dyreng et al.,2016)。实际上,税收征管制度会对企业避税行为产生影响,主要原因在于税务机关及其工作人员在税收征管环境(税务认定、涉税申请、纳税评估、税务处罚等)掌握一定的自由裁量权,征管空间具有一定的弹性(高培勇,2006;韩志明,2008;于文超等,2018)。同时,企业所在地区税收征管力度越强,避税被发现的概率就越大,这样避税的潜在和机会成本就会增大,从而制约企业经理人的税收避税行为的出现(蔡宏标和饶品贵,2015)。然而,受制于税务机关人力资源、税收检查成本以及避税活动隐形特征,仅凭税收征管这一正式制度对企业避税的监督与治理显然是不够的,更需要依靠社会规范来约束纳税人行为,提高纳税自觉性,降低企业避税水平。儒家文化作为一项重要的非正式制度,从"根"和"源"上影响个体的自觉纳税的动机和行为,是税收征管制度的有效补充,在税收征管强度较低的地区,儒家文化对企业及其经理人的激进税收行为约束和制约作用更为明显。据此,本章提出以下假说:

H6.2:其他条件保持不变,儒家文化对企业激进避税行为的抑制作用在税收征管弱的地区更为明显。

进一步地,本章认为儒家文化对企业避税行为的影响并非同质性的,会受到媒体这一正式制度的影响而随之变化。媒体关注作为一种重要的外部公司治理机制,对公司经营行为起到监督和规范作用(Dyck & Zingales,2008;Joe et al.,2009)。具体而言,媒体关注的强大舆论压力会影响企业经理人的声誉,迫使他们按照社会道德规范调整其行为模式(Dyck & Zingales,2008;罗进辉,2012;梁上坤,2017);同时,媒体的信息传播、信息加工、信息解读功能等可以引起监管部门的注意,增加企业避税行为被发现的概率,迫使企业经理人修正自己的不当行为(Dyck & Zingales,2008;李培功和沈艺峰,2010;罗进辉,2012;应千伟等,2017),在儒家文化影响强的地区,媒体关注对企业的监督和规范作用更为有效。因此,本章预期,媒体关注越多,儒家文化对企业激进避税行为的制约作用更明显,由此提出如下假说:

H6.3:其他条件保持不变,媒体关注越多,儒家文化对企业激进避税行为的制约作用更明显。

6.3　研究设计

6.3.1　样本选择与数据来源

考虑到我国现行会计准则自 2007 年 1 月 1 日起实施,本章参照已有文献做法(娄芳等,2010;刘启亮等,2011;张祥建等,2015),以 2007 年作为数据收集的始点,利用 2007—2016 年沪深两市 A 股上市公司为研究样本,在数据整理过程中,经过如下步骤筛选:①剔除 ST、*ST 类公司;②剔除金融保险行业公司;③剔除所需研究的主要数据缺失的公司;④剔除资产负债率大于 1 的公司;⑤税前利润小于等于 0 的公司[①];⑥剔除行业及年度不足 15 个观测值的公司。根据以上筛选原则筛选后最终获得 18794 个样本观测值,表 6.1 报告了样本公

---

　　① 当公司的税前利润小于 0 时,会使得实际所得税率的计算出现偏差。因为如果企业的所得税费用和税前利润都小于 0,则实际所得税率为正,这显然与实际不符。

司的行业分布情况。上市公司数据来自 CSMAR 和 WIND 金融数据库,儒家文化数据借鉴古志辉(2015a,2015b)、Chenget al.(2017)的方法,根据明末省级行政区域管辖范围内府、州和县境内的官方学校和书院数量手工整理而成。为了保证数据有效性并消除异常值对研究结论的干扰,对主要的连续变量经过 Winsorize 上下 1% 缩尾处理。

表 6.1　样本公司的行业分布情况

行业代码	行业名称	样本数	所占比重
A	农、林、牧、渔业	299	1.59%
B	采掘业	359	1.91%
C0	食品、饮料	729	3.88%
C1	纺织、服装、皮毛	824	4.38%
C2	木材、家具	173	0.92%
C3	造纸、印刷	663	3.53%
C4	石油、化学、塑胶、塑料	2049	10.90%
C5	电子	1001	5.33%
C6	金属、非金属	1594	8.48%
C7	机械、设备、仪表	3548	18.88%
C8	医药、生物制品	1145	6.09%
C9	其他制造业	288	1.53%
D	电力、煤气及水的生产和供应业	635	3.38%
E	建筑业	441	2.35%
F	交通运输、仓储业	673	3.58%
G	信息技术业	1490	7.93%
H	批发和零售贸易	1009	5.37%
J	房地产业	468	2.49%
K	社会服务业	561	2.98%
L	传播与文化产业	159	0.85%
M	综合类	686	3.65%
总计	—	18794	100.00%

6.3.2 变量定义

6.3.2.1 企业避税

参考 Desai & Dharmapala(2006)、蔡宏标和饶品贵(2015)等的做法,用扣除应计利润影响之后的会计-税收差异(BTD)来刻画企业避税程度。其计算公式为:

$$\text{BTD}_{i,t} = \beta_1 \times \text{TACC}_{i,t} + \mu_i + \varepsilon_{i,t} \tag{6.1}$$

式中,BTD=(税前会计利润—应纳税所得额)/上年总资产;应纳税所得额=(所得税费用—递延所得税费用)/名义税率;TACC=(净利润—经营性现金流量净额)/上年总资产;μ_i 代表企业税负差异不随时间变化的固有特征部分,$\varepsilon_{i,t}$ 代表企业税负差异的变动特征部分,$\mu_i + \varepsilon_{i,t}$ 用来测度企业的避税激进程度(TA),代表会计-税收差异(BTD)中不能被应计项目(TACC)解释的部分,该数值越大,表征企业的激进避税行为越严重。在稳健性检验中,直接用会计-税收差异(BTD)来刻画企业避税程度。

6.3.2.2 儒家文化

借鉴 Du et al.(2015)、陈冬华(2013)和古志辉(2015a,2015b)的做法,计算公司注册所在地 200 公里范围内儒家学校数量的自然对数作为儒家文化(Culture_1)的代理变量,Culture_1 数值越大,表明该地区上市公司受儒家文化影响越强;为了确保结论的稳健性,同时计算了公司注册所在地 300 公里范围内儒家学校数量的自然对数(Culture_2),儒家文化变量的两种度量方式互为稳健性检验。

6.3.2.3 税收征管强度

借鉴 Mertens(2003)、Xu et al.(2011)、曾亚敏和张俊生(2009)、叶康涛和刘行(2011)、陈德球等(2016)做法,定义各地区实际税收收入与预期可获取的税收收入之比,来度量当地税务当局的税收征管强度。借鉴 Mertens(2003)和 Xu et al.(2011)的模型来估算各地区预期可获取的税收收入,具体计算公式为:

$$\frac{\text{TAX}_{i,t}}{\text{GDP}_{i,t}} = \beta_0 + \beta_1 \times \frac{\text{IND1}_{i,t}}{\text{GDP}_{i,t}} + \beta_2 \times \frac{\text{IND2}_{i,t}}{\text{GDP}_{i,t}} + \beta_3 \times \frac{\text{OPENNESS}_{i,t}}{\text{GDP}_{i,t}} + \varepsilon_{i,t} \tag{6.2}$$

$$\text{Taxenforce\_1} = \frac{\text{TAX}_{i,t}/\text{GDP}_{i,t}}{\text{Predict}(\text{TAX}_{i,t}/\text{GDP}_{i,t})} \tag{6.3}$$

其中,TAX$_{i,t}$/GDP$_{i,t}$表示各地区当年末实际收入除以年末该地区的 GDP;IND1、IND2 分别为各地区年末的第一产业、第二产业产值,OPENNESS 为各地区年末的进出口总额总值。首先根据式(6.2)估计相关系数,然后计算预期的 Predict(TAX$_{i,t}$/GDP$_{i,t}$),再根据式(6.3)计算税收征管强度 Taxenforce_1,该数值越大,表明该地区税收征管强度越大。

在稳健性检验中,借鉴孙刚(2017)的做法,在式(6.2)的基础上加入第三产业产值(IND3),具体计算公式如下:

$$\frac{\text{TAX}_{i,t}}{\text{GDP}_{i,t}} = \beta_0 + \beta_1 \times \frac{\text{IND1}_{i,t}}{\text{GDP}_{i,t}} + \beta_2 \times \frac{\text{IND2}_{i,t}}{\text{GDP}_{i,t}} + \beta_3 \times$$

$$\frac{\text{IND3}_{i,t}}{\text{GDP}_{i,t}} + \beta_4 \times \frac{\text{OPENNESS}_{i,t}}{\text{GDP}_{i,t}} + \varepsilon_{i,t} \tag{6.4}$$

$$\text{Taxenforce\_2} = \frac{\text{TAX}_{i,t}/\text{GDP}_{i,t}}{\text{Predict}(\text{TAX}_{i,t}/\text{GDP}_{i,t})} \tag{6.5}$$

6.3.2.4 媒体关注

参考 Piotroski et al.(2017)的方法,本章采用报刊媒体报道中提及该公司次数的对数(Media_1)、报刊媒体报道中提及该公司句子数的对数(Media_2)来度量媒体关注。该数值越大,媒体关注度越高。

6.3.2.5 控制变量

参照曾亚敏和张俊生(2000)、叶康涛和刘行(2011)、陈德球等(2016)等对企业避税行为的研究,本章控制了公司规模(Size)、财务杠杆(Lev)、资产收益率(Roe)、成长机会(Growth)、股权集中度(Top1)、两职兼任(Dual)、独立董事比例(Indep)、固定资产比重(PPE)、现金比率(Cash)、股权性质(Soe)、名义税率(Rate)、操控性应计(DA)、行业效应(Industry)以及年份效应(Year)变量等。变量具体定义如表 6.2 所示。

表 6.2　变量定义及计算方法

变量名称	变量符号	测量方法
企业避税	TA	根据模型 6.1 估计的 $\mu_i + \varepsilon_{i,t}$
	BTD	(税前会计利润—应纳税所得额)/上年总资产
儒家文化	Culture_1	公司注册地址 200 公里范围内儒家学校数量的自然对数
	Culture_2	公司注册地址 300 公里范围内儒家学校数量的自然对数

续表

变量名称	变量符号	测量方法
税收征管强度	Taxenforce_1	根据式(6.5)计算的地区实际税收收入与预期税收收入之比
	Taxenforce_2	根据式(6.7)计算的地区实际税收收入与预期税收收入之比
媒体关注	Media_1	报刊媒体报道中提及该公司次数的对数
	Media_2	报刊媒体报道中提及该公司句子数的对数
公司规模	Size	公司总资产的自然对数
财务杠杆	Lev	负债总额与资产总额之比
资产收益率	Roe	净利润与资产总额之比
成长机会	Growth	营业收入增长率
股权集中度	Top1	第一大股东持股比例
两职兼任	Dual	CEO 兼任董事长为 1,否则为 0
独立董事比例	Indep	独立董事人数与董事会人数之比
固定资产比重	PPE	固定资产净额与资产总额之比
现金比率	Cash	现金持有量与资产总额之比
股权性质	Soe	国有性质企业为 1,非国有性质企业为 0
名义税率	Rate	企业当年的名义税率
操控性应计	DA	根据修正的 Jones 模型计算并取绝对值
行业效应	Industry	行业虚拟变量
年份效应	Year	年份虚拟变量

6.3.3 模型设定

为了检验本章的研究假说,将待检验的回归模型设定为:

$$\text{TA} = \beta_0 + \beta_1 \text{Culture} + \beta_2 \text{Size} + \beta_3 \text{Lev} + \beta_4 \text{Roe} + \beta_5 \text{Growth} + \beta_6 \text{Top1} + \beta_7 \text{Dual} + \beta_8 \text{Indep} + \beta_9 \text{PPE} + \beta_{10} \text{Cash} + \beta_{11} \text{Soe} + \beta_{12} \text{Rate} + \beta_{13} \text{DA} + \sum \text{Industry} + \sum \text{Year} + \varepsilon \tag{6.6}$$

根据前文分析,模型(6.6)中系数 β_1 预期显著为负,表征随儒家文化影响力的增强,企业激进的避税行为有所减弱。

6.4　实证结果分析

6.4.1　描述性统计分析

表 6.3 汇总了变量的描述性统计。表中显示,TA 和 BTD 两个避税指标的均值分别为 -0.025 和 -0.002,与蔡宏标和饶品贵(2015)的研究发现一致,这表明我国在应纳税所得额的核算中,允许扣除的项目较少或收入的确认较为严格。儒家文化变量的统计显示,Culture_1 的样本总体均值(中位数)为 4.947(4.958),Culture_2 的总体均值(中位数)为 5.582(5.606),两个指标中位数与均值相当,表明样本公司儒家文化分布较为均匀。税收征管强度(Taxenfore_1)的最大值和最小值分别为 1.546 和 0.574,均值(中位数)为 0.975(0.965),税收征管强度(Taxenfore_2)的最大值和最小值分别为 1.546 和 0.575,均值(中位数)为 0.974(0.962),表明各地区税收征管强度差异较大。媒体关注 Media_1、Media_2 总体均值分别为 4.910、5.007;公司规模(Size)的总体均值为 21.939,财务杠杆(Lev)的总体均值为 0.460,资产收益率(Roe)的总体均值为 3.80%,成长机会(Growth)的总体均值为 0.493;股权集中度(Top1)的总体均值为 35.388%,22.50%的样本公司总经理兼任董事长(Dual),独立董事比例(Indep)的总体均值为 37.0%,固定资产比重(PPE)的总体均值为 23.70%,现金比率(Cash)的总体均值为 0.186,样本公司中有 43.7%的是国有企业(Soe),名义税率(Rate)的总体均值为 19.8%,操控性应计(DA)的总体均值为 0.087。

表 6.3　描述性统计分析

变量	样本量	均值	标准差	最小值	中位数	最大值
TA	18794	-0.025	0.045	-0.244	-0.023	0.149
BTD	18794	-0.002	0.045	-0.218	0.000	0.177
Culture_1	18794	4.947	0.445	3.170	4.958	5.536
Culture_2	18794	5.582	0.434	3.643	5.606	6.090
Taxenforce_1	18794	0.975	0.179	0.574	0.965	1.546
Taxenforce_2	18794	0.974	0.178	0.575	0.962	1.546

续表

变量	样本量	均值	标准差	最小值	中位数	最大值
Media_1	18794	4.910	1.317	0.000	4.905	8.162
Media_2	18794	5.007	1.310	0.000	5.017	8.213
Size	18794	21.939	1.309	18.917	21.771	26.454
Lev	18794	0.460	0.231	0.050	0.455	1.000
Roe	18794	0.038	0.059	−0.326	0.035	0.204
Growth	18794	0.493	1.604	−0.903	0.131	12.738
Top1	18794	35.388	15.084	8.774	33.440	75.104
Dual	18794	0.225	0.418	0.000	0.000	1.000
Indep	18794	0.370	0.052	0.091	0.333	0.556
PPE	18794	0.237	0.174	0.002	0.203	0.754
Cash	18794	0.186	0.138	0.002	0.148	0.710
Soe	18794	0.437	0.496	0.000	0.000	1.000
Rate	18794	0.198	0.055	0.075	0.150	0.330
DA	18794	0.087	0.093	0.001	0.062	0.646

6.4.2 相关性分析

表 6.4 列出了主要变量 Pearson 相关系数，从中不难发现，大部分变量之间的相关系数在 0.30 以内，表明变量之间不存在严重的多重共线性问题。为了进一步排除共线性问题的影响，对文中模型涉及变量进行方差膨胀因子（VIF）诊断，结果显示 VIF 介于 1.01～1.64，均值为 1.22，远远低于临界值 10，这进一步表明回归模型不存在严重的多重共线性问题。另外，表 6.4 的相关系数仅反映两个变量之间的简单相关系数，各变量对企业避税行为的具体影响如何，还需要通过回归模型进一步检验。

6.4.3 回归结果分析

6.4.3.1 儒家文化对企业避税的影响

表 6.5 列出了儒家文化与企业避税关系的检验结果。列（1）的回归结果显示，在控制其他因素的影响后，儒家文化（Culture_1）与企业避税行为（TA）的关系显著为负（$\beta = -0.0025, p < 0.01$）；列（2）的回归结果显示，在控制其他因素的

表 6.4　变量相关系数

变量	TA	BTD	Culture_1	Culture_2	Taxenforce_1	Taxenforce_2	Media_1	Media_2	Size	Lev	Roe	Growth	Top1	Dual	Indep	PPE	Cash	Soe	Rate	DA
TA	1.000																			
BTD	0.993***	1.000																		
Culture_1	-0.011**	-0.010**	1.000																	
Culture_2	-0.003**	-0.002**	0.899***	1.000																
Taxenforce_1	-0.017**	-0.016**	0.023**	-0.045***	1.000															
Taxenforce_2	-0.017**	-0.016**	0.024**	-0.044***	0.993***	1.000														
Media_1	0.018*	0.021***	0.007	0.027***	-0.040***	-0.037***	1.000													
Media_2	0.018**	0.020***	0.007	0.026***	-0.045***	-0.041***	0.999***	1.000												
Size	0.058***	0.056***	0.053***	0.011	0.107***	0.106***	0.332***	0.321***	1.000											
Lev	-0.188***	-0.190***	-0.015**	-0.048***	0.014*	0.014	0.199***	0.202***	0.339***	1.000										
Roe	0.600***	0.611***	0.035**	0.048***	-0.031***	-0.007	0.080***	0.079***	0.042***	-0.377***	1.000									
Growth	0.002	0.011	-0.022**	-0.030***	0.011	0.010	0.018*	0.017*	-0.001	0.082***	0.007	1.000								
Top1	0.039***	0.038***	0.054***	0.030***	0.049***	0.050***	0.087***	0.088***	0.247***	0.030***	0.098***	0.011	1.000							
Dual	0.018**	0.022***	-0.025***	0.009	-0.045***	-0.050***	-0.087***	-0.088***	0.247***	0.030***	0.037***	-0.003	-0.063***	1.000						
Indep	0.001	0.002	-0.024**	-0.012	0.034**	0.031**	0.011	0.006	0.023**	-0.025***	-0.021***	0.027**	0.036***	0.106***	1.000					
PPE	-0.039***	-0.063***	-0.013*	-0.044***	-0.031***	-0.029***	-0.010	-0.010	0.059***	0.100***	-0.146***	-0.169***	0.068***	-0.090***	-0.661***	1.000				
Cash	0.072***	0.072***	0.048***	0.077***	0.008	0.005	0.031***	0.031**	-0.184***	-0.378***	0.247***	-0.008	-0.015*	0.109***	0.017**	-0.370***	1.000			
Soe	-0.033***	-0.042***	0.015*	-0.050***	0.083***	0.085***	0.164***	0.167***	0.311***	0.269***	-0.110***	-0.002	0.214***	-0.265***	-0.067***	0.210***	-0.153***	1.000		
Rate	0.052***	0.050***	-0.041***	-0.083***	-0.016**	-0.010	0.152***	0.155***	0.161***	0.285***	-0.112***	0.083***	0.072***	-0.126***	-0.017*	0.089***	0.182***	0.224***	1.000	
DA	-0.110***	-0.097***	-0.027***	-0.040***	-0.035***	-0.032***	0.131***	0.134***	0.032***	0.246***	-0.111***	0.187***	0.031***	-0.022*	-0.011	0.115***	-0.046***	-0.043***	0.175***	1.000

注：***、**、* 分别表示检验在1%、5%、10%水平上显著（双尾）。

影响后,儒家文化(Culture_2)与企业避税行为(TA)的关系显著为负($\beta=-0.0022$,$p<0.05$)。以上检验结果表明,儒家文化对企业激进的避税行为有一定的抑制作用,强有力地支持研究假说 H6.1。

控制变量方面,Roe 的回归系数显著为正($p<0.01$),这表明企业盈利能力越强,更有动机从事避税活动,与 Mcguire et al.(2012)的结论一致;股权集中度(Top1)的回归系数显著为负($p<0.01$),与蔡宏标和饶品贵(2015)的研究一致;固定资产比重(PPE)的回归系数显著为正($p<0.01$),与代彬等(2016)的研究一致;名义税率(Rate)的回归系数显著为正,与蔡宏标和饶品贵(2015)的研究一致,意味着企业名义税率越高,越有动机进行避税,所采取税收政策可能也更为激进。

表 6.5　儒家文化与企业避税关系的检验结果

变量	(1)	(2)
Culture_1	-0.0025^{***}	
	(-2.61)	
Culture_2		-0.0022^{**}
		(-2.17)
Size	0.0005	0.0005
	(1.24)	(1.20)
Lev	0.0018	0.0018
	(0.75)	(0.74)
Roe	0.4862^{***}	0.4862^{***}
	(41.86)	(41.82)
Growth	-0.0000	-0.0000
	(-0.05)	(-0.07)
Top1	-0.0001^{***}	-0.0001^{***}
	(-2.89)	(-2.90)
Dual	0.0013	0.0013
	(1.54)	(1.58)
Indep	0.0109	0.0111
	(1.60)	(1.63)
PPE	0.0143^{***}	0.0142^{***}
	(4.92)	(4.89)
Cash	-0.0157^{***}	-0.0157^{***}
	(-4.52)	(-4.53)
Soe	0.0011	0.0010
	(1.14)	(1.06)

变量	(1)	(2)
Rate	0.1276*** (14.93)	0.1270*** (14.84)
DA	−0.0326*** (−4.43)	−0.0326*** (−4.43)
Intercept	−0.0852*** (−8.55)	−0.0848*** (−8.21)
Industry	Yes	Yes
Year	Yes	Yes
Adj. R^2	0.4017	0.4016
F	69.4168	69.2580
Obs	18794	18794

注:括号中的数据为经 Huber-White sandwich robust t-statistic 和公司层面的 Cluster 处理后的 t 统计量,***、**、* 分别表示检验在 1%、5%、10% 水平上显著(双尾);被解释变量为 TA。

6.4.3.2　儒家文化和税收征管对企业避税的影响

本章的研究假说 H6.2 主要目的是考察儒家文化和税收征管共同对企业避税行为的影响。为了考察税收征管强度的影响,根据 Taxenforce_1 的 3/4 分位数进行分组,当 Taxenforce_1 大于样本 3/4 分位数时为税收征管强组,反之为税收征管弱组。表 6.6 报告了儒家文化和税收征管对企业避税的影响的检验结果。列(1)和列(3)的回归结果显示,在控制其他因素的影响后,儒家文化(Culture)与企业避税行为(TA)的回归系数为负但不显著;列(2)和列(4)的回归结果显示,在控制其他因素的影响后,儒家文化(Culture)与企业避税行为(TA)的回归系数显著为负($p<0.01$)。以上检验结果表明,儒家文化对企业激进避税行为的抑制作用在税收征管弱的地区更为明显,验证了本章的研究假说 H6.2。

表 6.6　儒家文化和税收征管对企业避税影响的检验结果

变量	(1) 税收征管强	(2) 税收征管弱	(3) 税收征管强	(4) 税收征管弱
Culture_1	−0.0018 (−1.13)	−0.0031*** (−2.66)		
Culture_2			−0.0007 (−0.42)	−0.0033*** (−2.59)

续表

变量	(1)	(2)	(3)	(4)
	税收征管强	税收征管弱	税收征管强	税收征管弱
Size	0.0019***	0.0000	0.0019***	0.0000
	(2.60)	(0.07)	(2.59)	(0.02)
Lev	0.0003	0.0024	0.0001	0.0025
	(0.06)	(0.86)	(0.03)	(0.87)
Roe	0.4655***	0.4930***	0.4650***	0.4932***
	(19.55)	(38.34)	(19.50)	(38.34)
Growth	−0.0000	0.0001	−0.0000	0.0000
	(−0.07)	(0.14)	(−0.06)	(0.10)
Top1	−0.0001**	−0.0001**	−0.0001**	−0.0001**
	(−2.05)	(−2.28)	(−2.06)	(−2.29)
Dual	0.0018	0.0011	0.0018	0.0012
	(0.95)	(1.23)	(0.94)	(1.29)
Indep	−0.0023	0.0160**	−0.0023	0.0162**
	(−0.17)	(2.06)	(−0.17)	(2.08)
PPE	0.0125**	0.0146***	0.0128**	0.0145***
	(2.39)	(4.40)	(2.43)	(4.37)
Cash	−0.0199***	−0.0142***	−0.0198***	−0.0141***
	(−2.88)	(−3.72)	(−2.87)	(−3.70)
Soe	−0.0004	0.0018*	−0.0003	0.0017
	(−0.22)	(1.73)	(−0.19)	(1.58)
Rate	0.1329***	0.1248***	0.1333***	0.1238***
	(7.37)	(13.48)	(7.39)	(13.38)
DA	−0.0596***	−0.0251***	−0.0595***	−0.0251***
	(−3.95)	(−2.98)	(−3.94)	(−2.99)
Intercept	−0.0968***	−0.0638***	−0.1019***	−0.0600***
	(−5.19)	(−4.91)	(−5.32)	(−4.45)
Industry	Yes	Yes	Yes	Yes
Year	Yes	Yes	Yes	Yes
Adj. R^2	0.3979	0.4060	0.3975	0.4061
F	25.0568	57.2559	24.9741	57.2298
Obs	4684	14110	4684	14110

注:括号中的数据为经 Huber-White sandwich robust t-statistic 和公司层面的 Cluster 处理后的 t 统计量,***、**、*分别表示检验在 1%、5%、10%水平上显著(双尾);被解释变量为 TA。

6.4.3.3　儒家文化和媒体关注对企业避税的影响

本章的研究假说 H6.3 主要目的是考察儒家文化和媒体关注共同对企业避税行为的影响。为了考察媒体关注的影响,根据 Media_1 的 3/4 分位数进行分组,当 Media_1 大于样本 3/4 分位数时为媒体关注程度高组,反之为媒体关注程度低组。表 6.7 报告了儒家文化和媒体关注对企业避税的影响的检验结果。列(1)和列(3)的回归结果显示,在控制其他因素的影响后,儒家文化(Culture)与企业避税行为(TA)的回归系数显著为负;而列(2)和列(4)的回归结果则显示,在控制其他因素的影响后,儒家文化(Culture)与企业避税行为(TA)的回归系数为负但不显著。以上检验结果表明,儒家文化对企业激进避税行为的抑制作用在媒体关注高的企业中更为明显,即媒体关注越多,儒家文化对企业激进避税行为的制约作用更明显,验证了本章的研究假说 H6.3。

表 6.7　儒家文化和媒体关注对企业避税影响的检验结果

变量	(1) 媒体关注高	(2) 媒体关注低	(3) 媒体关注高	(4) 媒体关注低
Culture_1	-0.0054^{***} (-3.14)	-0.0014 (-1.35)		
Culture_2			-0.0035^{*} (-1.92)	-0.0014 (-1.33)
Size	0.0018^{**} (2.33)	0.0005 (1.06)	0.0018^{**} (2.25)	0.0005 (1.02)
Lev	-0.0010 (-0.19)	0.0029 (1.06)	-0.0012 (-0.24)	0.0029 (1.06)
Roe	0.4801^{***} (24.64)	0.4944^{***} (36.85)	0.4795^{***} (24.56)	0.4945^{***} (36.83)
Growth	0.0003 (0.40)	-0.0002 (-0.45)	0.0003 (0.37)	-0.0002 (-0.46)
Top1	-0.0002^{***} (-2.89)	-0.0001^{**} (-2.14)	-0.0002^{***} (-2.97)	-0.0001^{**} (-2.14)
Dual	0.0020 (0.94)	0.0010 (1.11)	0.0021 (1.02)	0.0010 (1.12)
Indep	0.0194 (1.48)	0.0083 (1.13)	0.0205 (1.56)	0.0083 (1.13)

续表

变量	(1) 媒体关注高	(2) 媒体关注低	(3) 媒体关注高	(4) 媒体关注低
PPE	0.0201*** (3.09)	0.0122*** (4.20)	0.0196*** (3.02)	0.0122*** (4.19)
Cash	−0.0215*** (−2.64)	−0.0129*** (−3.83)	−0.0219*** (−2.68)	−0.0129*** (−3.82)
Soe	0.0003 (0.13)	0.0015 (1.54)	0.0002 (0.10)	0.0014 (1.48)
Rate	0.1523*** (8.15)	0.1225*** (13.93)	0.1511*** (8.07)	0.1221*** (13.87)
DA	−0.0248* (−1.81)	−0.0346*** (−4.12)	−0.0243* (−1.77)	−0.0347*** (−4.13)
Intercept	−0.1083*** (−4.86)	−0.0642*** (−5.12)	−0.1129*** (−4.92)	−0.0626*** (−4.81)
Industry	Yes	Yes	Yes	Yes
Year	Yes	Yes	Yes	Yes
Adj. R^2	0.3931	0.4128	0.3919	0.4128
F	33.7170	52.0076	33.4568	52.0193
Obs	4687	14107	4687	14107

注:括号中的数据为经 Huber-White sandwich robust t-statistic 和公司层面的 Cluster 处理后的 t 统计量,***、**、*分别表示检验在 1%、5%、10%水平上显著(双尾);被解释变量为 TA。

6.5 稳健性检验

6.5.1 改变企业避税测量的检验

参考蔡宏标和饶品贵(2015)等的做法,用会计-税收差异(BTD)来刻画企业避税程度,对式(6.8)重新进行检验,检验结果如表 6.8 所示。列(1)的回归结果显示,在控制其他因素的影响后,儒家文化(Culture_1)与企业避税行为(BTD)的关系显著为负($\beta = -0.0024, p < 0.05$);列(2)的回归结果显示,在控制其他因素的影响后,儒家文化(Culture_2)与企业避税行为(BTD)的关系显著为负($\beta = -0.0021, p < 0.05$)。以上检验结果依然表明,儒家文化对企业激进的避税行为有一定的抑制作用,再次强有力地支持研究假说 H6.1。

表 6.8　改变企业避税测量的检验结果

变量	(1)	(2)
Culture_1	−0.0024**	
	(−2.49)	
Culture_2		−0.0021**
		(−2.08)
Size	0.0005	0.0005
	(1.18)	(1.13)
Lev	0.0011	0.0011
	(0.45)	(0.44)
Roe	0.4987***	0.4987***
	(42.98)	(42.94)
Growth	0.0000	0.0000
	(0.02)	(0.00)
Top1	−0.0001***	−0.0001***
	(−2.89)	(−2.90)
Dual	0.0015*	0.0015*
	(1.74)	(1.78)
Indep	0.0111	0.0113
	(1.62)	(1.64)
PPE	0.0068**	0.0068**
	(2.36)	(2.33)
Cash	−0.0213***	−0.0213***
	(−6.11)	(−6.12)
Soe	0.0009	0.0008
	(0.90)	(0.81)
Rate	0.1277***	0.1272***
	(14.84)	(14.76)
DA	−0.0241***	−0.0241***
	(−3.38)	(−3.38)
Intercept	−0.0604***	−0.0599***
	(−6.01)	(−5.76)
Industry	Yes	Yes
Year	Yes	Yes
Adj. R^2	0.4137	0.4136
F	71.6435	71.5222
Obs	18794	18794

注:括号中的数据为经 Huber-White sandwich robust t-statistic 和公司层面的 Cluster 处理后的 t 统计量,***、**、*分别表示检验在 1%、5%、10% 水平上显著(双尾);被解释变量为 BTD。

表 6.9 列出了改变企业避税测量后的分组检验结果。Panel A 是基于税收征管的分组检验,列(1)和列(3)的回归结果显示,在控制其他因素的影响后,儒家文化(Culture)与企业避税行为(BTD)的回归系数为负但不显著;列(2)和列(4)的回归结果显示,在控制其他因素的影响后,儒家文化(Culture)与企业避税行为(BTD)的回归系数显著为负($p < 0.05$)。以上检验结果同样表明,儒家文化对企业激进避税行为的抑制作用在税收征管弱的地区更为明显,再次验证了本章的研究假说 H6.2。Panel B 是基于媒体关注的分组检验,列(5)和列(7)的回归结果显示,在控制其他因素的影响后,儒家文化(Culture)与企业避税行为(BTD)的回归系数显著为负;而列(6)和列(8)的回归结果则显示,在控制其他因素的影响后,儒家文化(Culture)与企业避税行为(BTD)的回归系数为负但不显著。以上检验结果仍表明,儒家文化对企业激进避税行为的抑制作用在媒体关注程度高的企业中更为明显,仍然验证了本章的研究假说 H6.3。

6.5.2　改变税收征管测量的检验

前文借鉴 Mertens(2003)、Xu et al.(2011)、曾亚敏和张俊生(2009)、叶康涛和刘行(2011)、陈德球等(2016)做法,定义各地区实际税收收入与预期可获取的税收收入之比,来度量当地税务当局的税收征管强度。为稳健起见,参考孙刚(2017)的做法,在计算预期可获取的税收收入模型的基础上加入第三产业产值(IND3),重新测算了税收征管强度(Taxenforce_2)。为了考察税收征管强度的影响,根据 Taxenforce_2 的 3/4 分位数进行分组,当 Taxenforce_2 大于样本 3/4 分位数时为税收征管强组,反之为税收征管弱组。表 6.10 列出了改变税收征管强度测量的检验结果。Panel A 的被解释变量为 TA,列(1)和列(4)的回归结果显示,儒家文化(Culture)与企业避税行为(TA)依然显著负相关,研究假说 H6.1 再次得到验证。列(2)和列(5)的回归结果显示,儒家文化(Culture)与企业避税行为(TA)的回归系数为负但不显著;而列(3)和列(6)的回归结果显示,儒家文化(Culture)与企业避税行为(TA)的回归系数显著为负($p < 0.01$),本章的研究假说 H6.2 依然得到了支持。

表 6.10 中 Panel B 的被解释变量为 BTD,列(7)和列(10)的回归结果显示,儒家文化(Culture)与企业避税行为(BTD)依然显著负相关($p < 0.05$),研究假说 H6.1 再次得到验证。列(8)和列(11)的回归结果显示,儒家文化(Culture)与企业避税行为(BTD)的回归系数为负但不显著;而列(9)和列(12)的回归结果显示,儒家文化(Culture)与企业避税行为(BTD)的回归系数显著为负($p < 0.05$),本章的研究假说 H6.2 依然得到了支持。

表 6.9　改变企业避税测量后的分组检验结果

变量	Panel A：基于税收征管的分组检验				Panel B：基于媒体关注的分组检验			
	(1)	(2)	(3)	(4)	(5)	(6)	(7)	(8)
	税收征管强	税收征管弱	税收征管强	税收征管弱	媒体关注高	媒体关注低	媒体关注高	媒体关注低
Culture_1	-0.0018 (-1.09)	-0.0030** (-2.52)			-0.0053*** (-3.04)	-0.0013 (-1.23)		
Culture_2			-0.0006 (-0.38)	-0.0032** (-2.50)			-0.0034* (-1.84)	-0.0013 (-1.24)
Size	0.0019** (2.50)	0.0000 (0.03)	0.0019** (2.49)	-0.0000 (-0.02)	0.0018** (2.34)	0.0005 (1.01)	0.0018** (2.27)	0.0005 (0.98)
Lev	0.0000 (0.01)	0.0016 (0.56)	-0.0001 (-0.03)	0.0016 (0.57)	-0.0020 (-0.38)	0.0023 (0.85)	-0.0022 (-0.43)	0.0023 (0.85)
Roe	0.4773*** (19.94)	0.5059*** (39.37)	0.4768*** (19.89)	0.5061*** (39.37)	0.4926*** (25.42)	0.5072*** (37.72)	0.4921*** (25.33)	0.5073*** (37.70)
Growth	-0.0000 (-0.06)	0.0001 (0.21)	-0.0000 (-0.05)	0.0001 (0.18)	0.0004 (0.45)	-0.0001 (-0.41)	0.0003 (0.42)	-0.0002 (-0.43)
Top1	-0.0001** (-2.18)	-0.0001** (-2.20)	-0.0001** (-2.20)	-0.0001** (-2.21)	-0.0002*** (-2.74)	-0.0001** (-2.30)	-0.0002*** (-2.81)	-0.0001** (-2.30)
Dual	0.0020 (1.05)	0.0013 (1.41)	0.0020 (1.04)	0.0013 (1.46)	0.0024 (1.12)	0.0011 (1.23)	0.0026 (1.19)	0.0011 (1.24)
Indep	-0.0027 (-0.20)	0.0163** (2.08)	-0.0027 (-0.20)	0.0165** (2.10)	0.0173 (1.32)	0.0095 (1.27)	0.0183 (1.40)	0.0095 (1.27)
PPE	0.0050 (0.93)	0.0072** (2.19)	0.0053 (0.98)	0.0071** (2.16)	0.0106 (1.63)	0.0054* (1.88)	0.0102 (1.57)	0.0054* (1.87)
Cash	-0.0247*** (-3.54)	-0.0201*** (-5.25)	-0.0246*** (-3.53)	-0.0200*** (-5.23)	-0.0306*** (-3.79)	-0.0172*** (-5.06)	-0.0310*** (-3.83)	-0.0172*** (-5.05)

续表

变量	Panel A:基于税收征管的分组检验				Panel B:基于媒体关注的分组检验			
	(1)	(2)	(3)	(4)	(5)	(6)	(7)	(8)
	税收征管强	税收征管弱	税收征管强	税收征管弱	媒体关注高	媒体关注低	媒体关注高	媒体关注低
Soe	-0.0007	0.0016	-0.0006	0.0014	-0.0003	0.0014	-0.0003	0.0013
	(-0.39)	(1.50)	(-0.36)	(1.35)	(-0.12)	(1.43)	(-0.16)	(1.37)
Rate	0.1332***	0.1250***	0.1336***	0.1240***	0.1540***	0.1222***	0.1529***	0.1219***
	(7.34)	(13.43)	(7.36)	(13.33)	(8.21)	(13.77)	(8.13)	(13.72)
DA	-0.0494***	-0.0171**	-0.0493***	-0.0171**	-0.0146	-0.0270***	-0.0141	-0.0270***
	(-3.20)	(-2.13)	(-3.19)	(-2.13)	(-1.09)	(-3.33)	(-1.05)	(-3.34)
Intercept	-0.0709***	-0.0372***	-0.0761***	-0.0333**	-0.0833***	-0.0389***	-0.0880***	-0.0372***
	(-3.73)	(-2.90)	(-3.89)	(-2.50)	(-3.67)	(-3.11)	(-3.77)	(-2.87)
Industry	Yes	Yes	Yes	Yes	Yes	Yes	Yes	Yes
Year	Yes	Yes	Yes	Yes	Yes	Yes	Yes	Yes
Adj. R^2	0.4024	0.4202	0.4021	0.4203	0.4051	0.4251	0.4040	0.4251
F	25.2646	59.5202	25.1932	59.5106	34.8825	54.0378	34.6660	54.0704
Obs	4684	14110	4684	14110	4687	14107	4687	14107

注:括号中的数据为经 Huber-White sandwich robust t-statistic 和公司层面的 Cluster 处理后的 t 统计量,***、**、* 分别表示检验在1%、5%、10%水平上显著(双尾);被解释变量为 BTD。

表 6.10　改变税收征管强度测量的检验结果

变量	Panel A：被解释变量 TA						Panel B：被解释变量 BTD					
	(1)	(2)	(3)	(4)	(5)	(6)	(7)	(8)	(9)	(10)	(11)	(12)
	全样本	税收征管强	税收征管弱	全样本	税收征管强	税收征管弱	全样本	税收征管强	税收征管弱	全样本	税收征管强	税收征管弱
Culture_1	-0.0025*** (-2.61)	-0.0017 (-1.09)	-0.0031*** (-2.69)				-0.0024** (-2.49)	-0.0017 (-1.05)	-0.0030** (-2.55)			
Culture_2				-0.0022** (-2.17)	-0.0006 (-0.42)	-0.0033*** (-2.59)				-0.0021** (-2.08)	-0.0006 (-0.38)	-0.0032** (-2.49)
Size	0.0005 (1.24)	0.0022*** (2.95)	-0.0001 (-0.11)	0.0005 (1.20)	0.0022*** (2.94)	-0.0001 (-0.17)	0.0005 (1.18)	0.0021*** (2.83)	-0.0001 (-0.14)	0.0005 (1.13)	0.0021*** (2.82)	-0.0001 (-0.19)
Lev	0.0018 (0.75)	-0.0015 (-0.35)	0.0032 (1.19)	0.0018 (0.74)	-0.0015 (-0.38)	0.0033 (1.20)	0.0011 (0.45)	-0.0018 (-0.40)	0.0024 (0.86)	0.0011 (0.44)	-0.0019 (-0.43)	0.0024 (0.87)
Roe	0.4862*** (41.86)	0.4622*** (20.07)	0.4943*** (38.78)	0.4862*** (41.82)	0.4618*** (20.03)	0.4945*** (38.78)	0.4987*** (42.98)	0.4738*** (20.56)	0.5071*** (39.84)	0.4987*** (42.94)	0.4734*** (20.51)	0.5074*** (39.84)
Growth	-0.0000 (-0.05)	-0.0000 (-0.03)	0.0001 (0.14)	-0.0000 (-0.07)	-0.0000 (-0.02)	0.0000 (0.11)	0.0000 (0.02)	0.0000 (0.00)	0.0001 (0.20)	0.0000 (0.00)	0.0000 (0.01)	0.0001 (0.17)
Top1	-0.0001*** (-2.89)	-0.0001** (-2.12)	-0.0001** (-2.24)	-0.0001*** (-2.90)	-0.0001** (-2.13)	-0.0001** (-2.26)	-0.0001*** (-2.89)	-0.0001** (-2.24)	-0.0001** (-2.18)	-0.0001*** (-2.90)	-0.0001** (-2.25)	-0.0001** (-2.19)
Dual	0.0013 (1.54)	0.0022 (1.16)	0.0010 (1.07)	0.0013 (1.58)	0.0022 (1.15)	0.0010 (1.13)	0.0015* (1.74)	0.0024 (1.24)	0.0012 (1.26)	0.0015* (1.78)	0.0024 (1.23)	0.0012 (1.31)
Indep	0.0109 (1.60)	-0.0008 (-0.06)	0.0157** (2.03)	0.0111 (1.63)	-0.0008 (-0.06)	0.0159** (2.05)	0.0111 (1.62)	-0.0008 (-0.06)	0.0160** (2.04)	0.0113 (1.64)	-0.0008 (-0.06)	0.0161** (2.06)
PPE	0.0143*** (4.92)	0.0121** (2.27)	0.0149*** (4.48)	0.0142*** (4.89)	0.0124** (2.31)	0.0148*** (4.45)	0.0068*** (2.36)	0.0049 (0.90)	0.0074** (2.25)	0.0068** (2.33)	0.0051 (0.94)	0.0073** (2.21)
Cash	-0.0157*** (-4.52)	-0.0197*** (-2.85)	-0.0140*** (-3.67)	-0.0157*** (-4.53)	-0.019** (-2.85)	-0.0139*** (-3.66)	-0.0213*** (-6.11)	-0.0243*** (-3.49)	-0.0199*** (-5.22)	-0.0213*** (-6.12)	-0.0243*** (-3.48)	-0.0199*** (-5.20)
Soe	0.0011 (1.14)	-0.0004 (-0.21)	0.0018* (1.72)	0.0010 (1.06)	-0.0003 (-0.19)	0.0017 (1.56)	0.0009 (0.90)	-0.0007 (-0.37)	0.0016 (1.48)	0.0008 (0.81)	-0.0006 (-0.34)	0.0014 (1.33)

续表

变量	Panel A: 被解释变量 TA						Panel B: 被解释变量 BTD					
	(1)	(2)	(3)	(4)	(5)	(6)	(7)	(8)	(9)	(10)	(11)	(12)
	全样本	税收征管强	税收征管弱	全样本	税收征管强	税收征管弱	全样本	税收征管强	税收征管弱	全样本	税收征管强	税收征管弱
Rate	0.1276*** (14.93)	0.1336*** (7.42)	0.1240*** (13.43)	0.1270*** (14.84)	0.1340*** (7.43)	0.1230*** (13.33)	0.1277*** (14.84)	0.1338*** (7.39)	0.1242*** (13.37)	0.1272*** (14.76)	0.1341*** (7.41)	0.1231*** (13.27)
DA	-0.0326*** (-4.43)	-0.0620*** (-4.09)	-0.0244*** (-2.93)	-0.0326*** (-4.43)	-0.0619*** (-4.08)	-0.0245** (-2.93)	-0.0241*** (-3.38)	-0.0532*** (-3.45)	-0.0161** (-2.02)	-0.0241*** (-3.38)	-0.0530*** (-3.44)	-0.0161** (-2.02)
Intercept	-0.0852*** (-8.55)	-0.1014*** (-5.46)	-0.0622*** (-4.79)	-0.0848*** (-8.21)	-0.1062*** (-5.56)	-0.0585*** (-4.34)	-0.0604*** (-6.01)	-0.0752*** (-3.97)	-0.0358*** (-2.79)	-0.0599*** (-5.76)	-0.0801*** (-4.11)	-0.0320** (-2.40)
Industry	Yes	Yes	Yes	Yes	Yes	Yes	Yes	Yes	Yes	Yes	Yes	Yes
Year	Yes	Yes	Yes	Yes	Yes	Yes	Yes	Yes	Yes	Yes	Yes	Yes
Adj. R^2	0.4017	0.3994	0.4059	0.4016	0.3991	0.4059	0.4137	0.4047	0.4200	0.4136	0.4044	0.4200
F	69.4168	23.6743	56.3239	69.2580	23.6385	56.2947	71.6435	23.8722	58.4629	71.5222	23.8410	58.4514
Obs	18794	4718	14076	18794	4718	14076	18794	4718	14076	18794	4718	14076

注：括号中的数据为经 Huber-White sandwich robust t-statistic 和公司层面的 Cluster 处理后的 t 统计量，***、**、* 分别表示检验在 1%、5%、10%水平上显著（双尾）。

6.5.3　改变媒体关注测量的检验

前文采用报刊媒体报道中提及该公司次数的对数(Media_1)分组检验,支持了本章研究假说 H6.3。进一步地,参考 Piotroski et al.(2017)的方法,以报刊媒体报道中提及该公司句子数的对数(Media_2)来度量媒体关注,并根据 Media_2 的 3/4 分位数进行分组,当 Media_2 大于样本 3/4 分位数时为媒体关注高组,反之为媒体关注低组。表 6.11 报告了改变媒体关注测量的检验结果。Panel A 的被解释变量为 TA,列(1)和列(3)的回归结果显示,儒家文化(Culture)与企业避税行为(TA)的回归系数显著为负,而列(2)和列(4)的回归结果则显示,儒家文化(Culture)与企业避税行为(TA)的回归系数为负但不显著,检验结果再次支持本章的研究假说 H6.3。

表 6.11 中 Panel B 的被解释变量为 BTD,列(5)和列(7)的回归结果显示,儒家文化(Culture)与企业避税行为(TA)的回归系数显著为负,而列(6)和列(8)的回归结果显示,儒家文化(Culture)与企业避税行为(TA)的回归系数为负但不显著,检验结果仍旧支持本章的研究假说 H6.3。

6.5.4　改变儒家文化测量的检验

儒家自汉朝以来在国家层面、文化层面和教育层面上具有了强大的影响力时,它对个体的影响更多的是间接性的,即儒家所宣扬的价值观,相当一部分被融入于家庭制度之中。如将文化落脚到个体(即微观层面)可能更有意义。儒家传统文化强调"至诚"的道德观。《礼记·中庸》指出,"唯天下至诚,为能经纶天下之大经,立天下之大本,知天地之化育",孟子进一步阐释道,"诚者,天之道也;思诚者,人之道也"(《孟子·离娄上》)。儒家要求门徒诚实不欺、讲求信用,甚至将诚信作为评价一个人的最重要标准("人而不信,不知其可也"《论语·为政》)。"君子养心,莫善于诚"(《荀子·修身》)、"为人谋而不忠乎,与朋友交而不信乎"(《论语·学而》)等格言无不体现儒家文化对"诚""信"道德修养的褒扬。至诚的道德观表现出个体自身以较高的道德标准进行自我约束,而且也表现出社会群体中每一成员对其他成员行为的外部监督。因此,本章从信任这一角度来度量儒家文化也可从侧面验证儒家文化对企业行为影响的合理性。

借鉴 Guiso et al.(2015)、姜付秀等(2015)等的研究方法,采用文本分析法从信任这一视角来度量儒家文化并做一个稳健性检验。具体步骤如下:

表6.11 改变媒体关注测量的检验结果

变量	Panel A:被解释变量 TA				Panel B:被解释变量 BTD			
	(1) 媒体关注高	(2) 媒体关注低	(3) 媒体关注高	(4) 媒体关注低	(5) 媒体关注高	(6) 媒体关注低	(7) 媒体关注高	(8) 媒体关注低
Culture_1	-0.0056*** (-3.25)	-0.0014 (-1.33)			-0.0055*** (-3.17)	-0.0013 (-1.20)		
Culture_2			-0.0037** (-2.02)	-0.0014 (-1.32)			-0.0036* (-1.94)	-0.0013 (-1.24)
Size	0.0018** (2.31)	0.0005 (1.00)	0.0017** (2.23)	0.0005 (0.97)	0.0018** (2.33)	0.0005 (0.95)	0.0018** (2.25)	0.0005 (0.93)
Lev	-0.0004 (-0.07)	0.0027 (1.01)	-0.0006 (-0.12)	0.0027 (1.01)	-0.0014 (-0.27)	0.0022 (0.80)	-0.0017 (-0.33)	0.0022 (0.80)
Roe	0.4831*** (24.73)	0.4932*** (36.86)	0.4826*** (24.65)	0.4933*** (36.84)	0.4958*** (25.51)	0.5059*** (37.73)	0.4953*** (25.42)	0.5060*** (37.71)
Growth	0.0003 (0.40)	-0.0001 (-0.39)	0.0003 (0.36)	-0.0001 (-0.40)	0.0003 (0.43)	-0.0001 (-0.35)	0.0003 (0.39)	-0.0001 (-0.36)
Top1	-0.0002*** (-2.79)	-0.0001** (-2.22)	-0.0002*** (-2.87)	-0.0001** (-2.22)	-0.0002*** (-2.62)	-0.0001** (-2.39)	-0.0002*** (-2.69)	-0.0001** (-2.39)
Dual	0.0021 (1.00)	0.0010 (1.07)	0.0023 (1.07)	0.0010 (1.09)	0.0025 (1.15)	0.0011 (1.21)	0.0026 (1.22)	0.0011 (1.23)
Indep	0.0195 (1.47)	0.0081 (1.10)	0.0206 (1.56)	0.0081 (1.10)	0.0176 (1.34)	0.0092 (1.23)	0.0187 (1.43)	0.0092 (1.22)
PPE	0.0224*** (3.47)	0.0115*** (3.95)	0.0220*** (3.40)	0.0114*** (3.93)	0.0131** (2.01)	0.0047 (1.62)	0.0126* (1.94)	0.0047 (1.61)
Cash	-0.0195** (-2.36)	-0.0136*** (-4.06)	-0.0199** (-2.41)	-0.0136*** (-4.06)	-0.0287*** (-3.50)	-0.0179*** (-5.31)	-0.0290*** (-3.55)	-0.0179*** (-5.29)

续表

变量	Panel A：被解释变量 TA				Panel B：被解释变量 BTD			
	(1) 媒体关注高	(2) 媒体关注低	(3) 媒体关注高	(4) 媒体关注低	(5) 媒体关注高	(6) 媒体关注低	(7) 媒体关注高	(8) 媒体关注低
Soe	0.0003 (0.15)	0.0015 (1.59)	0.0002 (0.11)	0.0014 (1.53)	-0.0003 (-0.13)	0.0014 (1.50)	-0.0004 (-0.17)	0.0014 (1.44)
Rate	0.1551*** (8.31)	0.1206*** (13.72)	0.1538*** (8.23)	0.1202*** (13.66)	0.1566*** (8.36)	0.1204*** (13.58)	0.1553*** (8.27)	0.1200*** (13.52)
DA	-0.0270** (-2.00)	-0.0333*** (-3.93)	-0.0266* (-1.96)	-0.0334*** (-3.94)	-0.0166 (-1.25)	-0.0259*** (-3.17)	-0.0161 (-1.22)	-0.0259*** (-3.17)
Intercept	-0.1092*** (-4.86)	-0.0877*** (-7.56)	-0.1137*** (-4.93)	-0.0861*** (-7.18)	-0.0841*** (-3.68)	-0.0635*** (-5.46)	-0.0889*** (-3.79)	-0.0618*** (-5.14)
Industry	Yes	Yes	Yes	Yes	Yes	Yes	Yes	Yes
Year	Yes	Yes	Yes	Yes	Yes	Yes	Yes	Yes
Adj. R^2	0.3939	0.4124	0.3927	0.4124	0.4054	0.4249	0.4043	0.4249
F	33.9100	51.9143	33.6147	51.9318	34.9602	54.0830	34.7071	54.1183
Obs	4687	14107	4687	14107	4687	14107	4687	14107

注：括号中的数据为经 Huber-White sandwich robust t-statistic 和公司层面的 Cluster 处理后的 t 统计量，***、**、* 分别表示检验在 1%、5%、10%水平上显著（双尾）。

(1)定义"信任"元素的相关词语。通过查阅《现代汉语词典》和《新华字典》,选取"信任、信赖、相信、笃信、信托、置信、坚信、确信、自信、信誉、守信、立信、诚信、坦诚"等为主的词语(程博等,2020)。

(2)定义"信任"元素的检索范围。通过手工搜索公司官网首页、企业文化栏目、公司简介、网页新闻报道、公司董事长或 CEO 参与采访及年会等活动中新闻报道中的讲话内容、公司年报、内部控制评价报告中与文化相关的陈述等信息源,无论何种途径获取到"信任"文化信息,若企业文化中包含有关上述词语中的任一个词语,认为企业存在"信任"导向的文化,Culture 赋值为 1,否则为 0。

(3)数据收集验证。为确保数据收集的准确性,实行三轮验证:第一轮由收集者在收集完毕后复核一遍;第二轮由不同数据收集者交叉进行复核,发现收集错误,共同进行校验确认;第三轮由作者对所有收集的数据全部复核一遍,确保判定的一致性。

表 6.12 列出了以信任元素构成的文化指标重新检验的结果。列(1)的回归结果显示,在控制其他因素的影响后,儒家文化(Culture)与企业避税行为(TA)的关系显著为负($\beta=-0.0014, p<0.01$);列(2)的回归结果显示,在控制其他因素的影响后,儒家文化(Culture)与企业避税行为(BTD)的关系显著为负($\beta=-0.0013, p<0.05$)。以上检验结果再次表明,儒家文化对企业激进的避税行为有一定的抑制作用,依然强有力地支持研究假说 H6.1。

表 6.12　改变儒家文化测量的检验结果

变量	被解释变量 TA	被解释变量 BTD
	(1)	(2)
Culture	−0.0014***	−0.0013**
	(−2.60)	(−2.45)
Size	0.0005*	0.0005
	(1.69)	(1.61)
Lev	0.0016	0.0009
	(0.76)	(0.43)
Roe	0.4860***	0.4985***
	(57.90)	(59.99)
Growth	−0.0000	0.0000
	(−0.05)	(0.03)
Top1	−0.0001***	−0.0001***
	(−4.49)	(−4.55)

变量	被解释变量 TA	被解释变量 BTD
	(1)	(2)
Dual	0.0014**	0.0015**
	(2.11)	(2.38)
Indep	0.0114**	0.0116**
	(2.31)	(2.35)
PPE	0.0143***	0.0068***
	(6.76)	(3.25)
Cash	−0.0160***	−0.0215***
	(−6.00)	(−8.20)
Soe	0.0010*	0.0008
	(1.72)	(1.34)
Rate	0.1273***	0.1275***
	(20.79)	(20.81)
DA	−0.0325***	−0.0241***
	(−4.49)	(−3.43)
Intercept	−0.0960***	−0.0708***
	(−14.99)	(−11.09)
Industry	Yes	Yes
Year	Yes	Yes
Adj. R^2	0.4013	0.4134
F	141.6557	148.6962
Obs	18794	18794

注:括号中的数据为经 Huber-White sandwich robust t-statistic 和公司层面的 Cluster 处理后的 t 统计量,***、**、* 分别表示检验在 1%、5%、10% 水平上显著(双尾)。

表 6.13 列出了改变儒家文化测量后的分组检验结果。Panel A 是基于税收征管的分组检验,列(1)和列(3)的回归结果显示,在控制其他因素的影响后,儒家文化(Culture)与企业避税行为(TA 和 BTD)的回归系数为负但不显著;列(2)和列(4)的回归结果显示,在控制其他因素的影响后,儒家文化(Culture)与企业避税行为(TA 和 BTD)的回归系数显著为负($p<0.01$)。以上检验结果再次表明,儒家文化对企业激进避税行为的抑制作用在税收征管弱的地区更为明显,再次验证了本章的研究假说 H6.2。Panel B 是基于媒体关注的分组检验,列(5)和列(7)的回归结果显示,在控制其他因素的影响后,儒家文化(Culture)与企业避税行为(TA 和 BTD)的回归系数显著为负($p<0.05$);而列(6)和列(8)

表6.13 改变儒家文化测量的检验结果

变量	Panel A:基于税收征管的分组检验				Panel B:基于媒体关注的分组检验			
	被解释变量 TA		被解释变量 BTD		被解释变量 TA		被解释变量 BTD	
	税收征管强	税收征管弱	税收征管强	税收征管弱	媒体关注高	媒体关注低	媒体关注高	媒体关注低
	(1)	(2)	(3)	(4)	(5)	(6)	(7)	(8)
Culture	0.0001 (0.10)	-0.0018*** (-3.01)	0.0002 (0.23)	-0.0017*** (-2.91)	-0.0026** (-2.02)	-0.0010 (-1.14)	-0.0028** (-2.19)	-0.0008 (-0.92)
Size	0.0019*** (3.38)	0.0000 (0.04)	0.0019*** (3.28)	-0.0000 (-0.02)	0.0018*** (2.96)	0.0005 (1.06)	0.0018*** (3.00)	0.0005 (1.01)
Lev	0.0001 (0.02)	0.0022 (0.91)	-0.0002 (-0.04)	0.0014 (0.57)	-0.0013 (-0.27)	0.0028 (1.01)	-0.0023 (-0.49)	0.0022 (0.80)
Roe	0.4648*** (25.51)	0.4930*** (52.63)	0.4766*** (26.29)	0.5059*** (54.59)	0.4793*** (29.48)	0.4944*** (36.79)	0.4919*** (30.74)	0.5072*** (37.67)
Growth	-0.0000 (-0.06)	0.0001 (0.14)	-0.0000 (-0.05)	0.0001 (0.21)	0.0003 (0.37)	-0.0002 (-0.43)	0.0003 (0.42)	-0.0001 (-0.40)
Top1	-0.0001*** (-3.00)	-0.0001*** (-3.47)	-0.0001*** (-3.21)	-0.0001*** (-3.40)	-0.0002*** (-4.01)	-0.0001** (-2.17)	-0.0002*** (-3.84)	-0.0001** (-2.32)
Dual	0.0018 (1.15)	0.0012* (1.76)	0.0020 (1.27)	0.0014** (2.00)	0.0023 (1.30)	0.0010 (1.14)	0.0027 (1.51)	0.0011 (1.25)
Indep	-0.0023 (-0.22)	0.0168*** (3.04)	-0.0027 (-0.26)	0.0171*** (3.10)	0.0209* (1.89)	0.0087 (1.17)	0.0187* (1.70)	0.0099 (1.31)
PPE	0.0130*** (3.35)	0.0142*** (5.67)	0.0055 (1.37)	0.0069*** (2.77)	0.0195*** (3.98)	0.0123*** (4.23)	0.0101** (2.07)	0.0055* (1.90)
Cash	-0.0198*** (-3.73)	-0.0147*** (-4.76)	-0.0247*** (-4.61)	-0.0206*** (-6.80)	-0.0222*** (-3.28)	-0.0130*** (-3.83)	-0.0313*** (-4.75)	-0.0173*** (-5.06)

变量	Panel A：基于税收征管的分组检验				Panel B：基于媒体关注的分组检验			
	被解释变量 TA		被解释变量 BTD		被解释变量 TA		被解释变量 BTD	
	税收征管强	税收征管弱	税收征管强	税收征管弱	媒体关注高	媒体关注低	媒体关注高	媒体关注低
	(1)	(2)	(3)	(4)	(5)	(6)	(7)	(8)
Soe	−0.0003	0.0017**	−0.0006	0.0014**	0.0002	0.0014	−0.0004	0.0013
	(−0.26)	(2.35)	(−0.49)	(2.03)	(0.13)	(1.48)	(−0.23)	(1.38)
Rate	0.1337***	0.1246***	0.1341***	0.1247***	0.1512***	0.1224***	0.1528***	0.1222***
	(10.55)	(17.59)	(10.53)	(17.63)	(10.57)	(14.00)	(10.68)	(13.85)
DA	−0.0594***	−0.0250***	−0.0492***	−0.0170**	−0.0238*	−0.0347***	−0.0137	−0.0270***
	(−3.85)	(−3.07)	(−3.13)	(−2.20)	(−1.72)	(−4.13)	(−1.01)	(−3.34)
Intercept	−0.1056***	−0.0781***	−0.0796***	−0.0508***	−0.1310***	−0.0705***	−0.1053***	−0.0448***
	(−9.35)	(−8.38)	(−6.97)	(−5.58)	(−8.13)	(−5.98)	(−6.48)	(−3.82)
Industry	Yes	Yes	Yes	Yes	Yes	Yes	Yes	Yes
Year	Yes	Yes	Yes	Yes	Yes	Yes	Yes	Yes
Adj. R^2	0.3975	0.4056	0.4021	0.4199	0.3918	0.4127	0.4040	0.4250
F	40.2660	109.8372	40.9140	116.3555	49.8377	51.9820	52.5568	54.0403
Obs	4684	14110	4684	14110	4687	14107	4687	14107

注：括号中的数据为经 Huber-White sandwich robust t-statistic 和公司层面的 Cluster 处理后的 t 统计量，***、**、* 分别表示检验在 1%、5%、10% 水平上显著（双尾）。

的回归结果则显示,在控制其他因素的影响后,儒家文化(Culture)与企业避税行为(TA 和 BTD)的回归系数为负但不显著。以上检验结果仍表明,儒家文化对企业激进避税行为的抑制作用在媒体关注高的企业中更为明显,再次验证了本章的研究假说 H6.3。

6.5.5 迁址样本的敏感性测试结果

前文的检验结果验证了儒家文化对企业激进的避税行为有一定的抑制作用。为稳健起见,本节以样本公司迁址公告这一外生事件来考察儒家文化强度变化对企业避税行为的影响。利用锐思数据库迁址数据,与本研究样本进行匹配,共获得 1950 个迁址公司(年度观测值)。其中,从文化影响强度低的地区迁址到文化影响强度高的地区有 133 个公司(年度观测值),从文化影响强度高的地区迁址到文化影响强度低的地区有 77 个公司(年度观测值),同一地区迁址的有 1740 个公司(年度观测值)。为检验地址变迁的影响,设置两个虚拟变量,当样本公司从文化影响强度高地区迁址到文化影响强度低地区时,High→Low 取值为 1,否则为 0;当样本公司从文化影响强度低地区迁址到文化影响强度高地区时,Low→High 取值为 1,否则为 0。

表 6.14 列出了迁址样本的敏感性测试结果。列(1)和列(2)的被解释变量为企业避税行为(TA),回归结果显示,在控制其他因素的影响后,High→Low 的回归系数为负但不显著,而 Low→High 的回归系数显著为负($p<0.05$);列(3)和列(4)的被解释变量为企业避税行为(BTD),回归结果显示,在控制其他因素的影响后,High→Low 的回归系数为负但不显著,而 Low→High 的回归系数显著为负($p<0.05$)。以上检验结果再次表明,儒家文化对企业激进的避税行为有一定的抑制作用,仍然支持本章的研究假说 H6.1。

表 6.14　迁址样本的敏感性测试结果

变量	(1)	(2)	(3)	(4)
	被解释变量 TA		被解释变量 BTD	
High→Low	−0.0076		−0.0100	
	(−0.88)		(−1.17)	
Low→High		−0.0133**		−0.0154**
		(−2.02)		(−2.37)
Size	−0.0014	−0.0013	−0.0012	−0.0011
	(−1.18)	(−1.11)	(−1.05)	(−0.97)

变量	(1)	(2)	(3)	(4)
	被解释变量 TA		被解释变量 BTD	
Lev	0.0047	0.0045	0.0044	0.0042
	(0.98)	(0.94)	(0.97)	(0.93)
Roe	0.4558***	0.4572***	0.4698***	0.4715***
	(19.59)	(20.03)	(21.10)	(21.71)
Growth	−0.0004	−0.0004	−0.0004	−0.0004
	(−1.16)	(−1.25)	(−1.30)	(−1.41)
Top1	−0.0000	−0.0000	−0.0000	−0.0000
	(−0.47)	(−0.52)	(−0.23)	(−0.29)
Dual	0.0024	0.0026	0.0030	0.0033
	(0.92)	(1.01)	(1.13)	(1.24)
Indep	0.0288	0.0257	0.0244	0.0208
	(1.22)	(1.09)	(1.03)	(0.88)
PPE	0.0311***	0.0308***	0.0205**	0.0201**
	(3.81)	(3.80)	(2.50)	(2.48)
Cash	−0.0033	−0.0045	−0.0140	−0.0154
	(−0.30)	(−0.41)	(−1.36)	(−1.50)
Soe	0.0048*	0.0048*	0.0038	0.0038
	(1.70)	(1.66)	(1.35)	(1.32)
Rate	0.1775***	0.1804***	0.1759***	0.1790***
	(6.54)	(6.71)	(6.52)	(6.71)
DA	−0.0028	−0.0001	0.0128	0.0158
	(−0.13)	(−0.00)	(0.61)	(0.75)
Intercept	−0.0842***	−0.0850***	−0.0574**	−0.0583**
	(−3.14)	(−3.14)	(−2.15)	(−2.16)
Industry	Yes	Yes	Yes	Yes
Year	Yes	Yes	Yes	Yes
Adj. R^2	0.3303	0.3331	0.3467	0.3501
F	13.5846	14.2851	15.1453	16.3838
Obs	1950	1950	1950	1950

注:括号中的数据为经 Huber-White sandwich robust t-statistic 和公司层面的 Cluster 处理后的 t 统计量,***、**、* 分别表示检验在 1%、5%、10% 水平上显著(双尾)。

进一步地,表 6.15 中引入 Culture_1 与 High→Low 和 Low→High 的交互项检验样本变迁对企业避税行为的影响。列(1)和列(2)的被解释变量为企业避税行为(TA),列(3)和列(4)的被解释变量为企业避税行为(BTD),回归结果显示,在控制其他因素的影响后,Culture_1 * High→Low 的回归系数为负但不显著,而 Culture_1 * Low→High 的回归系数显著为负($p<0.05$)。以上检验结果再次表明,儒家文化对企业避税行为有一定的抑制作用,仍然支持本书的研究假说 H1。

表 6.15　迁址样本的交互检验测试结果

变量	(1)	(2)	(3)	(4)
	被解释变量 TA		被解释变量 BTD	
High→Low	−0.0079 (−0.91)		−0.0104 (−1.20)	
Culture_1 * High→Low	−0.0021 (−0.13)		−0.0026 (−0.17)	
Low→High		−0.0097 (−1.49)		−0.0119* (−1.86)
Culture_1 * Low→High		−0.0372** (−2.43)		−0.0367** (−2.42)
Culture_1	−0.0036 (−1.40)	−0.0011 (−0.45)	−0.0035 (−1.33)	−0.0009 (−0.35)
Size	−0.0013 (−1.12)	−0.0011 (−0.93)	−0.0011 (−1.00)	−0.0009 (−0.79)
Lev	0.0047 (0.99)	0.0052 (1.05)	0.0044 (0.98)	0.0049 (1.04)
Roe	0.4565*** (19.58)	0.4608*** (20.26)	0.4704*** (21.09)	0.4750*** (21.98)
Growth	−0.0004 (−1.16)	−0.0003 (−1.20)	−0.0004 (−1.29)	−0.0004 (−1.37)
Top1	−0.0000 (−0.46)	−0.0000 (−0.38)	−0.0000 (−0.22)	−0.0000 (−0.15)
Dual	0.0024 (0.90)	0.0023 (0.87)	0.0029 (1.11)	0.0029 (1.10)
Indep	0.0275 (1.16)	0.0243 (1.03)	0.0231 (0.97)	0.0195 (0.82)
PPE	0.0307*** (3.75)	0.0319*** (3.95)	0.0202** (2.45)	0.0213*** (2.63)
Cash	−0.0023 (−0.20)	−0.0015 (−0.13)	−0.0130 (−1.26)	−0.0125 (−1.21)
Soe	0.0050* (1.77)	0.0045 (1.59)	0.0039 (1.41)	0.0035 (1.23)

变量	(1)	(2)	(3)	(4)
	被解释变量 TA		被解释变量 BTD	
Rate	0.1763***	0.1835***	0.1747***	0.1821***
	(6.50)	(6.91)	(6.48)	(6.90)
DA	−0.0031	−0.0008	0.0125	0.0151
	(−0.15)	(−0.04)	(0.59)	(0.73)
Intercept	−0.0846***	−0.0908***	−0.0577**	−0.0640**
	(−3.16)	(−3.38)	(−2.16)	(−2.38)
Industry	Yes	Yes	Yes	Yes
Year	Yes	Yes	Yes	Yes
Adj. R^2	0.3305	0.3379	0.3468	0.3546
F	13.4299	14.0488	14.6812	15.7241
Obs	1950	1950	1950	1950

注:括号中的数据为经 Huber-White sandwich robust t-statistic 和公司层面的 Cluster 处理后的 t 统计量,*** 、** 、* 分别表示检验在 1%、5%、10% 水平上显著(双尾)。

6.6 本章小结

在企业税收规避普遍的背景下,本章考察了作为非正式制度的重要组成部分之儒家文化对企业激进避税行为的影响,并进一步探讨了税收征管制度和媒体关注两种外部治理机制对儒家文化和企业避税行为之间关系的影响。采用 2007—2016 年沪深两市的上市公司为研究样本,对儒家文化与企业避税关系进行了理论探讨和实证检验。实证结果显示,在控制众多可能影响企业避税行为的因素之后,儒家文化对企业激进的避税行为有一定的抑制作用,且这种抑制作用在税收征管弱的地区、媒体关注程度高的企业中更为明显。在考虑改变企业避税、税收征管强度、媒体关注、儒家文化变量的度量以及对迁址样本进行敏感性测试后,本章的结论依然存在。

本章的研究结论从企业避税行为视角为儒家文化的治理作用提供了经验证据,丰富和深化了非正式制度对企业避税行为影响因素方面的相关文献,有助于加深我们对代理观的避税框架的认知和理解。本章的政策启示在于:在目前我国税收规避现象广泛存在的背景下,应弘扬和珍视中国传统文化,增强文化自觉和文化自信,倡导"以儒治企"的企业文化,加强社会诚信和健全社会征信体系,进一步规范和约束企业不当行为,进而提高公司自觉纳税意识和水平;同时研究结论对于抑制企业管理层的机会主义倾向、税收征管工作和相关政府职能部门制定政策具有重要的参考价值。

当然,应当说明的是,由于文化变量难以度量和刻画,往往视为不可观测变量而在研究模型中被忽略。尽管本章借鉴古志辉(2015)和 Cheng et al.(2017)的做法,以公司注册所在地附近的儒家学校数量来衡量儒家文化,试图探讨企业行为现象背后的本质问题,丰富和扩展了现有研究,但在中国传统文化中,除了儒家以外,还存在其他思想门派,这可能会导致指标度量不够精确。此外,明代距今已有600多年的历史,随着时代的变迁和文化冲击的影响,可能也会存在一定的偏差。今后将进一步深入研读《明史》"十三经"等,对历史事件和相关案例进行深度解析,更好地分析和解决本研究相关的科学问题。

第7章 儒家文化与企业创新行为

企业创新会受到正式制度和非正式制度的共同影响。本章结合我国实施创新发展战略及依据供给侧结构性改革的现实背景,基于"文化—行为"逻辑,探讨了作为非正式制度的重要组成部分之儒家文化对企业创新的影响。研究发现,随着儒家文化影响力的增强,企业创新能力也随之增强,这在统计意义和经济意义上均显著。进一步的研究表明,儒家文化也能显著促进企业研发投入。上述发现验证了儒家文化作为非正式制度所发挥的正面治理作用,能够对企业创新产生重要影响,有利于企业创新活动的开展。这为我们从中国传统文化角度来理解和诠释企业创新行为异质性提供了新的视角,也验证了文化影响企业行为的逻辑,意味着儒家文化是企业创新的深层次影响因素,表征出儒家文化影响力越强,越有助于提高企业创新能力。本章包含 6 节:第一节为问题的提出;第二节是理论分析与研究假说;第三节为研究设计,包括样本选择和数据来源、模型设定和变量定义等;第四节检验了儒家文化与企业创新行为之间的关系;第五节为稳健性检验;最后一节为本章小结。

7.1 问题的提出

经济的可持续性很大程度上取决于经济增长方式的转变,而实现经济增长方式转变的关键在于科技创新,依靠技术和资源实现集约型长效增长(Lin et al. ,2011)。同时,促进企业创新是迎"大众创业、万众创新"的"创客"风潮、践行供给侧结构性改革的重要手段之一,对产业结构调整、经济转型升级以及微观企业提高竞争力以及可持续发展具有重要的实践意义。当前,正值经济转型关键时期,寻找制约或促进企业创新行为的影响因素及其规律刻不容缓。已有文献表明,影响企业创新行为的因素有很多,既包括产业政策、法制环境、金融市场发展程度、政府管制、产权保护、政策不确定性等外部因素(Kim & Weisbach,2008;Chava et al. ,2013;Cornaggia et al. ,2015;解维敏和方红星,2011;

潘越等,2015;黎文靖和郑曼妮,2016),还涉及经营风险、企业性质、股权结构、高管激励、市场竞争等公司治理因素(Griffith et al.,2006;Aghion et al.,2013;李文贵、余明桂,2015;杨洋等,2015)。

事实上,企业创新会受到正式制度和非正式制度的共同影响。而现有文献更多关注正式制度安排对企业创新的影响,较少涉及文化、习俗、惯例等非正式制度因素的影响。与正式制度相比较,非正式制度对企业行为影响更为重要(陈冬华等,2013;高翔和龙小宁,2016)。那么,具体到中国管理实践,影响企业创新行为的决定因素到底是什么呢?为此,实务界无时无刻不在"问题"中搜寻,学术界也一直在探索。如,以华为公司为例,据媒体报道,2016 年 2 月 18日,华为公司跻身全球 50 大最具创新力公司榜单的第 13 位,据统计(截至 2015年 12 月 31 日),公司累计申请中国专利 52550 件,累计申请外国专利 30613 件,被授权专利 50377 件(90%以上为发明专利)[①]。华为公司的成功很大程度上可以归结于重视研发投入、技术和创新,这是不争的事实。那么,成功背后隐性的驱动因素又是什么?或许华为"基本法"可以提供给我们"解密"的一个有效路径。华为"基本法"第六条指出[②],"资源是会枯竭的,唯有文化才会生生不息",文化则是驱动企业创新活动的前因变量。实际上,管理实务中这类案例还很多,它们的成功都是源于持续不断地创新,尤其是"以儒治企"的创新文化是管理者在管理实践中"悟出的真知",是驱动企业创新活动的关键因素。

文化作为一种重要的非正式制度,是通过影响行为信念来影响人们的行为意向和行为。具体而言,文化是根植于组织之内特定的价值观和基本信念,通过影响管理层和员工价值观、思维方式和行为方式来发挥"社会控制"作用。已有文献表明,文化是驱动企业创新的重要影响因素(Garnier,2008;Petrakis et al.,2015;杨建君等,2013)。然而,由于文化变量难以刻画,现有研究虽已关注

---

① 资料来源于 http://roll.sohu.com/20160219/n437844305.shtml,这是由美国知名商业与技术杂志 Fast Company 近日发布的 2016 年全球最具创新力公司的排名,华为位列 13,这是华为第三次跻身全球 50 大最具创新力公司榜单。Fast Company 在其网站上这样评价华为:"华为在全球移动市场竞争中占据了上风……华为将自己的成功在很大程度上归功于对技术的执着追求:华为拥有 7.5 万名工程师,并且每年将 10%以上的收入用于研发。"Current Analysis 公司分析师 Peter Jarich 称,"持续的研发投入是华为的骄傲,华为也应该为此感到自豪。研发投入不仅给公司带来了让竞争对手羡慕的高增长率,还不断驱动着公司以客户为中心进行创新并建立技术领导力地位。随着网络的不断演进,创新能力和技术领导力的地位将日益凸显。"

② 摘自于华为"基本法"第六条:资源是会枯竭的,唯有文化才会生生不息。一切工业产品都是人类智慧创造的。华为没有可以依存的自然资源,唯有在人的头脑中挖掘出大油田、大森林、大煤矿……精神是可以转化成物质的,物质文明有利于巩固精神文明。我们坚持以精神文明促进物质文明的方针。

到不同国家、不同类型文化间的差异对企业创新的影响,但忽略了制度环境(如同一国家)下,不同文化强度对企业创新的影响。结合中国制度背景,数千年的传承和洗礼,无论表层的物质文化与制度文化如何变化和变迁,儒家文化的价值观都会影响人们的信念、行为和道德评价标准等。因此,考察儒家文化对企业创新行为的影响是一个有待检验而且十分有趣的科学问题。

与以往文献相比,本章系统地探讨了作为非正式制度的重要组成部分之儒家文化对企业创新的影响,这不仅为我们理解企业创新行为异质性和儒家文化的治理作用提供较为直接的经验证据,而且丰富和拓展了企业创新影响因素方面的文献。同时,文化是一种生产力,也是企业创新和战略转型的助推剂,考察儒家文化对企业创新行为的影响对于我国现阶段产业结构调整、经济转型升级以及供给侧结构性改革具有重要的现实意义,有助于认识文化在提高公司创造力和核心竞争力中的重要性,从而更好地指导公司管理层注重企业文化建设、营造创新文化氛围、珍视中国传统文化和倡导"以儒治企"的创新文化,充分发挥其"社会控制"的功能,进而提高企业创新能力和创新绩效。同时,对提高国家文化软实力、推动中华优秀传统文化的创造性转化与创新性发展显得尤为重要。弘扬中国传统文化,珍视文化传统,从传统文化发掘资源、汲取养分和智慧,也是驱动企业创新行为的一条行之有效的重要途径。

7.2　理论分析与研究假说

前已述及,影响企业创新行为的因素虽有很多,但不可回避的是,文化是影响企业创新行为重要而且关键的因素之一。新制度经济学理论认为,文化作为一项非正式制度,不仅是正式制度得以确立的基础,而且它改变了正式制度与持续存在的非正式制度之间的关系,它对企业行为的影响不亚于法律、管制和媒体等正式制度(Allen et al.,2005)。文化具有传承性和长期性,制约企业制度并影响企业创新行为(Taylor & Wilson,2012;Chen & Puttitanun,2014)。中国是一个具有几千年文化传承的国度,历史悠久,底蕴深厚,作为传统文化精髓的儒家文化具有很强的包容性、融合性和延续性,虽然历经文化冲击,但儒学根植于文化、价值传统、习惯观念之中,通过意识观念的渗透和同化,内在地影响人的行为方式,并不因时间推移而"褪色",外来文化最终还是被融入中国文化的内涵之中。概括地讲,不了解历史,就不了解文化;而不了解文化,就不了解制度环境,则更不了解企业行为。然而,现有文献虽已关注到文化会影响企业创新行为,但系统地考察中国传统文化如何影响企业创新方面的研究文献还是很少见的。

Hofstede(1980)以跨国公司 IBM 员工为研究对象,开创性地对文化变量加以刻画,建立了权力距离(power distance)、不确定性规避(uncertainty avoidance)、个人/集体主义(individualism vs collectivism)以及刚柔性(Masculinity vs Femininity)四个维度的文化差异理论,在后期的研究中,增加了长期导向(Long-term Orientation or Confucian Dynamism)维度。然而,文化差异并不仅仅存在于国别之间,同一国家的不同地域、群体之间同样也存在着文化差异(Straub et al.,2002)。中国历史文化悠久,是一个具有高权力距离[①]、高集体主义和高长期导向文化特征的国家。已有研究表明,文化影响企业创新行为(Chang et al.,2015;Petrakis et al.,2015)。受儒家文化的影响,中国企业受到的文化影响自然有别于西方企业,其创新行为表现也有所不同。本章认为,儒家文化至少在以下三方面对企业创新有正面影响。

(1)儒家文化蕴含的内化创新精神是驱动企业创新的动力源泉。不同企业在创新行为上表现出的异质性,归根到底是企业所在地的文化差异所致(水常青和许庆瑞,2005)。创新既是企业的一种能力体现,也是企业的一种行为表现,而文化是激发和维护企业自觉、持久创新的源泉。一方面,儒家文化既蕴含着"苟日新,日日新,又日新"的求变求新的精神唤醒,又强调"学习观"(知行合一)、"天命观"(惶者生存、忧患意识)、"思变观"(顺时应变、从善如流)的思想观念;另一方面,内化的创造力和创新精神反映的是一种对待创新的态度(Tan,2001),它提高了企业管理层的风险承担意愿,有利于营造企业创新文化氛围,引导员工肯定和重视创新活动并积极投入企业创新活动之中(杨建君等,2014)。这种蕴藏在儒家文化之中的内化创造力和创新精神,正是熊彼特提出的"创造性破坏"思想的核心,也是驱动企业持续、自觉、勇于创新的不竭动力,随着儒家文化影响力的增强,越有助于企业创新活动的开展。

(2)儒家文化倡导集体主义与和谐主义文化,这同样有利于企业创新活动开展。集体主义文化对企业创新的促进作用已得到人们的普遍接受,它强调团队(或组织)利益高于个人利益,要求在个体与团队(或组织)之间建立一种高度的社会和谐,当个人与团队(或组织)发生冲突时,团队(或组织)利益优先于个

---

① 权力距离是指个体对组织中权力分配不平等情况的接受程度。在企业中,指企业员工对上级拥有较多权力接受程度。

人利益(Hofstede,1989;Laforet,2008);与个人主义文化相比,集体主义文化强调利益共享、风险共担,对创新失败的容忍度也较高(Taylor & Wilson,2012)。而和谐主义文化则要求个体应接受或适应外部环境,以和为贵,加强团队(或组织)内部的团结,对搭建知识共享的平台和构建"学习型"组织氛围具有促进作用,并通过榜样的力量及示范作用,促进知识资源共享,进而提高企业创新绩效(宋继文等,2009)。具有集体主义取向的个体更加注重与他人的关系、面子以及组织和谐,这与和谐主义文化高度竞合。由此可见,儒家文化倡导集体主义与和谐发展,强调的是团队创新,而不仅仅是个体创新,这更有利于企业进行创新活动并能够快速响应市场变化和需求。同时,在集体主义文化下,注重团队利益轻个人利益,整体意识和执行力较强,促使企业具有更高的创新行为意向,不仅如此,倡导和谐主义也有助于企业建立"学习型"组织,有利于实现知识的转化和共享,对企业创新行为也有积极作用。

(3)儒家文化中包含的社会道德性契约有助于增强组织间、组织内成员之间的信任,良好的信任氛围有助于企业创新活动的开展。已有文献表明,信任可以扮演正式契约或社会控制作用,直接或间接促进企业创新(Chua & Morris,2008;Bretonmiller,2011;杨建君和马婷,2009)。毋庸置疑,儒家文化是一个社会关于道德的一致性契约,本质上是一种制约人际关系的道德伦理文化。一方面,儒家文化宣扬"至诚"诸道德观和"义利"价值观,通过影响信念来规导和约束组织及个体的行为,有利于缓解利己主义的倾向和强化诚信观念;另一方面,在"君子慎独"理念以及追求善"名"、避免恶"名"的激励下,可以自发约束组织及其成员的不道德行为。

可见,儒家文化中蕴含的社会道德性契约不仅可以增强组织之间、组织内成员之间的信任,而且可以影响合约当事人的行为方式以及合约履行与持续改进,并从改善信息环境和强化合约履行两条路径降低交易成本,从而促进企业创新。具体而言,可以归纳为两条路径影响企业创新:①合作创新是促进企业创新活动的有效方式之一,而组织间的信任是维持和改善企业合作创新的基础(Zollo等,2002)。儒家文化中的社会道德性契约有助于组织间的信任关系建立和维持,并通过组织之间的相互信任,建立信息共享、合作机制以及信任内在的约束机制,进而抑制机会主义倾向、降低交易成本、协调组织冲突和减少组织间的不确定性(Chua & Morris,2008),促进组织间高质量的、复杂的、隐形的知识传递(Mcevily & Zaheer,2003),从而增加企业创新的机会和能力。②组织内的信任能够促进研发部门与其他部门之间、研发部门内部员工之间深入广泛地合作、知识交流与分享,并且信任程度越高,越有利于把握创新方向、激发创新灵感、降低创新中的交易成本以及促进成员承担风险的意愿(Hattori & Lapidus,2004;李晓梅,2013),进而促进企业创新活动。值得注意的是,股东和经理人在企业创新过程中扮演着重要的角色,由于信息不对称,自利的经理人可能背离股东的意愿倾向于风险规避。而股东与经理人的相互信任是一种"软约束"机制,不仅可以降低创新过程中的交易成本和机会主义行为,而且还可以提高他们对企业创新活动的承诺和支持(Clegg et al.,2002;杨建君等,2014),形成一种创新动力,进而激发企业的创新行为。儒家文化中的社会道德性契约被视为一种内化了的规范性信念,是社会信任与合作的基石,这不仅强化了诚信观念、缓解了个体利己主义的倾向,而且增强了组织成员之间的信任与理解,为企业创新提供了一个良好的信任氛围,有利于增加组织成员的创新意愿和创新行为,从而提高企业创新绩效。

综上分析,儒家文化作为一项重要的非正式制度,无论是其蕴含着内化的创新精神和倡导集体主义与和谐主义文化的内涵,还是道德性契约可以增强信任氛围,潜移默化地影响企业管理者和员工的价值取向和行为,都有助于企业创新活动的开展。

基于以上所述,本章提出如下假说:

H7a:其他条件保持不变,儒家文化与企业创新之间呈正相关关系。

根据上述分析,儒家文化对企业创新行为有促进作用。但是,我们也应该意识到儒家文化中可能包含某些抑制企业创新行为的因素存在。具体可以概括为以下三方面。

(1)儒家文化中的"礼"制文化增加了企业上下级之间的权力距离,不利于企业创新。儒家文化倡导"三纲五常"的道德戒律,强调以等级为中心的社会秩序,束缚了人们的意志和人格;同时,还强调"非礼勿视,非礼勿听,非礼勿言,非礼勿动"(《论语·颜渊》)这种"非……勿……"程式的日常行为规范(阎海峰,1999)。儒家传统中的礼制文化虽然促进个体之间、个体与群体之间的宗法伦理关系的建构,但是却加大了企业内部上下级之间的权力距离。已有研究发现,高权力距离拉开了个体之间的心理距离,不利于不同部门、不同级别的员工之间进行合作与交流,使得员工难以利用已经共享的知识进行创新(Williams & Mcguire,2010;刘丽丽等,2016)。另外,等级差异造成的高权力距离会增加低权者的不公平感(Anderson & Brown,2010),从而削弱个体的主动性和创造力。由此可见,以等级为中心的礼制文化,加大企业内部上下级之间的权力距离,影响合作与交流,不利于激发个体的创造性,进而抑制了企业创新行为。

(2)儒家文化一味地强调集体主义削弱了个体的主动性和创造力,不利于企业创新。与集体主义文化相比,个体主义文化强调独立、自我、个人利益高于团队(或组织)利益,注重个人目标,这为具有个体主义文化倾向的企业员工提供了更大的创新自由度,有利于促进企业创新(Hartmann,2006;Li et al.,2013)。而在集体主义文化氛围下,过分地、一味地强调团体(或组织)利益,并且个人发明和创新带来的贡献和价值归团体(或组织)所有,缺少对个人必要的激励,以至于个人对“理性”和成本收益分析的关注度有所降低(于米,2011),同时个体行为还会受到团队(或组织)规定好的角色行为的限制,这都将抑制个体的创新主动性和积极性,不利于企业创新活动的开展。

(3)儒家文化中的社会道德性契约有助于增强组织之间、组织内成员之间的信任,但信任度过高也有可能因降低监督而导致经理人采取机会主义行为,或是形成一种“圈子”效应,从而不利于企业创新活动的开展,这是因为:(1)由于创新周期长、风险高、结果与收益具有很大不确定性,若股东与经理人之间的信任程度过高,可能由于降低监督而导致经理人在创新决策与创新活动组织过程中采取机会主义行为(Davis et al.,2000;Bunduchi,2013);同时,信任度过高也会导致创新决策过程中相互妥协(Jeffrie & Reed,2000),以至于决策出现偏差,不利于企业创新活动开展。(2)良好的信任氛围有利于合作与交流、信息共享与转化,但因信任关系而产生长期、固定的模式进行创新合作与交流,长此以往,很容易固化为一个封闭的“圈子”,形成特有的“圈子文化”,表现出“人有亲疏”“爱有差等”的“差序格局”[①],以至于相互信任的组织、组织成员之间,过多地依赖“圈子”效应[②]而形成信息搜寻惯性,不大愿意寻求外部合作与交流,这严重阻碍了新知识的获取渠道(Sorenson & Waguespack,2006;杨治等,2015),也不利于企业创新活动的开展。

基于以上分析,本章提出与假说 H7a 互为竞争性的假说:

H7b:其他条件保持不变,儒家文化与企业创新之间呈负相关关系。

----

① “差序格局”来自费孝通先生在 20 世纪 40 年代《乡土中国》提出来的反映中国传统社会关系和社会结构特征的理论观点。具体描述为:“以‘己’为中心,像石子一般投入水中,和别人所联成的社会关系,不像团体中的分子一般大家立在一个平面上的,而是像水的波纹一般,一圈圈推出去,愈推愈远,也愈推愈薄。亲疏关系正如从自己推出去的和自己发生社会关系的那一群人里所发生的一轮轮波纹的差序”。在资本上市场上,“圈子文化”有利于获取公司私有信息,其信息传递价值非常重要。

② 实际上,在个人主义文化中没有圈内(In-group)和圈外(Out-group)的明显差别,而集体主义文化下却有明显的圈内和圈外的差别。

7.3 研究设计

7.3.1 样本选择与数据来源

本章的初始研究样本为 2007—2014 年所有 A 股上市公司,之所以采用 2007 年作为样本研究起始年的原因是,现行会计准则自 2007 年 1 月 1 日起实施,而会计准则是具有经济后果的,它不仅对财务报告和资本市场产生影响,而且对企业经营理念和企业行为产生重要影响(张先治等,2014)。在数据整理过程中,经过如下步骤筛选:①剔除 ST、*ST 类公司;②剔除金融保险类公司;③剔除资产负债率大于 1 的公司;④剔除上市年度不足 1 年的公司;⑤剔除样本期间某年度发生并购重组的公司;⑥剔除了研究中涉及主要变量和控制变量残缺的公司。通过以上标准的筛选,本章最终得到 3440 个有效观测值。

本章的专利申请量数据来自国家知识产权局的《中国专利全文数据库》。儒家文化数据经手工搜集整理得到,其他研究数据均取自深圳国泰安信息技术有限公司开发的 CSMAR 数据库和上海万得信息技术股份有限公司开发的 WIND 数据库,并结合上市公司年报,以及东方财富网、新浪财经网、金融界、巨潮资讯网、深证证券交易所、上海证券交易所等专业网站所披露的信息对研究相关数据进行了核实和印证。为了保证数据有效性并消除异常值对研究结论的干扰,对主要的连续变量在 1% 的水平上进行了 Winsorize 缩尾处理。

7.3.2 模型设定和变量定义

为了检验本章的研究假说,将待检验的回归模型设定为:

$$\ln Patent_{t+1} = \alpha + \beta_1 Culture_t + \beta_2 Lev_t + \beta_3 Size_t + \beta_4$$
$$TobinQ_t + \beta_5 Roe_t + \beta_6 Age_t + \beta_7 Soe_t + \beta_8$$
$$First_t + \beta_9 Dual_t + \beta_{10} Board_t + \beta_{11}$$
$$Indratio_t + \beta_{12} \ln gdp_t + \sum Industry + \sum Year + \varepsilon \quad (7.1)$$

以上模型中,为尽可能缓解同期所致的内生性,所有自变量均滞后一期。其中,lnPatent 为被解释变量,根据专利申请量加 1 并取自然对数,经过对数处理后,模型中系数 β_1 为弹性系数,表示变量儒家文化变化一个百分点引致的企业专利申请量变化的百分点数;模型中解释变量为儒家文化(Culture)。模型中主要变量定义描述如下:

7.3.2.1　儒家文化

借鉴 Du(2013)、陈冬华等(2013)和古志辉(2015a,2015b)的做法,计算公司注册所在地 200 公里范围内儒家学校数量的自然对数,将其作为儒家文化(Culture_1)的代理变量,Culture_1 数值越大,表明该上市公司所在地受儒家文化影响力越强;为了确保结论的稳健性,同时计算了公司注册所在地 300 公里范围内儒家学校数量的自然对数(Culture_2),儒家文化变量的两种度量方式互为稳健性检验。

7.3.2.2　企业创新

度量企业创新的代理变量主要有专利数量、研发投入(R&D)、新产品产值三类。其中新产品产值常用来反映创新成果产业化之后的绩效(杨洋等,2015),并不能最有效地表征企业创新行为,同时中国上市公司数据库也缺乏直接度量新产品产值的数据,已有研究数据多数来自《中国工业企业数据库》,而该数据库仅是 2008 年及以前的工业企业数据,近年来,中国经济形势发生很大转变,尤其是企业会计准则的变化,因而可能无法完全有效反映企业创新行为。研发投入(R&D)被用来代理测量众多内涵不同的构念,如信息不对称(Aboody & Lev,2000)、吸收能力(Cohen & Levinthal,1990)、技术能力(Salomon & Jin,2010)等,仅是在专利数量不能作为良好指标的情况下的次优选择(党力等,2015),并且研发投入只是创新投入中可观测和可量化的一部分(Aghion et al.,2013)。因此,本章以企业专利申请数量衡量企业创新。

根据《中华人民共和国专利法》规定,专利可分为发明专利、实用新型专利和外观设计专利三类。考虑到专利申请到获批需要一段时间,与专利获批年份相比,申请年份能更好地反映企业创新的时间。本章采用上市公司申请的专利总量(lnPatent_1)作为企业创新的代理变量。为了对照分析,按技术变化程度将企业创新行为分为渐进式创新(Incremental Innovation)和变革式创新(Radical Innovation),前者是指对现有技术和现存产品较少改变的创新行为,后者则是指在技术上发生了根本性变化的创新行为,对应三种专利形式,发明专利创新强,符合变革式创新的定义,而实用新型专利和外观设计专利相比发明专利来说,创新程度相对较低,符合渐进式创新的定义。因此,在本章检验中同时列出发明申请专利(lnPatent_2)和非发明专利(实用新型专利与外观设计专利申请量之和)(lnPatent_3)申请量作为对照,进行相互验证。

7.3.2.3 控制变量

参考潘越等(2015)、何玉润等(2015)、江轩宇(2016)等的做法,本章选取财务杠杆、公司规模、成长性、资产收益率、上市年限、股权性质、股权集中度、两职合一、董事会规模、独立董事比例、人均生产总值作为控制变量。其中,财务杠杆(Lev)为负值总额与资产总额之比;成长性(Tobin Q)为流通股权市值、净资产、净债务市值三项之和与期末资产总额之比;资产收益率(Roe)为净利润与资产总额之比;上市年限(Age)为公司 IPO 以来所经历年限加 1 并取自然对数;股权性质(Soe),国有企业取 1,否则为 0;股权集中度(First)为第一大股东持股比例;两职合一(Dual),CEO 兼任董事长时取 1,否则为 0;董事会规模(Board)为董事会人数的自然对数;独立董事比例(Indratio)为独立董事人数与董事会人数之比;人均生产总值(lngdp)为公司注册省所在地人均 GDP 的自然对数。此外,模型中加入行业效应哑变量(Industrydum)及年份效应哑变量(Yeardum),以控制行业和年度固定效应。变量具体定义如表 7.1 所示。

表 7.1　变量定义

变量名称	变量符号	测量方法
企业创新行为	Patent_1	专利总量,即发明专利、实用新型专利与外观设计专利申请数量之和
	Patent_2	发明专利,即发明专利申请数量
	Patent_3	非发明专利,即实用新型专利与外观设计专利申请数量之和
儒家文化	Culture_1	公司注册地址 200 公里范围内儒家学校数量的自然对数
	Culture_2	公司注册地址 300 公里范围内儒家学校数量的自然对数
财务杠杆	Lev	负债总额与资产总额之比
公司规模	Size	公司总资产的自然对数
成长性	Tobin Q	流通股权市值、净资产、净债务市值三项之和与期末资产总额之比
资产收益率	Roe	净利润与资产总额之比
上市年限	Age	公司 IPO 以来所经历年限加 1 并取自然对数
股权性质	Soe	国有性质为 1,否则为 0
股权集中度	First	第一大股东持股比例

变量名称	变量符号	测量方法
两职合一	Dual	CEO 兼任董事长为 1,否则为 0
董事会规模	Board	董事会人数的自然对数
独立董事比例	Indratio	独立董事人数与董事会人数之比
人均生产总值	lngdp	公司注册省所在地人均 GDP 的自然对数
行业效应	Industry	行业虚拟变量
年份效应	Year	年份虚拟变量

7.4 实证结果分析

7.4.1 描述性统计分析

表 7.2 列示了变量的描述性统计结果。

表 7.2 变量描述性统计

变量	样本量	均值	标准差	最小值	中位数	最大值
lnPatent_1	3440	2.787	1.240	0.000	2.708	6.069
lnPatent_2	3440	1.917	1.230	0.000	1.792	5.258
lnPatent_3	3440	2.070	1.452	0.000	2.079	5.616
Culture_1	3440	4.992	0.395	3.170	5.094	5.536
Culture_2	3440	5.625	0.368	3.643	5.658	6.090
Lev	3440	0.394	0.203	0.041	0.389	0.889
Size	3440	22.580	1.082	20.750	22.380	26.000
Tobin Q	3440	1.758	0.958	0.605	1.467	6.154
Roe	3440	0.060	0.043	−0.117	0.056	0.199
Age	3440	1.769	0.732	0.693	1.792	3.091
Soe	3440	0.378	0.485	0.000	0.000	1.000
First	3440	37.300	14.573	9.408	35.972	75.904
Dual	3440	0.278	0.448	0.000	0.000	1.000
Board	3440	2.196	0.181	1.609	2.197	2.708
Indratio	3440	0.366	0.051	0.286	0.333	0.571
lngdp	3440	9.985	0.694	7.411	10.006	10.952

表中显示,专利申请总量(lnPatent_1)的最小值为0,中位数为2.708,样本均值为2.787,最大值为6.069,标准差为1.240,说明在样本中不同企业的专利申请量存在较大差异。发明专利申请量(lnPatent_2)的均值(中位数)为1.917(1.792),标准差为1.230;非发明专利申请量(lnPatent_3)的均值(中位数)为2.070(2.079),标准差为1.452,这两个指标在样本中同样存在较大差异。儒家文化变量的统计显示,Culture_1的样本均值(中位数)为4.992(5.094),Culture_2的样本均值(中位数)为5.625(5.658),两个指标中位数与均值相当,表明样本公司儒家文化分布较为均匀。财务杠杆(Lev)的均值(中位数)为0.394(0.389),公司规模(Size)的均值(中位数)为22.580(22.380),成长性(TobinQ)的均值(中位数)为1.758(1.467),资产收益率(Roe)的均值(中位数)为6.0%(5.6%),上市年限(Age)的均值(中位数)为1.769(1.792)。样本公司中有37.8%的是国有企业,第一大股东持股比例(First)的均值(中位数)为37.3%(35.97%);27.8%的样本公司总经理兼任董事长,董事会规模(Board)的均值(中位数)为2.196(2.197),独立董事比例(Indratio)的均值(中位数)为36.6%(33.3%),地区人均生产总值(lngdp)的均值(中位数)为9.985(10.006)。

7.4.2 相关性分析

表7.3报告了变量相关性分析结果。其中显示,变量儒家文化(Culture_1)与专利总量(lnPatent_1)、发明专利申请量(lnPatent_2)的相关系数分别为0.053和0.060,均在1%水平上显著正相关,与非发明专利申请量(lnPatent_3)的相关系数为0.037,且在5%水平上显著正相关;变量儒家文化(Culture_2)同样与专利总量(lnPatent_1)、发明专利申请量(lnPatent_2)的相关系数分别为0.057和0.060,均在1%水平上显著正相关,与非发明专利申请量(lnPatent_3)的相关系数为0.044,且在5%水平上显著正相关,这表明儒家文化一定程度上能够促进企业创新行为,初步支持假说H7a的预期。

表7.3的相关系数仅反映两个变量之间的简单相关系数,各变量对企业创新行为的具体影响如何,还需要通过回归模型进一步检验。另外,模型其他控制变量的相关系数则较低,大部分相关系数在0.30以内,表明变量之间不存在严重的多重共线性问题。为了进一步排除共线性问题的影响,对文中模型涉及变量进行方差膨胀因子(VIF)诊断,结果显示VIF介于1.16~5.25,均值为2.10,远远低于临界值10,这进一步表明回归模型不存在严重的多重共线性问题。

表 7.3　变量相关系数表

变量	lnPatent_1	lnPatent_2	lnPatent_3	Culture_1	Culture_2	Lev	Size	Tobin Q	Roe	Age	Soe	First	Dual	Board	Indratio
lnPatent_1	1.000														
lnPatent_2	0.810***	1.000													
lnPatent_3	0.859***	0.478***	1.000												
Culture_1	0.053***	0.060***	0.037*	1.000											
Culture_2	0.057***	0.060***	0.044**	0.878***	1.000										
Lev	0.175***	0.144***	0.190***	0.017	−0.023	1.000									
Size	0.365***	0.364***	0.297***	0.036**	−0.026	0.455***	1.000								
Tobin Q	−0.044***	−0.009	−0.093***	−0.020	−0.008	−0.150***	0.115***	1.000							
Roe	0.033*	0.041**	−0.020	0.014	0.029*	−0.410***	0.104***	0.458***	1.000						
Age	0.153***	0.137***	0.122***	−0.010	−0.054***	0.546***	0.408***	0.154***	−0.126***	1.000					
Soe	0.117***	0.132***	0.108***	0.055***	−0.035***	0.418***	0.414***	−0.004	−0.137***	0.508***	1.000				
First	0.081***	0.059***	0.091***	0.050***	0.014	0.114***	0.261***	−0.104***	0.027	−0.030	0.211***	1.000			
Dual	−0.001	0.003	−0.022	−0.068***	−0.006	−0.268***	−0.201***	−0.007	0.069***	−0.288***	−0.292***	−0.054***	1.000		
Board	0.059***	0.102***	0.020	0.048***	0.022	0.204***	0.258***	−0.008	−0.015	0.182***	0.260***	0.005	−0.172***	1.000	
Indratio	0.053***	0.054***	0.050***	−0.010	0.010	0.021	0.085***	−0.018	−0.039*	−0.047***	−0.021	0.082***	0.088***	−0.383***	1.000
lngdp	0.059***	0.058***	0.056***	−0.014	0.173***	−0.173***	−0.171***	−0.097***	0.020	−0.195***	−0.332***	−0.122***	0.173***	−0.165***	0.025

注:***、**、*分别表示在1%、5%、10%水平上显著。

7.4.3 儒家文化对企业创新影响的检验

表 7.4 列示了儒家文化与企业创新关系之间的检验结果。列(1)的回归结果显示,在控制其他因素的影响后,儒家文化(Culture_1)与专利总量(lnPatent_1)的回归系数为 0.1772,在 1%的水平上显著,意味着儒家文化影响力 1%的增加会促进企业专利总量上升 0.1772%;列(2)的回归结果显示,在控制其他因素的影响后,儒家文化(Culture_1)与发明专利申请量(lnPatent_2)的回归系数为 0.1870,在 1%的水平上显著,意味着儒家文化影响力 1%的增加会促进企业发明专利申请量上升 0.1870%;列(3)的回归结果显示,在控制其他因素的影响后,儒家文化(Culture_1)与非发明专利申请量(lnPatent_3)的回归系数为 0.1488,在 5%的水平上显著,但影响幅度比对专利总量和发明专利申请量小,意味着儒家文化影响力 1%的增加会促进企业非发明专利申请量上升 0.1488%。列(4)至列(6)为替换儒家文化变量的检验结果,其中显示,在控制其他因素的影响后,儒家文化(Culture_2)与专利总量(lnPatent_1)、发明专利申请量(lnPatent_2)、非发明专利申请量(lnPatent_3)的回归系数分别为 0.2261、0.2096 和 0.2309,且均在 1%的水平上显著,意味着儒家文化影响力 1%的增加会促进专利总量、发明专利申请量、非发明专利申请量分别上升 0.2261%、0.2096%和 0.2309%。以上检验结果表明,儒家文化显著促进了企业创新行为,强有力地支持了研究假说 H7a。

表 7.4 儒家文化与企业创新关系的检验结果

变量	(1) lnPatent_1	(2) lnPatent_2	(3) lnPatent_3	(4) lnPatent_1	(5) lnPatent_2	(6) lnPatent_3
Culture_1	0.1772*** (3.94)	0.1870*** (3.92)	0.1488** (2.35)			
Culture_2				0.2261*** (4.76)	0.2096*** (4.25)	0.2309*** (3.35)
Lev	0.1967 (1.42)	0.1678 (1.06)	0.4563** (2.44)	0.1929 (1.39)	0.1652 (1.05)	0.4519** (2.42)
Size	0.5091*** (18.36)	0.5455*** (19.33)	0.4797*** (12.83)	0.5125*** (18.51)	0.5486*** (19.47)	0.4828*** (12.94)
Tobin Q	−0.0428* (−1.70)	−0.0077 (−0.28)	−0.0841** (−2.30)	−0.0442* (−1.76)	−0.0091 (−0.33)	−0.0854** (−2.34)
Roe	1.1460* (1.93)	0.6999 (1.08)	1.3271* (1.69)	1.1195* (1.89)	0.6765 (1.04)	1.3027* (1.66)

变量	(1)	(2)	(3)	(4)	(5)	(6)
	lnPatent_1	lnPatent_2	lnPatent_3	lnPatent_1	lnPatent_2	lnPatent_3
Age	0.0410	−0.0583	0.0610	0.0400	−0.0600	0.0610
	(1.12)	(−1.40)	(1.24)	(1.09)	(−1.44)	(1.24)
Soe	0.0006	0.1276**	0.0279	0.0036	0.1310**	0.0299
	(0.01)	(2.28)	(0.41)	(0.07)	(2.34)	(0.44)
First	−0.0012	−0.0023	−0.0009	−0.0012	−0.0023	−0.0010
	(−0.86)	(−1.46)	(−0.47)	(−0.90)	(−1.48)	(−0.52)
Dual	0.2073***	0.2025***	0.1559***	0.2038***	0.1980***	0.1537***
	(5.03)	(4.35)	(2.63)	(4.96)	(4.26)	(2.60)
Board	0.0086	0.4528***	−0.4809***	−0.0058	0.4407***	−0.4993***
	(0.07)	(3.43)	(−2.85)	(−0.05)	(3.33)	(−2.96)
Indratio	0.3446	0.6751	0.2308	0.3011	0.6377	0.1841
	(0.84)	(1.42)	(0.42)	(0.73)	(1.34)	(0.34)
lngdp	0.1228***	0.1491***	0.1276***	0.0995***	0.1277***	0.1034**
	(4.10)	(4.38)	(3.06)	(3.25)	(3.67)	(2.43)
Constant	−11.4343***	−14.2064***	−10.6536***	−11.6033***	−14.2536***	−10.9704***
	(−15.08)	(−17.87)	(−10.00)	(−15.20)	(−17.93)	(−10.27)
Industry	Yes	Yes	Yes	Yes	Yes	Yes
Year	Yes	Yes	Yes	Yes	Yes	Yes
Pseudo R^2	0.1098	0.0897	0.1113	0.1103	0.0898	0.1117
Obs	3440	3440	3440	3440	3440	3440

注：***、**、*分别表示在 1%、5%、10%水平上显著；括号中的数据是通过 Robust 异方差稳健调整的 t-statistic；此外，通过公司层面的 Cluster 稳健性检验和 Bootstrap 稳健性估计，结果基本一致。各列中被解释变量为第 $t+1$ 期的 lnPatent，采用 Tobit 模型回归。

7.4.4 儒家文化对企业研发投入（R&D）影响的检验

为了证实结论的可靠性，以研发投入从企业创新投入视角检验儒家文化对企业创新行为的影响。表 7.5 列示了儒家文化与企业研发投入（R&D）关系之间的检验结果。列（1）和列（2）为 Tobit 回归模型，列（3）和列（4）为 OLS 回归模型。列（1）的回归结果显示，在控制其他因素的影响后，儒家文化（Culture_1）与企业研发投入（R&D）的回归系数为 0.0041，在 5%的水平上显著；列（2）的回归结果显示，在控制其他因素的影响后，儒家文化（Culture_2）与企业研发投入（R&D）的回归系数为 0.0050，在 1%的水平上显著；列（3）和列（4）的回归结果依旧稳健。这表明，即便从投入角度考察企业创新行为，儒家文化同样也可以促进企业创新投入，仍然强有力地支持了假说 H7a。

表 7.5　儒家文化与研发投入(R&D)关系的检验结果

变量	(1)	(2)	(3)	(4)
Culture_1	0.0041**		0.0041**	
	(2.23)		(2.21)	
Culture_2		0.0050***		0.0050***
		(2.65)		(2.62)
Lev	−0.0601***	−0.0602***	−0.0601***	−0.0602***
	(−10.48)	(−10.48)	(−10.36)	(−10.36)
Size	0.0010	0.0011	0.0010	0.0011
	(1.10)	(1.19)	(1.08)	(1.17)
Tobin Q	0.0070***	0.0069***	0.0070***	0.0069***
	(5.66)	(5.61)	(5.59)	(5.54)
Roe	−0.0840***	−0.0837***	−0.0840***	−0.0837***
	(−3.61)	(−3.60)	(−3.56)	(−3.56)
Age	−0.0032**	−0.0033**	−0.0032**	−0.0033**
	(−2.24)	(−2.26)	(−2.21)	(−2.23)
Soe	−0.0008	−0.0007	−0.0008	−0.0007
	(−0.43)	(−0.37)	(−0.43)	(−0.37)
First	−0.0002***	−0.0002***	−0.0002***	−0.0002***
	(−5.16)	(−5.20)	(−5.10)	(−5.14)
Dual	0.0008	0.0007	0.0008	0.0007
	(0.47)	(0.42)	(0.47)	(0.42)
Board	0.0087*	0.0085	0.0087*	0.0085
	(1.69)	(1.64)	(1.67)	(1.62)
Indratio	0.0288*	0.0276*	0.0288*	0.0276*
	(1.90)	(1.81)	(1.88)	(1.79)
lngdp	−0.0024**	−0.0029**	−0.0024**	−0.0029**
	(−2.01)	(−2.32)	(−1.99)	(−2.29)
Intercept	0.0061	0.0027	0.0061	0.0027
	(0.22)	(0.10)	(0.22)	(0.10)
Industry	Yes	Yes	Yes	Yes
Year	Yes	Yes	Yes	Yes
Pseudo R^2	0.1635	0.1637		
Adj. R^2			0.4230	0.4232
Obs	2238	2238	2238	2238

　　注：***、**、*分别表示在1%、5%、10%水平上显著；括号中的数据是通过 Robust 异方差稳健调整的 t-statistic；此外，通过公司层面的 Cluster 稳健性检验和 Bootstrap 稳健性估计，结果基本一致；被解释变量为第 $t+1$ 期的 R&D，是通过查阅上市公司年报获得的当期研发投入密度，以研发投入与当期销售收入之比确定；列(1)—(2)为 Tobit 回归模型，列(3)—(4)为 OLS 回归模型。

7.5 稳健性检验

7.5.1 OLS 回归检验结果

表 7.4 中的检验都是基于 Tobit 截尾模型进行回归得到的,但为了确保结论的可靠性,本章进一步采用 OLS 估计方法对前述模型重新进行回归检验。表 7.6 报告了儒家文化与企业创新关系的 OLS 模型回归的检验结果,各模型都具有显著的解释力。回归检验结果显示,在控制其他因素的影响后,无论是以专利总量(lnPatent_1)或是发明专利申请量(lnPatent_2)和非发明专利申请量(lnPatent_3)作为企业创新行为的代理变量,变量儒家文化 Culture_1、Culture_2 与三个指标均在 1% 的水平上显著正相关。儒家文化(Culture_1)与专利总量(lnPatent_1)、发明专利申请量(lnPatent_2)、非发明专利申请量(lnPatent_3)之间对应的弹性系数分别为 0.1772、0.1813 和 0.1523;儒家文化(Culture_2)与专利总量(lnPatent_1)、发明专利申请量(lnPatent_2)、非发明专利申请量(lnPatent_3)之间对应的弹性系数分别为 0.2261、0.2056 和 0.2193,与 Tobit 模型估计的回归系数基本一致。结论表明新的模型设定仍能得到相同的结论,儒家文化与企业创新行为依然显著正相关。总之,模型的选择对结果的影响不大,本章研究假说 H7a 的检验结果依然稳健。

表 7.6 儒家文化与企业创新行为关系的检验结果(OLS 模型)

变量	(1) lnPatent_1	(2) lnPatent_2	(3) lnPatent_3	(4) lnPatent_1	(5) lnPatent_2	(6) lnPatent_3
Culture_1	0.1772*** (3.91)	0.1813*** (4.14)	0.1523*** (2.86)			
Culture_2				0.2261*** (4.72)	0.2056*** (4.58)	0.2193*** (3.83)
Lev	0.1967 (1.41)	0.1505 (1.05)	0.3804** (2.42)	0.1929 (1.38)	0.1479 (1.03)	0.3759** (2.39)
Size	0.5091*** (18.22)	0.5187*** (19.40)	0.4451*** (13.56)	0.5125*** (18.37)	0.5219*** (19.54)	0.4483*** (13.68)
Tobin Q	−0.0428* (−1.69)	−0.0126 (−0.49)	−0.0763** (−2.51)	−0.0442* (−1.75)	−0.0139 (−0.55)	−0.0777** (−2.56)
Roe	1.1460* (1.92)	0.6542 (1.08)	1.1050* (1.66)	1.1195* (1.88)	0.6317 (1.05)	1.0779 (1.62)

续表

变量	(1)	(2)	(3)	(4)	(5)	(6)
	lnPatent_1	lnPatent_2	lnPatent_3	lnPatent_1	lnPatent_2	lnPatent_3
Age	0.0410	−0.0382	0.0534	0.0400	−0.0397	0.0531
	(1.11)	(−1.01)	(1.26)	(1.08)	(−1.06)	(1.25)
Soe	0.0006	0.0970*	0.0109	0.0036	0.1003*	0.0132
	(0.01)	(1.88)	(0.19)	(0.07)	(1.95)	(0.23)
First	−0.0012	−0.0019	−0.0007	−0.0012	−0.0019	−0.0007
	(−0.85)	(−1.27)	(−0.43)	(−0.89)	(−1.30)	(−0.47)
Dual	0.2073***	0.1914***	0.1550***	0.2038***	0.1872***	0.1526***
	(4.99)	(4.49)	(3.17)	(4.92)	(4.40)	(3.13)
Board	0.0086	0.4224***	−0.3266**	−0.0058	0.4107***	−0.3420**
	(0.07)	(3.42)	(−2.28)	(−0.05)	(3.33)	(−2.39)
Indratio	0.3446	0.7720*	0.1740	0.3011	0.7345*	0.1298
	(0.83)	(1.77)	(0.37)	(0.73)	(1.68)	(0.28)
lngdp	0.1228***	0.1393***	0.1137***	0.0995***	0.1182***	0.0910***
	(4.07)	(4.45)	(3.30)	(3.22)	(3.69)	(2.58)
Intercept	−11.4343***	−13.4024***	−9.8275***	−11.6033***	−13.4602***	−10.0842***
	(−14.97)	(−18.08)	(−10.78)	(−15.09)	(−18.13)	(−11.00)
Industry	Yes	Yes	Yes	Yes	Yes	Yes
Year	Yes	Yes	Yes	Yes	Yes	Yes
Adj. R^2	0.2908	0.2574	0.3244	0.2920	0.2577	0.3257
Obs	3440	3440	3440	3440	3440	3440

注：***、**、* 分别表示在1%、5%、10%水平上显著；括号中的数据是通过 Robust 异方差稳健调整的 t-statistic；此外，通过公司层面的 Cluster 稳健性检验和 Bootstrap 稳健性估计，结果基本一致。

7.5.2 改变儒家文化变量衡量的替代检验

前文述及，变量儒家文化 Culture_1 和 Culture_2 均与企业创新行为显著正相关，为谨慎起见，以变量儒家文化 Culture_1 和 Culture_2 的中位数构建两个虚拟变量，若高于变量 Culture_1 和 Culture_2 中位数时为1，否则为0。表7.7报告了替代儒家文化变量后的检验结果，各模型都具有显著的解释力。回归结果显示，在控制其他因素的影响后，无论是以专利总量（lnPatent_1）还是以发明专利申请量（lnPatent_2）和非发明专利申请量（lnPatent_3）作为企业创新行为的指标,儒家文化(Dum_1)与三个指标均在 5% 的水平上显著正相关,其回归系数分别为 0.0816、0.0952 和 0.1098;儒家文化(Dum_2)与专利总量(lnPatent_1)仍旧呈显著的正相关关系($\beta = 0.1061, p < 0.01$),儒家文化(Dum_2)与发明专利申请量(lnPatent_2)仍然呈显著的正相关关系($\beta = 0.0757, p < 0.10$),儒家文化(Dum_2)与非发明专利申请量(lnPatent_3)仍然呈显著的正相关关系($\beta = 0.1725, p < 0.01$)。以上检验结果依然表明,儒家文化能够显著促进企业创新行为,再次支持本章的研究假说 H7a。

表 7.7　改变儒家文化测量的检验结果

变量	(1) lnPatent_1	(2) lnPatent_2	(3) lnPatent_3	(4) lnPatent_1	(5) lnPatent_2	(6) lnPatent_3
Dum_1	0.0816** (2.23)	0.0952** (2.34)	0.1098** (2.19)			
Dum_2				0.1061*** (2.89)	0.0757* (1.85)	0.1725*** (3.41)
Lev	0.2062 (1.49)	0.1775 (1.12)	0.4636** (2.48)	0.1972 (1.42)	0.1707 (1.08)	0.4484** (2.40)
Size	0.5086*** (18.27)	0.5449*** (19.24)	0.4786*** (12.77)	0.5090*** (18.30)	0.5456*** (19.26)	0.4790*** (12.80)
Tobin Q	−0.0416* (−1.65)	−0.0063 (−0.23)	−0.0822** (−2.25)	−0.0421* (−1.67)	−0.0073 (−0.27)	−0.0822** (−2.25)
Roe	1.1789** (1.98)	0.7359 (1.13)	1.3652* (1.73)	1.1492* (1.93)	0.7054 (1.08)	1.3195* (1.68)
Age	0.0369 (1.00)	−0.0624 (−1.50)	0.0586 (1.19)	0.0379 (1.03)	−0.0624 (−1.50)	0.0608 (1.24)
Soe	−0.0009 (−0.02)	0.1252** (2.22)	0.0234 (0.34)	−0.0023 (−0.05)	0.1271** (2.25)	0.0192 (0.28)
First	−0.0010 (−0.75)	−0.0021 (−1.35)	−0.0007 (−0.39)	−0.0010 (−0.72)	−0.0021 (−1.34)	−0.0007 (−0.35)
Dual	0.2044*** (4.95)	0.2001*** (4.29)	0.1565*** (2.64)	0.2058*** (4.99)	0.1982*** (4.25)	0.1604*** (2.71)
Board	0.0139 (0.11)	0.4573*** (3.46)	−0.4795*** (−2.84)	−0.0000 (−0.00)	0.4503*** (3.39)	−0.5049*** (−2.98)
Indratio	0.3714 (0.90)	0.7037 (1.47)	0.2576 (0.47)	0.3545 (0.86)	0.6867 (1.44)	0.2354 (0.43)
lngdp	0.1229*** (4.07)	0.1491*** (4.36)	0.1272*** (3.04)	0.1236*** (4.09)	0.1500*** (4.38)	0.1281*** (3.06)

续表

变量	(1)	(2)	(3)	(4)	(5)	(6)
	lnPatent_1	lnPatent_2	lnPatent_3	lnPatent_1	lnPatent_2	lnPatent_3
Intercept	−10.6122***	−13.3413***	−9.9735***	−10.6049***	−13.3239***	−9.9687***
	(−14.63)	(−17.41)	(−9.75)	(−14.62)	(−17.40)	(−9.74)
Industry	Yes	Yes	Yes	Yes	Yes	Yes
Year	Yes	Yes	Yes	Yes	Yes	Yes
Pseudo R^2	0.1089	0.0890	0.1112	0.1092	0.0889	0.1118
Obs	3440	3440	3440	3440	3440	3440

注：***、**、* 分别表示在 1%、5%、10% 水平上显著；括号中的数据是通过 Robust 异方差稳健调整的 t-statistic；此外，通过公司层面的 Cluster 稳健性检验和 Bootstrap 稳健性估计，结果基本一致。Dum_1 和 Dum_2 分别是以高于变量 Culture_1 和 Culture_2 中位数构建的两个虚拟变量。

7.5.3 同期被解释变量的替代检验

前文模型中的被解释变量为第 $t+1$ 期的企业创新行为，表 7.8 报告了同期被解释变量（lnPatent）的检验结果，各模型都具有显著的解释力。回归结果显示，在控制其他因素的影响后，儒家文化（Culture_1）与专利总量（lnPatent_1）依旧呈显著的正相关关系（$\beta=0.1316$，$p<0.01$），儒家文化（Culture_1）与发明专利申请量（lnPatent_2）依旧呈显著的正相关关系（$\beta=0.1626$，$p<0.01$），儒家文化（Culture_1）与非发明专利申请量（lnPatent_3）依旧呈显著的正相关关系（$\beta=0.1137$，$p<0.05$），意味着儒家文化影响力 1% 的增加会促进企业专利总量上升 0.1316%、发明专利申请量上升 0.1626%、非发明专利申请量上升 0.1137%；无论是以专利总量（lnPatent_1）还是发明专利申请量（lnPatent_2）和非发明专利申请量（lnPatent_3）作为企业创新行为的代理变量，变量儒家文化 Culture_2 与三个指标均在 1% 的水平上显著正相关，意味着儒家文化影响力 1% 的增加会促进企业专利总量上升 0.1656%、发明专利申请量上升 0.1725%、非发明专利申请量上升 0.1733%。检验结果再次表明，儒家文化能够显著促进企业创新行为，本章的研究假说 H7a 同样得到证实。

表 7.8　儒家文化与企业创新行为关系的检验结果(同期被解释变量)

变量	(1)	(2)	(3)	(4)	(5)	(6)
	lnPatent_1	lnPatent_2	lnPatent_3	lnPatent_1	lnPatent_2	lnPatent_3
Culture_1	0.1316***	0.1626***	0.1137**			
	(3.71)	(4.22)	(2.20)			
Culture_2				0.1656***	0.1725***	0.1733***
				(4.42)	(4.28)	(3.07)
Lev	0.1338	0.0411	0.3765**	0.1321	0.0394	0.3749**
	(1.24)	(0.33)	(2.56)	(1.23)	(0.32)	(2.55)
Size	0.4694***	0.5238***	0.4300***	0.4714***	0.5262***	0.4318***
	(20.39)	(21.55)	(13.97)	(20.50)	(21.66)	(14.04)
Tobin Q	−0.0659***	−0.0192	−0.1172***	−0.0664***	−0.0196	−0.1177***
	(−3.46)	(−0.94)	(−4.06)	(−3.49)	(−0.96)	(−4.09)
Roe	0.8982**	0.0294	1.3631**	0.8810*	0.0090	1.3470**
	(1.98)	(0.06)	(2.21)	(1.94)	(0.02)	(2.19)
Age	0.0575*	−0.0298	0.0679*	0.0564*	−0.0317	0.0673*
	(1.93)	(−0.88)	(1.66)	(1.89)	(−0.94)	(1.65)
Soe	−0.0074	0.1168**	0.0008	−0.0042	0.1207***	0.0034
	(−0.18)	(2.57)	(0.01)	(−0.11)	(2.66)	(0.06)
First	−0.0001	−0.0017	0.0003	−0.0002	−0.0017	0.0003
	(−0.13)	(−1.35)	(0.21)	(−0.14)	(−1.34)	(0.19)
Dual	0.1854***	0.1788***	0.1307***	0.1826***	0.1747***	0.1286***
	(5.58)	(4.74)	(2.75)	(5.51)	(4.64)	(2.71)
Board	0.0100	0.3649***	−0.3137**	0.0022	0.3586***	−0.3246**
	(0.10)	(3.37)	(−2.28)	(0.02)	(3.31)	(−2.36)
Indratio	0.0533	0.5728	0.0874	0.0215	0.5434	0.0524
	(0.16)	(1.54)	(0.19)	(0.06)	(1.46)	(0.12)
lngdp	0.1573***	0.1673***	0.1727***	0.1402***	0.1497***	0.1544***
	(6.48)	(6.05)	(5.06)	(5.62)	(5.28)	(4.43)
Intercept	−11.0374***	−13.8840***	−10.8134***	−11.1508***	−13.8882***	−11.0333***
	(−17.98)	(−20.97)	(−12.71)	(−18.05)	(−20.95)	(−12.90)
Industry	Yes	Yes	Yes	Yes	Yes	Yes
Year	Yes	Yes	Yes	Yes	Yes	Yes
Pseudo R^2	0.1034	0.0888	0.1046	0.1037	0.0888	0.1048
Obs	5195	5195	5195	5195	5195	5195

　　注:***、**、*分别表示在1%、5%、10%水平上显著;括号中的数据是通过 Robust 异方差稳健调整的 t-statistic;此外,通过公司层面的 Cluster 稳健性检验和 Bootstrap 稳健性估计,结果基本一致。

表 7.9 报告了同期被解释变量(R&D)的检验结果,各模型都具有显著的解释力。列(1)和列(2)为 Tobit 回归模型,回归结果显示,在控制其他因素的影响后,儒家文化(Culture_1)与企业研发投入(R&D)在 5% 的显著水平上正相关;儒家文化(Culture_2)与企业研发投入(R&D)在 1% 的显著水平上正相关。列(3)和列(4)为 OLS 回归模型,回归结果同样显示,在控制其他因素的影响后,儒家文化(Culture_1)仍然与企业研发投入(R&D)在 5% 的显著水平上正相关;儒家文化(Culture_2)依旧与企业研发投入(R&D)在 1% 的显著水平上正相关。检验结果依旧表明,从投入角度考察企业创新行为,本章的研究假说 H7a 的检验结果依然没发生实质性变化。

表 7.9 儒家文化与 R&D 关系的检验结果(同期被解释变量)

变量	(1)	(2)	(3)	(4)
Culture_1	0.0036**		0.0036**	
	(2.42)		(2.40)	
Culture_2		0.0041***		0.0041***
		(2.71)		(2.69)
Lev	−0.0652***	−0.0652***	−0.0652***	−0.0652***
	(−13.95)	(−13.97)	(−13.84)	(−13.85)
Size	0.0028***	0.0029***	0.0028***	0.0029***
	(3.57)	(3.63)	(3.54)	(3.60)
Tobin Q	0.0088***	0.0087***	0.0088***	0.0087***
	(8.27)	(8.24)	(8.21)	(8.18)
Roe	−0.1469***	−0.1467***	−0.1469***	−0.1467***
	(−7.42)	(−7.42)	(−7.36)	(−7.36)
Age	−0.0039***	−0.0039***	−0.0039***	−0.0039***
	(−3.15)	(−3.18)	(−3.13)	(−3.15)
Soe	−0.0020	−0.0020	−0.0020	−0.0020
	(−1.31)	(−1.25)	(−1.30)	(−1.24)
First	−0.0002***	−0.0002***	−0.0002***	−0.0002***
	(−5.93)	(−5.96)	(−5.88)	(−5.91)
Dual	0.0007	0.0006	0.0007	0.0006
	(0.55)	(0.48)	(0.54)	(0.48)
Board	0.0084*	0.0084*	0.0084*	0.0084*
	(1.94)	(1.92)	(1.92)	(1.91)
Indratio	0.0226*	0.0218*	0.0226*	0.0218*
	(1.87)	(1.79)	(1.85)	(1.78)
lngdp	−0.0013	−0.0017*	−0.0013	−0.0017*
	(−1.33)	(−1.70)	(−1.32)	(−1.69)

变量	(1)	(2)	(3)	(4)
Intercept	-0.0446**	-0.0462**	-0.0446**	-0.0462**
	(-2.02)	(-2.08)	(-2.00)	(-2.06)
Industry	Yes	Yes	Yes	Yes
Year	Yes	Yes	Yes	Yes
Pseudo R^2	0.1583	0.1583		
Adj. R^2			0.4236	0.4236
Obs	3216	3216	3216	3216

注:***、**、*分别表示在 1%、5%、10%水平上显著;括号中的数据是通过 Robust 异方差稳健调整的 t-statistic;此外,通过公司层面的 Cluster 稳健性检验和 Bootstrap 稳健性估计,结果基本一致;被解释变量为第 t 期的 R&D,是通过查阅上市公司年报获得的当期研发投入密度,以研发投入与当期销售收入之比确定;列(1)—(2)为 Tobit 回归模型,列(3)—(4)为 OLS 回归模型。

7.5.4　人口流动因素的影响

在中国人口流动日益频繁的当今社会,地区之间的各种文化不断地交织和融合,可能会对文中结论产生一定的影响。我国经济发展不平衡,东部地区与中西部地区之间的经济差距显著,由此引起人才和人口流动(肖六亿,2007),进而对流入地文化产生影响。基于"孔雀东南飞"这种现象,本章将东部地区(East)定义为 1,中西部地区定义为 0。表 7.10 报告了人口流动对儒家文化与企业创新关系影响的回归结果,列(1)—(4)中,变量 Culture_1 的系数依然显著为正,假说 H7a 再次得到验证,交互项 East * Culture_1 的系数均显著(方向有所不同),表明人口流动对儒家文化与企业创新关系产生一定的影响,但对本章的结论并未产生实质影响。

表 7.10　人口流动影响的检验结果

变量	(1)	(2)	(3)	(4)
	lnPatent_1	R&D	lnPatent_1	R&D
Culture_1	0.2505***	0.0034*	0.1892***	0.0028*
	(4.90)	(1.82)	(4.74)	(1.93)
East	-0.2293***	0.0037	-0.1855***	0.0048***
	(-4.30)	(1.74)	(-4.40)	(2.91)
East * Culture_1	-0.2926**	0.0111**	-0.2635**	0.0102**
	(-2.19)	(1.99)	(-2.46)	(2.24)

续表

变量	(1)	(2)	(3)	(4)
	lnPatent_1	R&D	lnPatent_1	R&D
Lev	0.1619	−0.0601***	0.1081	−0.0649***
	(1.17)	(−10.47)	(1.01)	(−13.95)
Size	0.5285***	0.0008	0.4842***	0.0025***
	(19.17)	(0.82)	(21.18)	(3.16)
Tobin Q	−0.0464*	0.0070***	−0.0670***	0.0088***
	(−1.85)	(5.69)	(−3.52)	(8.31)
Roe	0.9709	−0.0823***	0.7757*	−0.1446***
	(1.64)	(−3.54)	(1.71)	(−7.32)
Age	0.0301	−0.0030**	0.0474	−0.0036***
	(0.82)	(−2.03)	(1.60)	(−2.91)
Soe	0.0006	−0.0006	−0.0069	−0.0018
	(0.01)	(−0.31)	(−0.17)	(−1.13)
First	−0.0007	−0.0003***	0.0003	−0.0002***
	(−0.54)	(−5.23)	(0.25)	(−6.06)
Dual	0.2089***	0.0006	0.1874***	0.0005
	(5.11)	(0.37)	(5.67)	(0.37)
Board	−0.0333	0.0089*	−0.0116	0.0088**
	(−0.27)	(1.74)	(−0.12)	(2.05)
Indratio	0.1607	0.0310**	−0.0716	0.0244**
	(0.39)	(2.07)	(−0.22)	(2.04)
lngdp	0.2077***	−0.0046***	0.2263***	−0.0038***
	(5.30)	(−2.66)	(7.20)	(−2.80)
Intercept	−11.4458***	0.0485	−11.1274***	−0.0016
	(−15.42)	(1.64)	(−18.51)	(−0.07)
Industry	Yes	Yes	Yes	Yes
Year	Yes	Yes	Yes	Yes
Pseudo R^2	0.1128	0.1649	0.1054	0.1599
Obs	3440	2238	5195	3216

注：***、**、*分别表示在1%、5%、10%水平上显著；括号中的数据是通过 Robust 异方差稳健调整的 t-statistic；此外，通过公司层面的 Cluster 稳健性检验和 Bootstrap 稳健性估计，结果基本一致。(1)—(2)列中被解释变量为第 $t+1$ 期，(3)—(4)列中被解释变量为第 t 期。

7.5.5　金融发展水平因素的影响

参照解维敏和方红星(2011)的做法,以中国各地区的要素市场的发育程度的二级指标"金融业的市场化"作为地区金融发展水平(IndexFin)的替代变量。表 7.11 报告了地区金融发展对儒家文化与企业创新关系影响的检验结果。在加入变量 IndexFin 以及交互项 IndexFin * Culture_1 后,儒家文化 Culture_1 的系数依然显著为正,假说 H7a 再次得到验证,而交互项 IndexFin * Culture_1 的系数显著为负,这意味着儒家文化对企业创新的促进作用在不同金融发展水平地区存在差异,但对本章的结论并未产生实质影响。

表 7.11　地区金融发展影响的检验结果

变量	(1)	(2)	(3)	(4)
	lnPatent_1	R&D	lnPatent_1	R&D
Culture_1	0.2624***	0.0068***	0.1919***	0.0061***
	(5.24)	(3.35)	(4.86)	(3.76)
IndexFin	2.3127***	0.0604***	1.2194**	0.0473***
	(3.04)	(2.76)	(2.01)	(2.71)
IndexFin * Culture_1	−0.4580***	−0.0120***	−0.2325*	−0.0092***
	(−2.95)	(−2.74)	(−1.88)	(−2.62)
Lev	0.2271	−0.0591***	0.1478	−0.0646***
	(1.65)	(−10.37)	(1.38)	(−13.89)
Size	0.5075***	0.0010	0.4686***	0.0028***
	(18.42)	(1.11)	(20.45)	(3.56)
Tobin Q	−0.0451*	0.0069***	−0.0665***	0.0087***
	(−1.79)	(5.54)	(−3.50)	(8.20)
Roe	1.2469**	−0.0802***	0.9204**	−0.1457***
	(2.11)	(−3.46)	(2.03)	(−7.38)
Age	0.0408	−0.0033**	0.0573*	−0.0040***
	(1.12)	(−2.29)	(1.93)	(−3.23)
Soe	−0.0048	−0.0009	−0.0073	−0.0021
	(−0.10)	(−0.49)	(−0.18)	(−1.31)
First	−0.0013	−0.0002***	−0.0002	−0.0002***
	(−0.97)	(−5.22)	(−0.21)	(−5.99)
Dual	0.1980***	0.0006	0.1814***	0.0006
	(4.79)	(0.36)	(5.46)	(0.45)
Board	0.0291	0.0091*	0.0135	0.0085*
	(0.24)	(1.77)	(0.13)	(1.96)

续表

变量	(1)	(2)	(3)	(4)
	lnPatent_1	R&D	lnPatent_1	R&D
Indratio	0.2753	0.0261*	0.0115	0.0198
	(0.67)	(1.72)	(0.03)	(1.63)
lngdp	0.0849**	−0.0033**	0.1205***	−0.0024**
	(2.46)	(−2.45)	(4.29)	(−2.28)
Intercept	−11.4847***	0.0009	−10.9740***	−0.0458**
	(−14.94)	(0.03)	(−17.61)	(−2.06)
Industry	Yes	Yes	Yes	Yes
Year	Yes	Yes	Yes	Yes
Pseudo R^2	0.1108	0.1642	0.1039	0.1589
Obs	3440	2238	5195	3216

注：***、**、*分别表示在 1%、5%、10%水平上显著；括号中的数据是通过 Robust 异方差稳健调整的 t-statistic；此外，通过公司层面的 Cluster 稳健性检验和 Bootstrap 稳健性估计，结果基本一致。(1)—(2)列中被解释变量为第 $t+1$ 期，(3)—(4)列中被解释变量为第 t 期。

此外，为了进一步避免变量极端值对本章回归结果可能产生的影响，作为敏感性分析，本节改变极值处理方法重新检验，采用 Winsorize 的方法对所有连续变量的缩尾程度由上下 1%扩大到上下 3%，所有小于 3%分位数（大于 97%分位数）的变量，令其值等于 3%分位数（97%分位数），本章的检验结果未发生显著变化，研究假说 H7a 仍然成立。

7.6 本章小结

文化能够改变人的信念和行为，不仅影响企业行为，而且是有经济后果的。文化作为一项非正式制度，不仅是一种生产力，也是企业创新和战略转型的助推剂，是驱动企业创新行为的根源性因素。本章基于"文化—行为"逻辑，以 2007—2014 年 A 股上市公司为研究样本，从理论与实证两个角度深入系统地分析了儒家文化对企业创新行为的影响机理。研究结果显示，总体上来看，儒家文化对企业创新具有促进作用，儒家文化影响力 1%的增加会促进企业创新上升 0.1772%，统计意义和经济意义显著，在改变计量模型、替代变量、考虑可能的内生性问题等方法后，结论依然稳健。从创新类型来看，儒家文化影响力

1%的增加会促进企业变革式创新上升 0.1870%;儒家文化影响力 1%的增加会促进企业渐进式创新上升 0.1488%。进一步以研发投入(R&D)衡量企业创新投入角度考量,结果依然稳健,儒家文化同样显著促进企业研发投入。

本章支持了儒家文化作为非正式制度所发挥的正面治理作用,能够对企业创新行为产生重要影响,有利于企业创新活动的开展。但是,我们应该省思儒家文化中存在与创新精神相悖的负面因素,摒弃封建思想,珍视文化传统,从儒家文化发掘资源、汲取养分和智慧,以文化创新驱动科技创新。本章的研究结论可能具有以下几点启示意义:首先,组织文化的建立通常是自上而下的,本章通过厘清文化对企业行为影响的作用机制,凸显文化在提高公司创造力和核心竞争力中的重要性,从而更好地指导公司管理层注重企业文化建设、营造创新文化氛围、珍视中国传统文化和倡导"以儒治企"的创新文化,充分发挥其"社会控制"的功能,进而提高企业创新能力和创新绩效。其次,本章的研究结论有助于我们更为全面、深入地认识和理解非正式制度之儒家文化对企业创新行为的影响,可能为我国公司治理提供一定的启示意义。尤其是为上市公司制定合理有效的激励制度,释放了企业创新活力,激发高管和员工的创造性和创新意愿,为促进企业创新行为提供了一条切实可行的途径。最后,正如国家主席习近平在 2016 年 G20 杭州峰会的讲话中指出:"创新是从根本上打开增长之锁的钥匙。"本章的研究结论对处在经济增速换挡、产业结构调整和供给侧结构性改革时期的中国经济转型升级以及微观企业提高竞争力与可持续发展具有重要的现实意义。儒家文化是中华优秀传统文化的主体和精髓,是一种隐形的制度安排,已成为规导和约束社会伦理生活和道德行为的一种"习惯法",是影响个体、企业、民族行为的基础动力,这不仅对企业创新战略实施,而且对提高国家文化软实力、推动中华优秀文化的创造性转化与创新性发展显得尤为重要。

第8章 儒家文化和在职培训对企业创新的交互影响

　　文化是一种生产力,是驱动企业创新行为的根源性因素。本章从理论和实证角度深入分析员工在职培训对企业创新的影响机理,以及员工在职培训与儒家文化对企业创新行为的交互影响,发现员工在职培训与企业创新显著正相关,员工在职培训与儒家文化影响交互叠加时,其对企业创新的促进作用更为明显。这一研究丰富和拓展了现有企业创新文献的研究维度,对提高企业创新能力和实施创新驱动发展战略,具有重要现实意义。本章包含 6 节:第一节为问题的提出;第二节是理论分析与研究假说;第三节为研究设计,包括样本选择与数据来源、模型设定与变量定义等;第四节检验了在职培训对企业创新的影响以及儒家文化与在职培训对企业创新的交互影响;第五节为稳健性检验;最后一节为本章小结。

8.1　问题的提出

　　企业创新本质上是一种交互式学习(interactive learning)过程,组成成员通过正式或非正式的交互学习,整合、交流、传递、利用并创造信息和知识,进而促进企业创新(Mckee,1992;Benner & Tushman,2002;Fritsch & Franke,2004;Doloreux & Parto,2005;Sung & Choi,2014)。组织学习理论认为,通过学习能促进组织集体反思、挖掘、学习和总结经验,调整行为方式,以降低未来事故发生率和创新风险,从而提升组织活力和创新绩效(Baum & Ingram,1998;Haunschild & Sullivan,2002;Cannon & Edmondson,2005;Unger et al.,2014;查成伟等,2016)。由此可见,组织学习与企业创新紧密相关,也是影响企业创新行为的一个不可忽视的重要因素。一般而言,正规教育是求职者寻找工作的"敲门砖",而在职培训则是提高企业员工掌握专用知识和通用知识的重要途径。与正规教育学习途径相比,考察员工在职培训对企业创新行为的影响可能更有现实意义。

　　Nazarov 和 Akhmedjonov(2012)研究发现,相比正规教育,员工的在职培训学习是促进企业人力资本积累的重要方式,对企业技术创新能力和创新绩效的推动作用更为明显;王万珺等(2015)以 2005—2007 年中国工业企业数据库为研究样本,验证了在职培训有助于企业人力资本的积累和吸收能力的改善,进而能提升企业的创新绩效。值得注意的是,企业创新和组织学习会受制度因素的影响,而文化这一非正式制度也会产生引导作用。文化的作用具有长期效应,它能改变人的信念和行为,对企业行为也会产生重要影响(O'Reilly,1989;O'Reilly & Chatman,1996;Stulz & Williamson,2003)。文化还是一种生产力,是企业创新和战略转型的助推剂,是驱动企业创新行为的根源性因素。

　　在我国,传统文化博大精深、源远流长,特别是占主导地位的儒家文化,作为中华优秀传统文化的主体和精髓,儒家文化是一个社会关于道德的一致性契约,它包含了个人修身养性的道德修养论、立身处世的日常伦理规范、治国经世的社会政治取向,是一个综合的思想理论体系。费孝通(2008)在《乡土中国》中对道德观念进行了诠释,认为道德观念是在社会里生活的人自觉应当遵守社会行为规范的信念,包括行为规范、行为者的信念和社会的制裁。从社会观点来说,道德是人和人关系的行为规范,社会拥有对个人行为的制裁力,使个人以合乎规定的形式行事,进而维持该社会的生存和延续。数千年来,儒家文化对人们行为的影响已经超脱了文化的属性,从新制度经济学的角度来看,它是社会制度和秩序的属性之一,是社会经过长期博弈后得到的均衡解,对中国社会制度变迁的作用是隐形而深刻的,已成为规导和约束社会伦理生活和道德行为的一种"习惯法",作为一项重要的非正式制度,它能有效弥补正式制度在规制或约束个体行为及其相互关系方面的漏洞,影响国家民族、企业和个体行为。对企业创新而言:一方面,儒家文化所蕴含的内化创新精神和倡导集体主义与和谐主义文化的内涵,有利于促进企业创新活动开展;另一方面,儒家文化中所包含的社会道德性契约有助于增强组织之间以及组织内成员之间的信任,进而能促进企业创新。同时,员工在职培训对企业创新的影响不单是积累了企业人力资本,而且还可能存在其他影响机制,但是现有研究对此没有给予足够的重视。因此,非常有必要进一步厘清员工在职培训对企业创新的作用机理以及二者关系是否会因非正式制度的不同而发生改变。

　　与以往文献不同,本章所要研究的主要问题是:员工在职培训通过何种路径影响企业创新行为? 二者的关系是否因公司所在地儒家文化影响不同而有所差别? 这一研究将基于员工在职学习视角,为理解不同企业创新行为的异质性提供深入的理论分析和较为直接的证据,丰富和拓展现有企业创新文献的研究维度。

8.2 理论分析与研究假说

高薪酬能激励员工努力工作并可提高企业劳动生产率(Solow,1979;Shapiro & Stiglitz,1984)。在职培训对企业员工同样也有激励作用,它不仅能为员工带来更多的物质报酬、名誉或精神上的收获,还为员工今后谋取更适合、更高级别的岗位提供了人力资本积累(吴鹰和阙澄宇,2006)。Becker(1962)、Hashimoto(1981)的研究发现,在职培训能提高员工的劳动技能并提高企业劳动生产率。实际上,企业也有动机和责任为企业员工提供在职培训。这是因为:一方面,企业为员工提供在职培训(On-job-training),是企业积累人力资本的重要方式之一。无论是通用性知识培训还是专用性知识培训,均能提高企业劳动生产率(Becker,1962)。另一方面,我国政府部门对企业在员工培训方面的责任也做出了相关规定。如《企业职工培训规定》(1996)要求企业规范职工培训工作,提高职工队伍素质,增加职工工作能力;《国务院关于大力推进职业教育改革与发展的决定》(2002)要求企业必须足额提取职工教育经费,确保经费专项用于职工的教育和培训,并且可以列入企业的成本开支;《财政部、国家税务总局关于企业技术创新有关企业所得税优惠政策的通知》(2006)要求企业必须足额提取职工教育经费,确保经费专项用于职工的教育和培训,并且可以列入企业的成本开支,等等。由此预期,员工在职培训有利于促进企业创新,并随员工在职培训费用投入的增加而增强。

首先,在职培训于企业和员工是一种双赢策略。对企业而言,在职培训有利于积累人力资本和提高企业劳动生产率;对员工来说,通过培训可以提高劳动技能和积累人力资本,为今后获得更多报酬和晋升更高级别的岗位或职位提供机会。在职培训还是对员工工作的肯定和褒扬,是一项兼顾物质和精神的激励方式,能满足员工自我实现的需要,激发员工的创新意愿和创新能力,进而能促进企业创新。

其次,企业创新是一种交互式的学习过程,有助于驱动企业创新。在职培训搭建了一个开放的学习平台,可促使企业员工之间、员工与高管之间更好地进行知识传递、分享、交流和学习,进而增加企业内部的研发能力与合力;可促使员工与外部保持信息和知识的传递,特别是有助于了解消费者的需求和其他外界信息（Midgley et al.，1991；Fritsch & Franke，2004；Doloreux et al.，2005），从而更好、更广泛地搜寻市场信息和变化趋势，更容易感知变革和创新的需求（陈凌和吴炳德，2014），同时也有利于改善企业的吸收能力（Nazarov & Akhmedjonov，2012；王万珺等，2015），进而驱动企业创新。

最后，在职培训有助于员工在"干中学"和"用中学"，促进组织集体反思、挖掘、学习和总结经验，进而有效提升组织活力和创新绩效（Cannon & Edmondson，2005；查成伟等，2016）。员工在职培训还有助于企业内部建立"学习型"组织，创造了一种社交氛围，在很大程度上影响企业的知识应用和创新能力（Long & Fahey，2000）。此外，在职培训促使员工之间、员工与高管之间以及员工与企业外部人员建立相互合作的关系，也是一种"信任养成"的有效方式之一，有利于促进企业创新活动的开展。

由此提出如下假说：

H8.1：其他条件保持不变，员工在职培训对企业创新有促进作用，即企业创新会随员工在职培训费用投入的增加而增强。

员工在职培训对企业创新的影响并非同质的，它会受到所在地传统文化长期性的影响而产生差异性。以价值观念、伦理道德、风俗习惯、意识形态等非正式制度为代表的文化，会在一定程度上影响正式制度生长及发挥作用的土壤，它不仅能有效弥补正式制度在规制或约束个体行为及其相互关系方面的漏洞，还会对社会的经济发展产生重大影响（潘爱玲等，2012）。员工在职培训这一正式制度对企业创新的影响，必然会受到儒家传统文化的影响。因而，本章预期员工在职培训与儒家传统文化交互叠加时，在职培训对企业创新行为的促进作用可能更大。具体分析如下。

首先，员工在职培训是一种兼顾物质激励和精神激励的正式制度安排，而儒家传统文化这一非正式制度则侧重精神层面的激励，当在职培训与儒家传统文化相结合，这种"物质＋精神"的组合激励方式对员工的激励作用可能更大，从而能更好地激发员工的创新潜能，进而能促进企业创新。

其次，文化是驱动企业创新活动的前因变量，其对企业创新的重要性毋庸置疑。代表中国传统文化精髓的儒家文化会潜移默化地影响员工的价值观、思维方式和行为方式，还会对员工的学习过程产生一定影响，如会影响员工对知识价值的判断，会影响知识的转化、传递与分享等（Long & Fahey，2000）。同时，儒家传统文化的"格物致知"和"正心诚意"对企业"学习型"组织的建立具有促进作用，而员工在职培训这项正式制度安排能更好地发挥"学习型"组织的作用,因而能更有效地激发员工的创新意识和创造能力,有利于促进企业创新。

最后,在职培训为企业员工之间、员工与高管之间以及员工与企业外部人员的"信任养成"提供了一个有效渠道。即在职培训可以增强员工之间、员工与高管之间以及员工与其他外部人员之间的相互信任,抑制机会主义倾向,降低企业创新过程中的交易成本,有助于协调组织冲突,实现知识交流与分享,把握创新方向、激发创新灵感等(Hattori & Lapidus,2004;Chua & Morris,2008;杨建君和马婷,2009),从而促进企业创新活动。现实中,儒家传统文化中蕴含的社会道德性契约不仅可以增强组织之间、组织内成员之间的信任,而且可以影响合约当事人的行为方式,有助于合约的履行与持续改进,并从改善信息环境和强化合约履行两条路径降低交易成本。同时,积极向上的文化还能增强员工对企业的信心和认同感,增强开拓创新和团队协作意识,这些都将有利于促进企业创新。

由此提出如下假说:

H8.2:其他条件保持不变,员工在职培训与传统文化影响交互叠加时,对企业创新促进作用更明显。

8.3 研究设计

8.3.1 样本选择与数据来源

本章选取 2007—2014 年沪深 A 股上市公司作为研究对象。之所以以 2007 年为样本研究的起始年,是因为现行的会计准则是自 2007 年 1 月 1 日起实施,而会计准则是具有经济后果的,它不仅会对财务报告和资本市场产生影响,而且会对企业经营理念和企业行为产生重要影响(张先治等,2014)。数据整理过程中,剔除了 ST、*ST 类公司、金融保险类公司、资产负债率大于 1 的公司、上市不足 1 年的公司、样本期内某年度发生了并购重组的公司以及相关变量缺失的公司,最终得到 1857 个有效观测值。

本章所使用的专利申请量数据来自国家知识产权局专利数据库(SIPO),儒家文化影响、企业文化栏目、核心价值观数据则以手工搜集获得,其他研究数据均取自深圳国泰安信息技术有限公司开发的 CSMAR 数据库和上海万得信息技术股份有限公司开发的 WIND 数据库,对于数据库不全的数据通过上市公司年报手工数据整理补充。为保证数据的有效性并消除异常值对研究结论的干扰,对主要的连续变量在 1% 的水平上进行了 Winsorize 缩尾处理。

8.3.2　模型设定和变量定义

为检验本章提出的研究假说,将待检验的回归模型设定为:

$$\ln Patent_{t+1} = \alpha + \beta_1 Training_t + \beta_2 Lev_t + \beta_3 Size_t + \beta_4$$
$$TobinQ_t + \beta_5 Roe_t + \beta_6 Age_t + \beta_7 Soe_t + \beta_8$$
$$First_t + \beta_9 Dual_t + \beta_{10} Board_t + \beta_{11} Indratio_t +$$
$$\beta_{12} lngdp_t + \beta_{13} Column_t + \beta_{14} Corevalue_t +$$
$$\sum Industrydum + \sum Yeardum + \varepsilon \tag{8.1}$$

$$\ln Patent_{t+1} = \alpha + \beta_1 Training_t + \beta_2 Training_t Culture_t + \beta_3$$
$$Culture_t + \beta_4 Lev_t + \beta_5 Size_t + \beta_6 TobinQ_t +$$
$$\beta_7 Roe_t + \beta_8 Age_t + \beta_9 Soe_t + \beta_{10} First_t +$$
$$\beta_{11} Dual_t + \beta_{12} Board_t + \beta_{13} Indratio_t +$$
$$\beta_{14} lngdp_t + \beta_{15} Column_t + \beta_{16} Corevalue_t +$$
$$\sum Industrydum + \sum Yeardum + \varepsilon \tag{8.2}$$

为尽可能降低同期所带来的内生性,以上模型中的所有自变量均为滞后一期。其中,变量 lnPatent 为企业创新的代理变量,以公司 i 第 t 年申请专利总量来衡量(Makri et al.,2006;Hsu et al.,2014;Cornaggia et al.,2015;袁建国等;2015);根据《中华人民共和国专利法》的规定,专利可分为发明专利、实用新型专利和外观设计专利三类。考虑到专利从申请到获批需要一段时间,与专利获批年份相比,申请年份能更好地反映企业创新的时间,因而本章采用上市公司申请的专利总量加 1 的自然对数(lnPatent)来衡量企业创新。在稳健性检验中,以上市公司申请的发明专利和实用新型专利之和加 1 的自然对数来衡量企业创新。

变量 Training 为员工在职培训。现行《企业会计准则》规定,"应付职工薪酬——职工教育经费"是核算企业为提高职工业务素质而用于职工教育及职业技能培训的费用,具体金额根据国家规定的基准和比例从成本费用中提取。借鉴马双和甘犁(2013)的做法,企业按规定计提职工教育经费并非一种有意避税行为,该指标可以真实反映企业职工在职培训的情况。在会计实务中,企业职工在职培训费用通过"应付职工薪酬——职工教育经费"明细科目核算,并按照企业职工工资总额的 1.5% 提取,该费用可列支企业职工上岗和转岗适应性培训、专业技术人员继续教育、职业技能鉴定、外出学习和培训等学习费用。上市公司年报中披露的"职工教育经费本年减少额"可以真实反映企业当年为职工在职培训实际支付的费用。因而本章以上市公司年报中公布的"职工教育经费本年减少额"作为企业职工在职培训费用的代理变量,并以数据加1的自然对数进行测算。模型中的系数 β_1 为弹性系数,表示变量在职培训费用变化一个百分点所引致的企业专利申请量变化的百分点数。由于"职工教育经费本年增加额"反映企业当年按照职工工资总额的 1.5% 计提的职工教育经费,因而在稳健性检验中,以上市公司年报中披露的"职工教育经费本年增加额"加1的自然对数来衡量员工在职培训。

变量 Culture 为儒家文化影响。文化度量一直是学术界的难点,近年来不少学者开始运用历史信息和数据来解释文化对经济行为的影响(La Porta et al.,1998;Acemoglu et al.,2001;陈强,2015)。中国地域辽阔,文化底蕴深厚,而且各地区文化习俗迥异,这为研究文化对经济行为的影响提供了很好的契机。地域是区分人群和文化形成的关键要素,只有当人类群体对行为模式、艺术与信仰等活动特征形成一致的认识,文化才开始出现,并区别于其他不同群体,发挥"认知地图"的作用,对组织成员行为起到"社会控制"的作用(姜付秀等,2015)。在中国,由于地理、历史和政治等,各地域的文化在行为准则、风俗传统和道德规范等方面均存在不同程度的差异,且这种差异具有显性、易感知和可观测的特征(高翔和龙小宁,2016)。儒家文化也不例外,不同地域的经济、社会发展具有独特路径,儒家思想经过长时间的发展已融入当地的文化与习俗之中,各地域之间割据与统一的局面交替出现,使得各地域的儒家文化相对稳定而彼此间存在较大差异,且这种差异能够保持相当长的时间内很难改变。借鉴 Du(2013)、陈冬华等(2013)和古志辉(2015a)、程博等(2016)的做法,利用明代晚期儒家学校数量来度量儒家文化的影响力,以注册所在地 200 公里范围内儒家学校数量的自然对数作为儒家文化影响(Culture)的代理变量,Culture 数值越大,表明该上市公司所在地受儒家文化影响力越强;为确保结论的稳健性,同时计算出公司注册所在地 300 公里范围内儒家学校数量的自然对数(Culture)。

另外,参考已有研究,本章控制了其他可能影响企业创新的因素,包括财务杠杆(Lev)、公司规模(Size)、投资机会(Tobin Q)、资产收益率(Roe)、上市年限(Age)、股权性质(Soe)、股权集中度(First)、两职合一(Dual)、董事会规模(Board)、独立董事比例(Indratio)、人均生产总值(lngdp)、企业文化栏目(Column)、核心价值观(Corevalue)、行业效应哑变量(Industrydum)以及年份效应哑变量(Yeardum)变量。变量具体定义如表 8.1 所示。

表 8.1　主要变量定义

变量名称	变量符号	测量方法
企业创新	lnPatent	专利申请总量,即发明专利、实用新型专利与外观设计专利三项之和加 1 并自然对数
员工在职培训	Training	公司职工教育培训费用加 1 并取自然对数
儒家文化影响	Culture	公司注册地址 200 公里范围内儒家学校数量的自然对数
财务杠杆	Lev	负债总额与资产总额之比
公司规模	Size	公司总资产的自然对数
投资机会	Tobin Q	流通股权市值、净资产、净债务市值三项之和与期末资产总额之比
资产收益率	Roe	净利润与资产总额之比
上市年限	Age	公司 IPO 以来所经历年限加 1 并取自然对数
企业性质	Soe	国有性质为 1,否则为 0
股权集中度	First	第一大股东持股比例
两职兼任	Dual	CEO 兼任董事长为 1,否则为 0
董事会规模	Board	董事会人数的自然对数
独立董事比例	Indratio	独立董事人数与董事会人数之比
人均生产总值	lngdp	公司注册省所在地人均 GDP 的自然对数
企业文化栏目	Column	企业网站开设有企业文化专栏时取 1,否则为 0
核心价值观	Corevalue	搜索公司官网首页、企业文化栏目、公司简介、网页新闻报道、公司董事长或 CEO 参与采访及年会等活动中新闻报道中的讲话内容、公司年报、内部控制评价报告中与文化相关的陈述等信息源,无论通过何种途径获取到企业提出的核心价值观时取 1,否则为 0

8.4　实证结果分析

8.4.1　描述性统计分析

表 8.2 报告了变量的描述性统计结果。其中,企业创新(lnPatent)最小值为 0.693,最大值为 6.069,均值为 2.815,中位数为 2.708,说明在样本中不同企业的专利申请量存在较大差异。员工在职培训(Training)最小值为 8.792,最

大值为 18.861,均值为 14.473,中位数为 14.423,与均值相当,表明样本公司中员工在职培训分布比较均匀;儒家文化影响(Culture)的均值和中位数分别为 4.975 和 5.094。其他变量也呈现出一定程度的差异,与以往文献基本一致。

表 8.2 描述性统计分析

变量	样本量	均值	标准差	最小值	中位数	最大值
lnPatent	1857	2.815	1.258	0.693	2.708	6.069
Training	1857	14.473	1.823	8.792	14.423	18.861
Culture	1857	4.975	0.425	3.170	5.094	5.536
Lev	1857	0.403	0.206	0.0410	0.400	0.889
Size	1857	22.660	1.113	20.750	22.465	26.000
Tobin Q	1857	1.785	0.930	0.605	1.498	6.154
Roe	1857	0.059	0.043	-0.117	0.053	0.199
Age	1857	1.814	0.747	0.693	1.792	3.091
Soe	1857	0.423	0.494	0.000	0.000	1.000
First	1857	37.051	14.574	9.408	35.526	75.904
Dual	1857	0.265	0.442	0.000	0.000	1.000
Board	1857	2.197	0.187	1.609	2.197	2.708
Indratio	1857	0.368	0.054	0.286	0.333	0.571
lngdp	1857	9.942	0.694	7.411	9.888	10.952
Column	1857	0.747	0.435	0.000	1.000	1.000
Corevalue	1857	0.587	0.493	0.000	1.000	1.000

表 8.3 报告了变量相关性分析结果。从中可以看出,员工在职培训(Training)与企业创新(lnPatent)的相关系数为 0.306,在 1% 的水平上显著正相关,即员工在职培训与企业创新之间保持了较高的同步性,这表明企业员工在职培训费用投入越多,对企业创新的促进作用越明显,初步支持了研究假说 H8.1 的预期。另外,模型中其他控制变量的相关系数较低,大体在 0.30 以内,表明变量之间不存在严重的多重共线性问题。为了进一步排除共线性问题的影响,对交互项变量进行中心化处理,并对文中模型涉及的变量进行方差膨胀因子(VIF)诊断,结果显示 VIF 介于 1.04~3.06,均值为 1.65,远远低于临界值 10,进一步表明回归模型不存在严重的多重共线性问题。

表 8.3 变量相关系数

变量	lnPatent	Training	Culture	Lev	Size	Tobin Q	Roe	Age	Soe	First	Dual	Board	Indratio	lngdp	Column	Corevalue
lnPatent	1															
Training	0.306***	1														
Culture	0.031	0.094***	1													
Lev	0.192**	0.505***	-0.026	1												
Size	0.339***	0.728***	0.003	0.483***	1											
Tobin Q	-0.055**	-0.162***	-0.040*	-0.180***	0.044*	1										
Roe	-0.013	-0.095***	0.003	-0.434***	0.036	0.466***	1									
Age	0.173***	0.490***	-0.037	0.546***	0.402***	0.116***	-0.138***	1								
Soe	0.121***	0.549***	0.023	0.404***	0.436***	-0.044*	-0.158***	0.508***	1							
First	0.068***	0.269***	0.034	0.106***	0.256***	-0.120***	-0.003	-0.048*	0.248***	1						
Dual	-0.006	-0.277***	-0.045*	-0.273***	-0.223***	-0.009	0.01	-0.270***	-0.302***	-0.044*	1					
Board	0.072**	0.289***	0.051*	0.167***	0.273***	-0.023	0.001	0.170***	0.296***	-0.002	-0.175***	1				
Indratio	0.074***	0.053**	0.021	0.041*	0.092***	-0.032	-0.065**	-0.028	-0.045*	0.066**	0.078***	-0.408***	1			
lngdp	0.042*	-0.235***	0.006	-0.122***	-0.183***	-0.088***	0.006	-0.175***	-0.287***	-0.103***	0.183***	-0.137***	0.028	1		
Column	-0.065***	0.065***	-0.064***	0.064***	0.001	-0.030	-0.035	0.002	0.014	-0.011	-0.009	-0.010	0.007	-0.044*	1	
Corevalue	-0.002	0.035	-0.030	0.028	0.001	0.043*	0.033	-0.004	0.029	-0.016	0.016	-0.034	0.087***	-0.002	0.364***	1

注: ***、**、* 分别表示在 1%、5%、10%的水平上显著。

8.4.2　回归结果与分析

表8.4列出了员工在职培训、儒家文化影响与企业创新之间关系的检验结果,各模型都具有显著的解释力。列(1)—(3)采用OLS模型估计,列(1)为基本模型,包含了控制变量和调节变量;列(2)包含了控制变量、调节变量和解释变量,列(3)则进一步包含了调节变量的交互作用。列(2)的回归结果显示,在控制了其他因素的影响之后,员工在职培训(Training)的回归系数显著为正(β＝0.0909,$p<0.01$),意味着员工在职培训费用每增加1%,可促进企业专利总量上升0.0909%,且在列(3)的模型中依然稳健($p<0.01$),统计意义和经济意义上均显著,表明企业创新随员工在职培训费用投入的增加而随之增强,这也证实了员工在职培训能够显著促进企业创新,从而支持了研究假说H8.1的预期。列(3)增加了员工在职培训(Training)与儒家文化影响(Culture)的交互项Training＊Culture,用以检验员工在职培训与儒家文化影响交互叠加时对企业创新的作用。列(3)的回归结果显示,在控制了其他因素的影响之后,员工在职培训与儒家文化影响交互叠加时,对企业创新的促进作用更强(β＝0.0993,$p<0.05$),即假说H8.2得到验证。

表8.4　员工在职培训、儒家文化影响与企业创新关系的检验结果

变量	(1)	(2)	(3)	(4)	(5)	(6)
Training		0.0909 ***	0.0931 ***		0.0909 ***	0.0931 ***
		(3.36)	(3.51)		(3.41)	(3.56)
Training ＊ Culture			0.0993 **			0.0993 **
			(2.50)			(2.54)
Culture	0.1424 **	0.1135 *	0.0817	0.1424 **	0.1135 *	0.0817
	(2.37)	(1.89)	(1.39)	(2.41)	(1.92)	(1.41)
Lev	0.4707 **	0.4212 **	0.4170 **	0.4707 **	0.4212 **	0.4170 **
	(2.37)	(2.09)	(2.08)	(2.41)	(2.12)	(2.11)
Size	0.4427 ***	0.3637 ***	0.3583 ***	0.4427 ***	0.3637 ***	0.3583 ***
	(11.18)	(8.09)	(8.06)	(11.34)	(8.21)	(8.18)
Tobin Q	0.0136	0.0464	0.0474	0.0136	0.0464	0.0474
	(0.38)	(1.26)	(1.29)	(0.39)	(1.28)	(1.31)
Roe	1.2510	1.0731	1.0812	1.2510	1.0731	1.0812
	(1.53)	(1.32)	(1.33)	(1.55)	(1.34)	(1.35)
Age	0.0538	0.0173	0.0200	0.0538	0.0173	0.0200
	(1.06)	(0.34)	(0.39)	(1.08)	(0.34)	(0.39)

续表

变量	(1)	(2)	(3)	(4)	(5)	(6)
Soe	0.0135	−0.0341	−0.0473	0.0135	−0.0341	−0.0473
	(0.19)	(−0.50)	(−0.69)	(0.20)	(−0.50)	(−0.70)
First	−0.0004	−0.0010	−0.0012	−0.0004	−0.0010	−0.0012
	(−0.21)	(−0.51)	(−0.62)	(−0.22)	(−0.51)	(−0.63)
Dual	0.2377***	0.2528***	0.2485***	0.2377***	0.2528***	0.2485***
	(4.08)	(4.34)	(4.28)	(4.13)	(4.41)	(4.34)
Board	0.3010*	0.2519	0.2629	0.3010*	0.2519	0.2629
	(1.80)	(1.50)	(1.57)	(1.83)	(1.53)	(1.59)
Indratio	1.3316**	1.2539**	1.1979**	1.3316**	1.2539**	1.1979**
	(2.44)	(2.30)	(2.18)	(2.47)	(2.33)	(2.21)
lngdp	0.1046***	0.1197***	0.1140***	0.1046***	0.1197***	0.1140***
	(2.62)	(3.00)	(2.85)	(2.66)	(3.04)	(2.90)
Column	−0.1624***	−0.1803***	−0.1687***	−0.1624***	−0.1803***	−0.1687***
	(−2.64)	(−2.95)	(−2.77)	(−2.68)	(−3.00)	(−2.81)
Corevalue	0.0049	−0.0050	−0.0130	0.0049	−0.0050	−0.0130
	(0.09)	(−0.09)	(−0.25)	(0.09)	(−0.09)	(−0.25)
Constant	−11.2677***	−10.5896***	−8.5906***	−10.7813***	−10.1498***	−8.1112***
	(−10.43)	(−9.79)	(−7.49)	(−10.07)	(−9.49)	(−7.17)
Industrydum	Yes	Yes	Yes	Yes	Yes	Yes
Yeardum	Yes	Yes	Yes	Yes	Yes	Yes
Adj. R^2	0.2958	0.3009	0.3028			
Pseudo R^2				0.1152	0.1176	0.1186
Obs	1857	1857	1857	1857	1857	1857

注：***、**、* 分别表示在 1%、5%、10% 的水平上显著；括号中的数据是通过 Robust 异方差稳健调整的 t-statistic；此外，通过公司层面的 Cluster 稳健性检验和 Bootstrap 稳健性估计的结果基本一致。

考虑到专利申请总量不可能为负，是以 0 为下限的拖尾变量（Censored Variable），因此列(4)—(6)采用 Tobit 模型进行估计。列(4)为基本模型，包含了控制变量和调节变量；列(5)包含了控制变量、调节变量和解释变量，列(6)则进一步包含了调节变量的交互作用。列(4)的回归结果同样显示，在控制其他因素的影响后，员工在职培训能显著促进企业创新（$\beta=0.0909, p<0.01$）；列(3)的回归结果也显示，在控制其他因素的影响后，员工在职培训与儒家文化影响交互叠加时，对企业创新的促进作用更强。为了更直观地描述二者的交互作

· 179 ·

用,根据 OLS 回归结果绘制了图 8.1(Tobit 回归结果类似),可以看出,员工在职培训对企业创新有显著促进作用,且员工在职培训与儒家文化影响交互叠加时,对企业创新的促进作用更为明显。

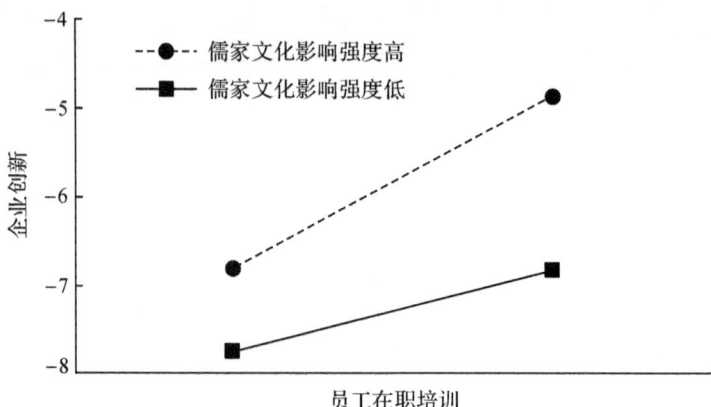

图 8.1　员工在职培训与儒家文化影响的交互效应

8.5　稳健性检验

8.5.1　改变企业创新的衡量

为了确保结论稳健可靠,参考 Tan et al.(2015)的方法,本章以上市公司申请的发明专利和实用新型专利之和加 1 的自然对数来衡量企业创新,对前文模型重新检验,回归结果如表 8.5 所示。列(1)—(3)采用 OLS 模型估计,列(4)—(6)采用 Tobit 模型进行估计。从中可以看出,在控制其他因素的影响后,员工在职培训(Training)的回归系数依然显著为正($p<0.01$),意味着企业创新会随着员工在职培训费用投入的增加而增强,再次证实了员工在职培训能够显著促进企业创新,并且员工在职培训与儒家文化影响交互叠加时对企业创新的促进作用更强($p<0.10$)。

表 8.5　改变企业创新衡量的检验结果

变量	(1)	(2)	(3)	(4)	(5)	(6)
Training		0.0855***	0.0857***		0.0854***	0.0852***
		(3.24)	(3.29)		(3.25)	(3.29)
Training * Culture			0.0774*			0.0750*
			(1.90)			(1.84)

变量	(1)	(2)	(3)	(4)	(5)	(6)
Culture	0.1199**	0.0927	0.0685	0.1219**	0.0948	0.0713
	(1.98)	(1.54)	(1.16)	(2.01)	(1.57)	(1.20)
Lev	0.4553**	0.4086**	0.4078**	0.4381**	0.3916*	0.3911*
	(2.27)	(2.01)	(2.02)	(2.18)	(1.92)	(1.93)
Size	0.4485***	0.3741***	0.3714***	0.4520***	0.3777***	0.3755***
	(11.02)	(8.30)	(8.29)	(11.15)	(8.42)	(8.42)
Tobin Q	−0.0575*	−0.0266	−0.0265	−0.0616*	−0.0307	−0.0307
	(−1.65)	(−0.73)	(−0.73)	(−1.76)	(−0.84)	(−0.84)
Roe	1.2199	1.0526	1.0674	1.2541	1.0872	1.1015
	(1.47)	(1.28)	(1.29)	(1.50)	(1.32)	(1.33)
Age	0.0277	−0.0066	−0.0040	0.0262	−0.0080	−0.0053
	(0.54)	(−0.13)	(−0.08)	(0.51)	(−0.15)	(−0.10)
Soe	0.0340	−0.0107	−0.0203	0.0409	−0.0038	−0.0129
	(0.49)	(−0.16)	(−0.29)	(0.59)	(−0.05)	(−0.19)
First	0.0001	−0.0004	−0.0006	0.0000	−0.0005	−0.0007
	(0.07)	(−0.21)	(−0.29)	(0.01)	(−0.26)	(−0.35)
Dual	0.2008***	0.2150***	0.2114***	0.2047***	0.2188***	0.2153***
	(3.42)	(3.67)	(3.61)	(3.50)	(3.75)	(3.70)
Board	0.5203***	0.4741***	0.4833***	0.5306***	0.4841***	0.4932***
	(3.00)	(2.79)	(2.84)	(3.13)	(2.85)	(2.90)
Indratio	1.8411***	1.7680***	1.7243***	1.8447***	1.7720***	1.7290***
	(3.29)	(3.17)	(3.07)	(3.32)	(3.20)	(3.11)
lngdp	0.0825**	0.0968**	0.0921**	0.0833**	0.0975**	0.0929**
	(2.05)	(2.40)	(2.28)	(2.08)	(2.43)	(2.31)
Column	−0.1496**	−0.1664***	−0.1572***	−0.1484**	−0.1651***	−0.1562***
	(−2.45)	(−2.75)	(−2.60)	(−2.43)	(−2.73)	(−2.59)
Corevalue	0.0102	0.0010	−0.0051	0.0099	0.0007	−0.0052
	(0.19)	(0.02)	(−0.10)	(0.19)	(0.01)	(−0.10)
Constant	−11.7205***	−11.0825***	−9.3328***	−11.2242***	−10.6315***	−8.8487***
	(−10.50)	(−9.99)	(−8.04)	(−10.06)	(−9.60)	(−7.65)
Industrydum	Yes	Yes	Yes	Yes	Yes	Yes
Yeardum	Yes	Yes	Yes	Yes	Yes	Yes
Adj. R^2	0.3205	0.3247	0.3255			
Pseudo R^2				0.1233	0.1253	0.1257
Obs	1857	1857	1857	1857	1857	1857

注：***、**、*分别表示在1%、5%、10%的水平上显著；括号中的数据是通过 Robust 异方差稳健调整的 t-statistic；此外，通过公司层面的 Cluster 稳健性检验和 Bootstrap 稳健性估计的结果基本一致。

8.5.2 改变员工在职培训的衡量

本章之前以上市公司年报中公布的"职工教育经费本年减少额"作为企业职工在职培训费用的代理变量,并以数据加1的自然对数进行测算。为了确保结论稳健可靠,参照马双和甘犁(2013)的做法,以上市公司年报中披露的"职工教育经费本年增加额"加1的自然对数衡量员工在职培训重新对前文模型进行检验。表8.6报告了改变员工在职培训衡量的检验结果,列(1)—(3)采用OLS模型估计,列(4)—(6)采用Tobit模型进行估计。可以看出,在控制其他因素的影响后,员工在职培训(Training)的回归系数仍旧显著为正($p<0.01$),同样证实了员工在职培训能够显著促进企业创新,且员工在职培训与儒家文化影响交互叠加时对企业创新的促进作用更强($p<0.05$)。

表 8.6 改变员工在职培训衡量的检验结果

变量	(1)	(2)	(3)	(4)	(5)	(6)
Training		0.0835***	0.0862***		0.0835***	0.0862***
		(3.38)	(3.53)		(3.43)	(3.58)
Training * Culture			0.0889**			0.0889**
			(2.19)			(2.22)
Culture	0.1396**	0.1113*	0.0798	0.1396**	0.1113*	0.0798
	(2.31)	(1.84)	(1.33)	(2.34)	(1.87)	(1.36)
Lev	0.5092**	0.4500**	0.4634**	0.5092***	0.4500**	0.4634**
	(2.56)	(2.24)	(2.32)	(2.60)	(2.27)	(2.35)
Size	0.4470***	0.3757***	0.3717***	0.4470***	0.3757***	0.3717***
	(11.26)	(8.48)	(8.48)	(11.43)	(8.61)	(8.61)
Tobin Q	0.0180	0.0433	0.0451	0.0180	0.0433	0.0451
	(0.50)	(1.18)	(1.23)	(0.51)	(1.20)	(1.25)
Roe	1.2769	1.1844	1.2069	1.2769	1.1844	1.2069
	(1.55)	(1.46)	(1.49)	(1.58)	(1.48)	(1.51)
Age	0.0403	0.0162	0.0157	0.0403	0.0162	0.0157
	(0.79)	(0.32)	(0.30)	(0.80)	(0.32)	(0.31)
Soe	0.0282	−0.0224	−0.0344	0.0282	−0.0224	−0.0344
	(0.40)	(−0.32)	(−0.49)	(0.41)	(−0.33)	(−0.50)
First	−0.0004	−0.0007	−0.0010	−0.0004	−0.0007	−0.0010
	(−0.22)	(−0.36)	(−0.50)	(−0.22)	(−0.37)	(−0.51)
Dual	0.2546***	0.2714***	0.2683***	0.2546***	0.2714***	0.2683***
	(4.33)	(4.59)	(4.55)	(4.39)	(4.66)	(4.62)
Board	0.3111*	0.2573	0.2691	0.3111*	0.2573	0.2691
	(1.85)	(1.53)	(1.60)	(1.87)	(1.55)	(1.62)

变量	(1)	(2)	(3)	(4)	(5)	(6)
Indratio	1.2668**	1.1845**	1.1420**	1.2668**	1.1845**	1.1420**
	(2.30)	(2.16)	(2.07)	(2.34)	(2.20)	(2.11)
lngdp	0.1064***	0.1232***	0.1172***	0.1064***	0.1232***	0.1172***
	(2.64)	(3.03)	(2.89)	(2.67)	(3.08)	(2.93)
Column	−0.1651***	−0.1820***	−0.1699***	−0.1651***	−0.1820***	−0.1699***
	(−2.66)	(−2.94)	(−2.74)	(−2.70)	(−2.98)	(−2.79)
Corevalue	0.0040	−0.0015	−0.0132	0.0040	−0.0015	−0.0132
	(0.07)	(−0.03)	(−0.25)	(0.08)	(−0.03)	(−0.25)
Constant	−11.3319***	−10.7649***	−8.8671***	−10.8453***	−10.3088***	−8.3894***
	(−10.44)	(−9.94)	(−7.87)	(−10.08)	(−9.62)	(−7.54)
Industrydum	Yes	Yes	Yes	Yes	Yes	Yes
Yeardum	Yes	Yes	Yes	Yes	Yes	Yes
Adj. R^2	0.2987	0.3035	0.3051			
Pseudo R^2				0.1163	0.1186	0.1195
Obs	1835	1835	1835	1835	1835	1835

注:***、**、*分别表示在1%、5%、10%的水平上显著;括号中的数据是通过 Robust 异方差稳健调整的 t-statistic;此外,通过公司层面的 Cluster 稳健性检验和 Bootstrap 稳健性估计的结果基本一致。

8.5.3　改变儒家文化影响的衡量

借鉴古志辉(2015a)的做法,为了确保结论的稳健性,本章计算了公司注册所在地 300 公里范围内儒家学校数量的自然对数,以此来衡量儒家文化影响(Culture)并重新对前文模型进行检验。表 8.7 报告了改变员工在职培训衡量的检验结果,列(1)—(3)采用 OLS 模型估计,列(4)—(6)采用 Tobit 模型进行估计。从表 8.7 可以看出,在控制其他因素的影响后,员工在职培训(Training)的回归系数依旧显著为正($p<0.01$),员工在职培训能够显著促进企业创新的假设再次被证实,并且发现员工在职培训与儒家文化影响交互叠加时对企业创新促进作用更强($p<0.01$)。

表 8.7　改变儒家文化影响衡量的检验结果

变量	(1)	(2)	(3)	(4)	(5)	(6)
Training		0.0835***	0.0862***		0.0835***	0.0862***
		(3.38)	(3.53)		(3.43)	(3.58)
Training * Culture			0.0889**			0.0889**
			(2.19)			(2.22)

续表

变量	(1)	(2)	(3)	(4)	(5)	(6)
Culture	0.1396**	0.1113*	0.0798	0.1396**	0.1113*	0.0798
	(2.31)	(1.84)	(1.33)	(2.34)	(1.87)	(1.36)
Lev	0.5092**	0.4500**	0.4634**	0.5092***	0.4500**	0.4634**
	(2.56)	(2.24)	(2.32)	(2.60)	(2.27)	(2.35)
Size	0.4470***	0.3757***	0.3717***	0.4470***	0.3757***	0.3717***
	(11.26)	(8.48)	(8.48)	(11.43)	(8.61)	(8.61)
Tobin Q	0.0180	0.0433	0.0451	0.0180	0.0433	0.0451
	(0.50)	(1.18)	(1.23)	(0.51)	(1.20)	(1.25)
Roe	1.2769	1.1844	1.2069	1.2769	1.1844	1.2069
	(1.55)	(1.46)	(1.49)	(1.58)	(1.48)	(1.51)
Age	0.0403	0.0162	0.0157	0.0403	0.0162	0.0157
	(0.79)	(0.32)	(0.30)	(0.80)	(0.32)	(0.31)
Soe	0.0282	−0.0224	−0.0344	0.0282	−0.0224	−0.0344
	(0.40)	(−0.32)	(−0.49)	(0.41)	(−0.33)	(−0.50)
First	−0.0004	−0.0007	−0.0010	−0.0004	−0.0007	−0.0010
	(−0.22)	(−0.36)	(−0.50)	(−0.22)	(−0.37)	(−0.51)
Dual	0.2546***	0.2714***	0.2683***	0.2546***	0.2714***	0.2683***
	(4.33)	(4.59)	(4.55)	(4.39)	(4.66)	(4.62)
Board	0.3111*	0.2573	0.2691	0.3111*	0.2573	0.2691
	(1.85)	(1.53)	(1.60)	(1.87)	(1.55)	(1.62)
Indratio	1.2668**	1.1845**	1.1420**	1.2668**	1.1845**	1.1420**
	(2.30)	(2.16)	(2.07)	(2.34)	(2.20)	(2.11)
lngdp	0.1064***	0.1232***	0.1172***	0.1064***	0.1232***	0.1172***
	(2.64)	(3.03)	(2.89)	(2.67)	(3.08)	(2.93)
Column	−0.1651***	−0.1820***	−0.1699***	−0.1651***	−0.1820***	−0.1699***
	(−2.66)	(−2.94)	(−2.74)	(−2.70)	(−2.98)	(−2.79)
Corevalue	0.0040	−0.0015	−0.0132	0.0040	−0.0015	−0.0132
	(0.07)	(−0.03)	(−0.25)	(0.08)	(−0.03)	(−0.25)
Constant	−11.3319***	−10.7649***	−8.8671***	−10.8453***	−10.3088***	−8.3894***
	(−10.44)	(−9.94)	(−7.87)	(−10.08)	(−9.62)	(−7.54)
Industrydum	Yes	Yes	Yes	Yes	Yes	Yes
Yeardum	Yes	Yes	Yes	Yes	Yes	Yes
Adj. R^2	0.2987	0.3035	0.3051			
Pseudo R^2				0.1163	0.1186	0.1195
Obs	1857	1857	1857	1857	1857	1857

注:***、**、*分别表示在1%、5%、10%的水平上显著;括号中的数据是通过Robust异方差稳健调整的 t-statistic;此外,通过公司层面的Cluster稳健性检验和Bootstrap稳健性估计的结果基本一致。

8.5.4　其他稳健性检验

以同期被解释变量重新对前文模型进行检验,研究结论保持不变(限于篇幅,未列报检验结果)。此外,为进一步避免变量极端值对本章回归结果可能产生的影响,改变极值处理方法重新进行检验,采用 Winsorize 的方法对所有连续变量的缩尾程度由上下 1% 扩大到上下 3%,所有小于 3% 分位数(大于 97% 分位数)的变量,令其值等于 3% 分位数(97% 分位数),本章的检验结果未发生显著变化(限于篇幅,未列报检验结果)。

总体而言,通过上述不同方法的调整与检验,文中结果均未发生显著变化,表明本章的检验结果与分析是比较稳健的。

8.6　本章小结

促进企业创新是迎合"大众创业、万众创新"的"创客"风潮、践行供给侧结构性改革的重要手段,对产业结构调整、经济转型升级以及微观企业提高竞争力以实现可持续发展,均具有重要的实践意义。本章以 2007—2014 年沪深 A 股上市公司为研究对象,从理论和实证角度深入分析了员工在职培训对企业创新的影响机理,以及员工在职培训与儒家文化对企业创新行为的交互影响,发现员工在职培训与企业创新显著正相关,且员工在职培训与儒家文化影响交互叠加时,其对企业创新的促进作用更为明显。

本章的研究具有重要的理论与实践意义。理论上,本章的研究丰富了企业创新的影响因素,并且揭示了员工在职培训对企业创新的影响机理。员工创新行为对提高企业核心竞争力、对企业的生存与发展至关重要,员工在职培训对员工不仅是一种有效的激励措施,而且有助于搭建一个开放的学习平台,促使企业员工之间、员工与高管之间更好地进行知识传递、分享、交流和学习,进而促进企业创新行为。实践中,本章的研究有助于加深我们对企业创新行为驱动因素的认识,对提高企业创新能力,实施创新驱动发展战略,通过设计有效的激励制度来激发员工创新行为等,均具有重要的现实意义。

当然,应当说明的是,儒家文化作为一项重要的非正式制度,能够显著增强员工在职培训与企业创新之间的正相关关系,但不可忽视的是,儒家文化中可能包含某些抑制企业创新行为的因素存在。具体可以概括为以下三方面:①儒家文化中的"礼"制文化虽然促进个体之间、个体与群体之间的宗法伦理关系的建构,但是却加大了企业内部上下级之间的权力距离,不利于不同部门、不同级别的员工之间进行合作、交流、知识共享,进而抑制了企业创新行为。②儒家文化一味地强调集体主义,削弱了个体的主动性和创造力,并且个体行为还会受到团队(或组织)规定好的角色行为的限制,这都不利于企业创新活动的开展。③儒家文化中的社会道德性契约有助于增强组织之间、组织内成员之间的信任,但信任度过高也有可能因降低监督而导致经理人采取机会主义行为,或是形成一种"圈子"效应,以至于相互信任的组织、组织成员之间,过多地依赖因"圈子"效应形成信息搜寻惯性,不大愿意寻求外部合作与交流,这严重阻碍了新知识的获取渠道,从而不利于企业创新活动的开展。

第9章 研究结论、政策建议与研究展望

　　本书以"儒家文化对企业行为的影响"为主线,基于新制度经济学理论分析框架,以沪深两市的 A 股上市公司为研究样本,运用理论与实证相结合的研究方法,在定性描述和理论分析的同时,构造严谨的计量模型,考察作为非正式制度的重要组成部分之儒家文化对企业行为的影响。本书的第 2 章对新制度经济学理论和儒学理论进行了梳理,第 3 章对儒家文化如何影响公司信息披露质量的机理进行了理论分析并进行了实证检验,第 4 章将中国传统文化中的儒家思想嵌入内部控制质量分析框架,第 5 章理论上分析了儒家文化对公司违规行为的影响机理并进行了实证检验,第 6 章则是考察儒家文化如何影响企业避税行为,第 7 章探讨了儒家文化对企业创新行为的影响,第 8 章考察了儒家文化和在职培训对企业创新的交互影响,得出了一系列有价值的研究结论。本章在对前述章节进行梳理和归纳的基础上,对全部内容进行概括与总结。本章主要包含 3 节,分别是主要研究结论、研究启示与政策建议、研究局限性与未来研究方向。

9.1 主要研究结论

　　文化能够改变人的信念和行为,不仅影响企业行为,而且是有经济后果的(O'Reilly,1989;O'Reilly & Chatman,1996;Stulz & Williamson,2003;Brentani & Kleinschmidt,2004;Allen et al. ,2005;Kaplow & Shavell,2007;Guiso et al. ,2008)。"强势"组织文化可以直接或间接激励公司管理层和员工努力工作、克服困难与挑战,进而提高公司绩效(Schein,1990;Lim,1995;Brentani & Kleinschmidt,2004;Valencia et al. ,2010)。

　　本书基于"文化—行为"逻辑,以新制度经济学理论为基础,从理论与实证两个角度深入系统地分析了儒家文化对企业行为的影响机理。具体来说,本书围绕以下五个问题展开:(1)儒家文化对公司信息披露质量的影响;(2)儒家文

化如何影响企业内部控制质量;(3)儒家文化对公司违规行为的影响以及其与正式制度(法律)对公司违规行为的交互作用;(4)儒家文化对企业避税行为的影响;(5)儒家文化对企业创新行为的影响。这些问题为更好地理解企业行为异质性提供了崭新的理论视角,不仅为儒家文化这一非正式制度的治理作用提供了经验证据,而且也丰富了嵌入中国传统文化的公司治理理论研究。

本书的主要研究发现和研究结论如下:

(1)儒家文化作为一项重要的非正式制度,无论是其蕴含着"至诚"道德观还是"义利"价值观,都会影响组织及个体所遵循的规则,约束其利己主义心态,强化诚信观念,从而在"君子慎独"理念以及追求善"名"、避免恶"名"的激励下,自发约束其不道德行为。研究结果显示,在控制宗教传统、地方经济发展水平以及地区教育水平等其他变量影响后,发现随着儒家文化影响力的增强,公司财务报告可靠性和信息披露透明度均有显著提高。具体而言,儒家文化影响与操纵性应计利润的回归系数显著为负,平均来看,儒家文化影响增加一个标准差,会使财务报告可靠性水平提高约 1.29%,相当于均值的 16.65%;儒家文化影响与信息披露透明度的回归系数显著为正,平均来看,儒家文化影响增加一个标准差,会使信息披露透明度提高约 4.78%,相当于均值的20.20%。在采用工具变量法缓解内生性问题、改变财务报告可靠性和信息披露透明度的测量方法、考虑旅游和饮食等形式外来文化冲击的影响后,上述结论依然稳健。这不仅为获取了儒家文化影响企业的行为证据,丰富了中国传统文化经济后果方面的文献,验证了文化影响企业行为的逻辑,还意味着发扬儒家文化中优良因子、强化企业文化建设、充分发挥非正式制度对公司的治理作用,可为上市公司提高信息披露质量、监管者加强信息披露质量监管、投资者保护等方面提供有益参考,将有利于规范和发展资本市场,促进资源合理配置。

(2)内部控制是经济和文化双重作用的结果,文化对内部控制实施效果有着重要的影响。儒家文化通过教育向代理人灌输的"君子以义为利"的价值观和"忠信"的道德修养,形成了君子修身自律的职业伦理,儒家文化从改善信息环境和强化合约履行两条路径降低代理成本,提升内部控制质量。本书将中国传统文化中的儒家思想嵌入内部控制质量分析框架,对儒家文化与内部控制关系进行了理论探讨和实证检验。研究结果显示,儒家文化有助于内部控制质量的提高,在信息不对称程度高(信息环境差)的公司中作用更明显,基于内部控制视角,为儒家文化这一非正式制度的治理作用提供了经验证据,对上市公司加强内部控制、监管者强化内部控制监管等方面具有较强的理论价值和现实意义。

(3)公司的违规行为破坏了市场经济秩序,损害了投资者权益,影响资本市场的配置效率。本书系统地考察了儒家文化对上市公司违规行为的影响以及其与正式制度(法律)的交互效应。研究结果显示,受儒家文化影响越强,公司管理层会更加严格地遵守法律规范,减少违规行为发生的概率,这一现象在儒家文化与正式制度两者的交互叠加作用时更为明显。在考虑可能存在的内生性问题、违规动机、信息不对称、不同违规处理类型和不同违规类型的影响后,该结论仍旧稳健。本书的结论丰富了公司违规行为影响因素的相关文献,从儒家文化这一非正式制度视角审视文化对公司违规行为倾向的影响,从根源上诠释了同一制度环境下公司发生违规行为的异质性;同时提供了儒家文化这一非正式制度显著提高公司治理质量的正面证据以及其与正式制度之间互动关系的理解,并且为维护市场秩序、保护投资者权益、促进资源合理配置、增强资本市场的有效性等方面提供有益参考。

(4)市场经济越发展,税收问题越重要。企业为增加公司收益而采取激进避税行为也日益普遍,最终影响社会福利。在企业税收规避普遍的背景下,本书系统地考察了作为非正式制度的重要组成部分之儒家文化对企业激进避税行为的影响,并进一步探讨了税收征管制度和媒体关注两种外部治理机制对儒家文化和企业避税行为之间关系的影响。研究结果显示,在控制众多可能影响企业避税行为的因素之后,儒家文化对企业激进的避税行为有一定的抑制作用,且这种抑制作用在税收征管弱的地区、媒体关注程度高的企业中更为明显。在考虑改变企业避税、税收征管强度、媒体关注、儒家文化变量的度量以及对迁址样本进行敏感性测试后,结论依然稳健。本书的结论丰富和深化了企业避税行为影响因素的学术研究,加深了对代理观的避税框架的认识,而且对于抑制企业管理层的机会主义倾向和税收征管工作等方面也有一定的启示。

(5)促进企业创新是迎合"大众创业、万众创新"的"创客"风潮、践行供给侧结构性改革的重要手段,对产业结构调整、经济转型升级以及微观企业提高竞争力以实现可持续发展,均具有重要的实践意义。本书从理论上分析了员工在职培训对企业创新的影响机理以及员工在职培训与儒家文化对企业创新行为的交互影响。研究结果显示,员工在职培训与企业创新显著正相关,员工在职培训与儒家文化影响交互叠加时,其对企业创新的促进作用更为明显。

(6)企业创新会受到正式制度和非正式制度的共同影响。儒家文化作为一项重要的非正式制度,无论是其蕴含着内化的创新精神和倡导集体主义与和谐主义文化的内涵,还是道德性契约可以增强信任氛围,潜移默化地影响企业管理者和员工的价值取向和行为,都有助于企业创新活动的开展。本书从理论与实证两个角度深入系统地分析了儒家文化对企业创新行为的影响机理。研究结果显示,儒家文化对企业创新具有促进作用,儒家文化影响力增加 1% 会促进企业创新上升 0.1772%。进一步地从创新类型来看,儒家文化影响力增加 1% 会促进企业变革式创新上升 0.1870%、渐进式创新上升 0.1488%。此外,儒家文化同样显著促进企业研发投入(R&D)。本书的经验证据支持了儒家文化作为非正式制度所发挥的正面治理作用,能够对企业创新行为产生重要影响,有利于企业创新活动的开展。但是,我们应该省思儒家传统文化中存在与创新精神相悖的负面因素,摒弃封建思想,珍视文化传统,从儒家传统文化发掘资源、汲取养分和智慧,以文化创新驱动科技创新。

9.2　研究启示与政策建议

本书的研究结论可能具有以下几点启示意义:

(1)组织文化的建立通常是自上而下的,本书通过厘清文化对企业行为影响的作用机制,凸显文化在提高公司创造力和核心竞争力中的重要性,从而更好地指导公司管理层注重企业文化建设、营造创新文化氛围、珍视中国传统文化和倡导"以儒治企"的创新文化,充分发挥其"社会控制"的功能,进而约束企业不当行为和提高公司治理水平。

(2)"文化是民族的血脉,是人民的精神家园。文化自信是更基本、更深层、更持久的力量。"本书的研究结论有助于我们更为全面、深入地认识和理解非正式制度之儒家文化与正式制度对企业行为的影响,有助于探寻市场经济的道德和伦理基础对公司信息披露、内部控制、公司违规、激进避税、企业创新等行为的作用,不仅丰富了嵌入中国传统文化的公司治理理论研究,为儒家文化这一非正式制度显著提高公司治理质量提供正面证据以及促进其与正式制度之间互动关系的理解。更为重要的是,对增强文化自觉和文化自信,挖掘中华优秀传统文化价值内涵,激发中华优秀传统文化的生机与活力,提高国家文化软实力,促进中华优秀传统文化的创造性转化与创新性发展具有重要的推动作用。

(3)本书考察了中国传统文化精髓之儒家文化如何影响企业行为,这为我们理解企业行为异质性和儒家文化的治理作用提供较为直接的经验证据。儒家文化是中华优秀传统文化的主体和精髓,是一种隐形的制度安排,已成为规导和约束社会伦理生活和道德行为的一种"习惯法",是影响个体、企业、民族行为的基础动力,研究儒家文化对企业行为的影响对于理解和诠释企业行为异质性,规范和约束企业行为以及提高公司治理水平具有重要的现实意义,尤其是为上市公司提高信息披露质量和内部控制、监管者加强信息披露质量监管和内部控制、投资者保护等方面具有一定的参考价值,将有利于规范和发展资本市场,促进资源合理配置,增强资本市场的有效性。弘扬中国传统文化,珍视文化传统,从传统文化发掘资源、汲取养分和智慧,也是提高公司治理水平的一条行之有效的重要途径。

9.3　研究局限性与未来研究方向

本书扩展了"法与金融"中强调正式制度对经济运行的研究框架,将儒家文化嵌入企业行为的决策分析框架,沿着"文化—行为"逻辑,以新制度经济学的相关理论研究成果为基础,虽然尽可能全面、深入、细致、系统地对非正式制度之儒家文化影响企业行为以及与正式制度对企业行为的交互影响这一研究课题进行理论剖析,并努力探求合理有效的研究方法进行实证检验,同时辅之大量的稳健性测试,但仍不可避免地存在如下研究局限性:

(1)本研究基于新制度经济理论分析框架,将非正式制度之儒家文化嵌入企业行为决策分析框架,更好地为公司治理机制设计提供了理论依据,也为深入理解儒家文化在经济活动中的作用提供了可参照的分析框架和技术路径,但囿于自己学科背景、研究能力与学术水平的局限,对相关理论研究成果理解上的不透彻,导致本书的理论分析深度有所欠缺。

(2)文化变量难以刻画和度量,常常视为不可观测变量而被忽略。尽管本书借鉴 Du(2013)、陈冬华等(2013)和古志辉(2015a,2015b)的做法,以公司注册所在地附近的儒家学校数量的自然对数作为儒家文化的代理变量,试图探讨企业行为现象背后的本质问题,丰富和扩展了现有研究,但在中国传统文化中,除了儒家以外,还存在其他思想门派的影响,可能会导致指标度量不够精确。此外,明代距今已有 600 多年的历史,随着时代的变迁和文化冲击的影响,可能也会存在一定的偏差。

(3)内生性问题几乎是所有因果关系研究都无法忽略的问题,虽然本研究采用了改变变量测量、工具变量,并辅以大量敏感性测试来缓解内生性问题对结论的影响,但这并不可能完全解决本研究中存在的内生性问题,这对计量模型估计的结果也会产生一定的影响。

在后续的研究中,至少可以从以下几个方面进行探索和拓展:

(1)本书以儒家传统来度量文化因素,虽在一定程度上解决了以往研究忽略文化因素的困扰,但因时代变迁、文化冲击等方面的影响,可能使得研究结论有失偏颇。因此,在今后的研究中,尽可能采用多种方法和多个维度来刻画文化变量。

(2)儒学理论博大精深,囿于自己学科背景、研究能力与学术水平的限制,也使得本研究的深度有待扩展,今后将进一步深入研读《明史》"十三经"等,对历史事件和相关案例进行深度解析,更好地分析和解决本研究相关的科学问题。

(3)虽然本研究改变变量测量、工具变量,并辅以大量敏感性测试来缓解内生性问题对结论的影响,但要更好地解决这一问题,可能需要借助某些外生的影响事件。如,党的十七大、党的十八大、党的十九大以来国家领导人在不同场合倡导中国传统文化的传承,或是延长样本采集周期,考察外来文化冲击对本研究的影响,这些值得在未来进一步深入探讨。

参 考 文 献

[1] Aboody D and Lev B, 2000. Information Asymmetry, R&D and Insider Gain[J]. The Journal of Finance,55(6):2747-2766.

[2] Acemoglu D, Johnson S, and Robinson J A, 2001. The Colonial Origins of Comparative Development: An Empirical Analysis[J]. Journal of Economic History,61(2):517-517.

[3] Adhikari B K and Agrawal A, 2016. Religion, Gambling Attitudes and Corporate Innovation[J]. Journal of Corporate Finance,37(2):229-248.

[4] Aghion P, Van Reenen and Zingales L, 2013. Innovation and Institutional Ownership[J]. The American Economic Review,103(1):277-304.

[5] Alchian A A and Demsetz H, 1972. Production, Information Costs, and Economic Organization[J]. The American Economic Review, 62(5): 777-795.

[6] Alesina A F and Giuliano P, 2015. Culture and Institutions[J]. Journal of Economic Literature,53(4):898-944.

[7] Ali A, Chen T Y and Radhakrishnan S, 2007. Corporate Disclosures by Family Firms [J]. Journal of Accounting and Economics, 44 (1-2): 238-286.

[8] Allen F, Qian J and Qian M, 2005. Law, Finance, and Economic Growth in China[J]. Journal of Financial Economics,77(1):57-116.

[9] Altman M, 2001. Culture, Human Agency, and Economic Theory: Culture as a Determinant of Material Welfare[J]. The Journal of Socio-Economics,30(5):379-391.

[10] Anderson C, and Brown C E, 2010. The Functions and Dysfunctions of Hierarchy[J]. Research in Organizational Behavior,30(1):55-89.

[11] Andrew M B, 2016. Tax Avoidance and the Implications of Weak In-

ternal Controls [J]. Contemporary Accounting Research, 33 (2):
449-486.

[12] Badertscher B A, Katz S P and Rego S O, 2013. The Separation of Ownership and Control and Its Impact on Corporate Tax Avoidance[J]. Journal of Accounting and Economics,56(2-3):228-250.

[13] Barile L, 2012. Does Tax Evasion Affect Firms' Control? Some Evidence from an Experimental Approach[Z]. Working Paper.

[14] Baum J A C and Ingram P, 1998. Survival-enhancing Learning in the Manhattan Hotel Industry, 1898-1980[J]. Management Science,44(7): 996-1016.

[15] Becker G S, 1962. Investment in Human Capital: A Theoretical Analysis[J]. Journal of Political Economy,70(5):9-49.

[16] Benner M and Tushman M L, 2002. Process Management and Technological Innovation: A Longitudinal Study of the Photography and Paint Industries[J]. Administrative Science Quarterly,47(4):676-707.

[17] Bhattacharya U, Daouk H and Welker M, 2003. The World Price of Earnings Opacity[J]. The Accounting Review,78(3):641-678.

[18] Biddle G C, Hilary G and Verdi R S, 2009. How Does Financial Reporting Quality Relate to Investment Efficiency? [J]. Journal of Accounting and Economics,48(S2-3):112-131.

[19] Bowen H P and Clercq D, 2008. Institutional Context and the Allocation of Entrepreneurial Effort [J]. Journal of International Business Studies,39(4):768-768.

[20] Bretonmiller I L, Miller D and Lester R H, 2011. Stewardship or Agency? A Social Embeddedness Reconciliation of Conduct and Performance in Public Family Businesses [J]. Organization Science, 22 (3): 704-721.

[21] Bunduchi R, 2013. Trust, Partner Selection and Innovation Outcome in Collaborative New Product Development [J]. Production Planning and Control,24(2-3):145-157.

[22] Bushman R M, Piotroski J D and Smith A J, 2004. What Determines Corporate Transparency? [J]. Journal of Accounting Research,42(2):

207-252.

[23] Callen M and Long J D, 2015. Institutional Corruption and Election Fraud: Evidence from a Field Experiment in Afghanistan[J]. The American Economic Review,105(1):354-381.

[24] Cannon M D and Edmondson A, 2005. Failing to Learn and Learning to Fail (intelligently): How Great Organizations Put Failure to Work to Innovate and Improve[J]. Long Range Planning,38(3):299-319.

[25] Cen L, Maydew E L, Zhang L, et al, 2017. Customer-supplier Relationships and Corporate Tax Avoidance[J]. Journal of Financial Economics,123(2):377-394.

[26] Chang X, Fu K, Low A and Zhang W, 2015. Non-executive Employee Stock Options and Corporate Innovation[J]. Journal of Financial Economics,115(1):168-188.

[27] Chava S, Oett A, Subramania A Subramanian K V, 2013. Banking Deregulation and Innovation[J]. Journal of Financial Economics,109(3):759-774.

[28] Chen K P and Chu C Y C, 2005. Internal Control vs. External Manipulation: A Model of Corporate Income Tax Evasion[J]. RAND Journal of Economics,36(1):151-164.

[29] Chen S, Shevlin T and Tong Y H, 2007. Does the Pricing of Financial Reporting Quality Change Around Dividend Changes? [J]. Journal of Accounting Research,45(1):1-40.

[30] Chen S, Xia C and Qiang C, 2008. Do Family Firms Provide More or Less Voluntary Disclosure? [J]. Journal of Accounting Research, 46(3):499-536.

[31] Chen Y and Puttitanun T, 2014. Intellectual Property Rights and Innovation in Developing Countries[J]. Journal of Development Economics,78(2):474-493.

[32] Cheng B, Pan F and Xuan Y, 2017. Confucian Culture and Accounting Information Quality[J]. China Accounting and Finance Review,19(1):47-106.

[33] Cheung S N S, 1983. The Contractual Nature of the Firm[J]. Journal

of Law and Economics,26(1):1-21.

[34] Chrisman J J, Sharma P, Steier L P, et al, 2013. The Influence of Family Goals, Governance, and Resources on Firm Outcomes[J]. Entrepreneurship Theory and Practice,37(6):1249-1261.

[35] Chua R Y J and Morris M W, 2008. From the Head and the Heart: Locating Cognition and Affect-based Trust in Managers' Professional Networks[J]. Academy of Management Journal,51(3):436-452.

[36] Clegg C, Unsworth K, Epitropaki O and Parker G, 2002. Implicating Trust in the Innovation Process[J]. Journal of Occupational and Organizational Psychology,75(4):409-422.

[37] Coase R H, 1937. The Nature of the Firm[J]. Economica,16(4): 386-405.

[38] Coase R H, 1960. The Problem of Social Cost[J]. Journal of Law and Economics,3(October):1-44.

[39] Cohen W M and Levinthal D A, 1990. Absorptive Capacity: A New Perspective on Learning and Innovation[J]. Administrative Science Quarterly,35(1):128-152.

[40] Collins D, Reitenga L and Sanchez M, 2008. The Impact of Accounting Restatements on CFO Turnover and Bonus Compensation: Does Securities Litigation Matter? [J]. Advances in Accounting,24(2):162-171.

[41] Commons J R, 1934. Institutional Economics[M]. Wisconsin: University of Wisconsin Press.

[42] Cornaggia J, Mao Y, Tian X and Wolfe B, 2015. Does Banking Competition Affect Innovation? [J]. Journal of Financial Economics,115 (1):189-209.

[43] Cozzi G, 1998. Culture as a Bubble[J]. Journal of Political Economy, 106(2):376-394.

[44] Davis J H, Schoorman F D, Mayer R C and Tan H H, 2000. The Trusted General Manager and Business Unit Performance: Empirical Evidence of a Competitive Advantage[J]. Strategic Management Journal,21(5):563-576.

[45] Dechow P M and Dichev I D, 2002. The Quality of Accruals and Earn-

ings: The Role of Accrual Estimation Error [J]. The Accounting Review,77(Supplement):35-59.

[46] Dechow P M, Sloan R G and Sweeney A P, 1995. Detecting Earnings Management[J]. The Accounting Review,70(2):193-225.

[47] Demsetz H, 1964. The Exchange and Enforcement of Property Right [J]. Journal of Law and Economics,3(8):11-26.

[48] Demsetz H, 1967. Toward a Theory of Property Rights[J]. The American Economic Review,57(3):347-359.

[49] Desai H and Wilkins M S, 2004. The Reputation Penalty for Aggressive Accounting: Earnings Restatements and Management Turnover [J]. The Accounting Review,81(1):83-112.

[50] Desai M A and Dharmapala D, 2006. Corporate Tax Avoidance and High-powered Incentives[J]. Journal of Financial Economics,79(1): 145-179.

[51] Desai M A and Dharmapala D, 2009. Corporate Tax Avoidance and Firm Value [J]. The Review of Economics and Statistics, 91 (3): 537-546..

[52] Desai M A, Dyck A and Zingales L, 2006. Theft and Taxes[J]. Journal of Financial Economics,84(3):591-623.

[53] Dimaggio P, 2003. Culture and Cognition[J]. Annual Review of Sociology,23(3):263-287.

[54] Doidge C, Karolyi G A and Stulz R M, 2007. Why Do Countries Matter so Much for Corporate Governance? [J]. Journal of Financial Economics,86(1):1-39.

[55] Donohoe M P and Knechel R W, 2014. Does Corporate Tax Aggressiveness Influence Audit Pricing? [J]. Contemporary Accounting Research,31(1):284-308.

[56] Doyle J T and Mcvay S, 2007. Accruals Quality and Internal Control over Financial Reporting[J]. The Accounting Review,82(5):1141-1170.

[57] Du X, 2013. Does Religion Mitigate Tunneling? Evidence from Chinese Buddhism[J]. Journal of Business Ethics,125(2):299-327.

[58] Du X, Jian W, Lai S, Du Y and Pei H, 2015. Does Religion Matter to

Owner-manager Agency Costs? Evidence from China[J]. Journal of Business Ethics,131(7):699-749.

[59] Dyck A andZingales L, 2008. The Corporate Governance Role of the Media: Evidence from Russia[J]. The Journal of Finance, 63(3): 1093-1135.

[60] Dyck A, Morse A and Zingales L, 2007. Who Blows the Whistle on Corporate Fraud? [J]. The Journal of Finance,65(6):2213-2253.

[61] Dyreng S D, Hanlon M and Maydew E L, 2008. Long-Run Corporate Tax Avoidance[J]. The Accounting Review,83(1):61-82.

[62] Dyreng S D, Hoopes J L and Wilde J H, 2016. Public Pressure and Corporate Tax Behavior[J]. Journal of Accounting Research, 54(1): 147-186.

[63] Eisenhardt K M, 1989. Agency Theory: An Assessment and Review [J]. Academy of Management Review,14(14):57-74.

[64] Eun C S, Wang L and Xiao S C, 2015. Culture and R^2[J]. Journal of Financial Economics,115(2):283-303.

[65] Feng M, Ge W, Luo S and Shevlin T, 2010. Why Do CFOs Become Involved in Material Accounting Manipulations? [J]. Journal of Accounting and Economics,51(1-2):21-36.

[66] Firtsch M and Franke G, 2004. Innovation, Regional Knowledge Spillovers and R&D Cooperation[J]. Research Policy,33(2):245-255.

[67] Frischmann P J, Shevlin T and Wilson R, 2008. Economic Consequences of Increasing the Conformity in Accounting for Uncertain Tax Benefits[J]. Journal of Accounting and Economics,46(2-3):1-278.

[68] Gailliot M T and Baumeister R F, 2007. Self-Regulation and Sexual Restraint: Dispositionally and Temporarily Poor Self-Regulatory Abilities Contribute to Failures at Restraining Sexual Behavior[J]. Personality and Social Psychology Bulletin,33(2):173-186.

[69] Garnier J P, 2008. Rebuilding the R&D Engine in Big Rharma[J]. Harvard Business Review,86(5):50-61.

[70] Ghoul S E, Guedhami O, NiY, Pittman J and Saadi S, 2012. Does Religion Matter to Equity Pricing? [J]. Journal of Business Ethics,111

(4):491-518.

[71] Gray S J and Vint H M, 2012. The Impact of Culture on Accounting Disclosures: Some International Evidence[J]. Asia Pacific Journal of Accounting,2(1):33-43.

[72] Gray S J, 1988. Towards A Theory of Cultural Influence on the Development of Accounting Systems Internationally[J]. Abacus,24(1):1-15.

[73] Griffith R and Reenen J V, 2006. How Special Is the Special Relationship? Using the Impact of US R&D Spillovers on UK Firms as a Test of Technology Sourcing[J]. The American Economic Review,96(5):1859-1875.

[74] Guiso L, Sapienza P and Zingales L, 2009. Cultural Biases in Economic Exchange? [J]. The Quarterly Journal of Economics,124(3):1095-1131.

[75] Guiso L, Sapienza P and Zingales L, 2015. The Value of Corporate Vulture[J]. Journal of Financial Economics,117(1):60-76.

[76] Gul F A, Srinidhi B and Ng A C, 2011. Does Board Gender Diversity Improve the Informativeness of Stock Prices? [J]. Journal of Accounting and Economics,51(3):314-338.

[77] Gulati R and Nickerson J A, 2008. Interorganizational Trust, Governance Choice, and Exchange Performance[J]. Organization Science,19(5):688-708.

[78] Hanlon M and Heitzman S, 2010. A Review of Tax Research[J]. Journal of Accounting and Economics,50(2-3):127-178.

[79] Hanlon M and Slemrod J, 2009. What does Tax Aggressiveness Signal? Evidence from Stock Price Reactions to News about Tax Shelter Involvement[J]. Journal of Public Economics,93(1-2):126-141.

[80] Harrison G L and Mckinnon J L, 1986. Culture and Accounting Change: A New Perspective on Corporate Reporting Regulation and Accounting Policy Formulation[J]. Accounting Organizations and Society,86(11):233-252.

[81] Hartmann A, 2006. The Role of Organizational Culture in Motivating Innovative Behavior in Construction Firms[J]. Construction Innova-

tion,6(3):159-172.

[82]　Hasan I, Hoi C K, Wu Q and Zhang H, 2014. Beauty is in the Eye of the Beholder: The Effect of Corporate Tax Avoidance on the Cost of Bank Loans[J]. Journal of Financial Economics,113(1):109-130.

[83]　Hashimoto M, 1981. Firm-specific Human Capital as a Shared Investment[J]. The American Economic Review,71(3):475-482.

[84]　Hattori R A and Lapidus T, 2004. Collaboration, Trust and Innovative Change[J]. Journal of Change Management,4(2):97-104.

[85]　Haunschild P R and Sullivan B N, 2002. Learning from Complexity: Effects of prior Accidents and Incidents on Airlines' Learning[J]. Administrative Science Quarterly,47(3):609-643.

[86]　Healy P M, 1985. The Effects of Bonus Schemes on Accounting Decisions[J]. Journal of Accounting and Economics,7(1-3):85-107.

[87]　Higgins D, Omer T C and Phillips J D, 2015. The Influence of a Firm's Business Strategy on its Tax Aggressiveness[J]. Contemporary Accounting Research,32(2):674-702.

[88]　Hoffman A J, 1997. From Heresy to Dogma: An Institutional History of Corporate Environmentalism[M]. Lexington: New Lexington Press.

[89]　Hofstede G, 1980. Culture's Consequences: International Differences in Work-related Values[M]. London: Sage Press.

[90]　Hofstede G, 1984. Culture's Consequences: International Differences in Work-related Values[M]. London: Sage Publications.

[91]　Hofstede G, 1989. Organising for Cultural Diversity[J]. European Management Journal,7(4):390-397.

[92]　Hofstede G, 2003. Culture's Consequences: Comparing Values, Behaviors, Institutions, and Organizations across Nations[M]. London: Sage Publications.

[93]　Holthausen R W and Leftwich R W, 1983. The Economic Consequences of Accounting Choice: Implications of Costly Contracting and Monitoring[J]. Journal of Accounting and Economics,5(2):77-117.

[94]　Huang H H, Lobo G J, Wang C and Xie H, 2016. Customer Concentration and Corporate Tax Avoidance[J]. Journal of Banking and

Finance,72(11):184-200.

[95]　Hutchens M and Rego S O, 2013. Does Greater Tax Risk Lead to Increased Firm Risk? [Z]. Working Paper.

[96]　Hutton A P, Marcus A J and Tehranian H, 2008. Opaque Financial Reports, R-Square, and Crash Risk[J]. Journal of Financial Economics,94(1):67-86.

[97]　Jeffrie F L and Reed R, 2000. Trust and Adaptation in Relational Contracting[J]. Academy of Management Review,25(4):1387-1388.

[98]　Jensen K, Kim J M and Yi H, 2015. The Geography of U. S. Auditors: Information Quality and Monitoring Costs by Local versus Nonlocal Auditors[J]. Review of Quantitative Finance and Accounting,44 (3):513-549.

[99]　Jensen M C and Meckling W H, 1976. Theory of the Firm: Managerial Behavior, Agency Costs and Ownership Structure[J]. Journal of Financial Economics,3(4):305-360.

[100]　Joe J R, Louis H and Robinson D, 2009. Managers' and Investors' Responses to Media Exposure of Board Ineffectiveness[J]. Journal of Financial and Quantitative Analysis,44(3):579-605.

[101]　Johnson J P and Lenartowicz T, 1998. Culture, Freedom and Economic Growth: Do Cultural Values Explain Economic Growth? [J]. Journal of World Business,33(4):332-356.

[102]　Johnson W C, Xie W and Yi S, 2014. Corporate Fraud and the Value of Reputations in the Product Market [J]. Journal of Corporate Finance,25(2):16-39.

[103]　Jung B, Lee W J and Weber D P, 2014. Financial Reporting Quality and Labor Investment Efficiency [J]. Contemporary Accounting Research,31(4):1047-1076.

[104]　Kaasa A and Vadi M, 2010. How Does Culture Contribute to Innovation? Evidence from European Countries[J]. Economics of Innovation and New Technology,19(7):583-604.

[105]　Khanna V, Kim E H and Lu Y, 2015. CEO Connectedness and Corporate Fraud[J]. The Journal of Finance,70(3):1203-1252.

[106] Kim C F and Zhang L，2016a. Corporate Political Connections and Tax Aggressiveness[J]. Contemporary Accounting Research，33(1)：78-114.

[107] Kim J B and Zhang L，2016b. Accounting Conservatism and Stock Price Crash Risk：Firm-Level Evidence[J]. Contemporary Accounting Research，33(1)：412-441.

[108] Kim J B，Li Y and Zhang L，2011. Corporate Tax Avoidance and Stock Price Crash Risk：Firm-level Analysis[J]. Journal of Financial Economics，100(3)：639-662.

[109] Kim W and Weisbach M S，2008. Motivations for Public Equity Offers：An International Perspective[J]. Journal of Financial Economics，87(2)：281-307.

[110] Koester Gerrit B，Priesmeier and Christoph，2012. Estimating Dynamic Tax Revenue Elasticities for Germany[Z]. Working Paper.

[111] Kotharia S P，Leoneb A J and Wasleyb C E，2005. Performance Matched Discretionary Accrual Measures[J]. Journal of Accounting and Economics，39(1)：163-197.

[112] La Porta R，Lopez-De-Silanes Shleife F，Shleifer A and Vishny R，1998. Law and Finance[J]. Journal of Political Economy，106(6)：1113-1155.

[113] La Porta R，Lopez-De-Silanes Shleife F，Shleifer A and Vishny R，1999. Corporate Ownership around The World[J]. The Journal of Finance，54(2)：471-517.

[114] Laforet S，2008. Size，Strategic，and Market Orientation Affects on Innovation[J]. Journal of Business Research，61(7)：753-764.

[115] Lakatos I and Musgrave A，1970. Criticism and the Growth of Knowledge[M]. Cambridge：Cambridge University Press.

[116] Leuz C，Nanda D and Wysocki P D，2003. Earnings Management and Investor Protection：An International Comparison[J]. Journal of Financial Economics，69(3)：505-527.

[117] Li C，Sun L and Ettredge M，2010. Financial Executive Quality，Financial Executive Turnover，and Adverse SOX404 Opinions[J].

Journal of Accounting and Economics,50(1):93-110.

[118] Li J and Myers S C, 2006. R^2 around the World: New Theory and New Tests[J]. Journal of Financial Economics,79(2):257-292.

[119] Li K, Griffin D, Yue H and Zhao L, 2013. How Does Culture Influence Corporate Risk-Taking? [J]. Journal of Corporate Finance, 23 (4):1-22.

[120] Li N, 2008. Religion, Opportunism, and International Market Entry Via Non-Equity Alliances or Joint Ventures[J]. Journal of Business Ethics,80(4):771-789.

[121] Lin C, Lin P, Song F M and Li C, 2011. Managerial Incentives, CEO Characteristics and Corporate Innovation in China's Private Sector[J]. Journal of Comparative Economics,39(2):176-190.

[122] Lin J Y, 1989. An Economic Theory of Institutional Change: Induced and Imposed Change[J]. Cato Journal,9(1):1-33.

[123] Long D W D and Fahey L, 2000. Diagnosing Cultural Barriers to Knowledge Management[J]. Academy of Management Executive, 14 (4):113-127.

[124] Longenecker J G, Mckinney J A and Moore C W, 2004. Religious Intensity, Evangelical Christianity, and Business Ethics: An Empirical Study[J]. Journal of Business Ethics,55(4):371-384.

[125] Makri M, Lane P J and Gomez-Mejia L R, 2006. CEO Incentives, Innovation, and Performance in Technology-Intensive Firms: A Reconciliation of Outcome and Behavior-based Incentive Schemes[J]. Strategic Management Journal,27(11):1057-1080.

[126] Mcevily B and Zaheer A, 2003. Trust as an Organizing Principle[J]. Organization Science,14(1):91-103.

[127] Mcguire S T, Omer T C and Sharp N Y, 2012. The Impact of Religion on Financial Reporting Irregularities [J]. The Accounting Review,87(2):645-673.

[128] Mcguire S T, Omer T C and Wang D, 2012. Tax Avoidance: Does Tax-Specific Industry Expertise Make a Difference? [J]. The Accounting Review,87(3):975-1003.

[129] Mcguire S，Wang D and Wilson R，2014. Dual Class Ownership and Tax Avoidance[J]. The Accounting Review,89(4):1487-1516.

[130] Mckee D，1992. An Organizational Learning Approach to Product Innovation[J]. Journal of Product Innovation Management,9(3): 232-245.

[131] Mertens J，2003. Measuring Tax Effort in Central and Eastern Europe[J]. Public Finance and Management,3(1):530-563.

[132] Midglef D F，Morrison P D and Roberts J H，1991. The Nature of Communication Networks between Organizations Involved in the Diffusion of Technological Innovations [J]. Advances in Consumer Research,18(1):635-643.

[133] Naranjo-Valencia J C，Jimenez-Jimenez D and Sanz-Valle R，2011. Innovation or Imitation? The Role of Organizational Culture[J]. Management Decision,49(1):55-72.

[134] Nazarov Z and Akhmedjonov A. Education，On-the-job Training，and Innovation in Transition Economies[J]. Eastern European Economics, 50(6):28-56.

[135] Nijman J，1999. Cultural Globalization and the Identity of Place: The Reconstruction of Amsterdam[J]. Ecumene,6(2):146-164.

[136] North D C，1981. Structure and Change in Economic History[M]. Norton: Norton Press.

[137] North D C，1990. Institutions，Institutional Change and Economic Performance[M]. Cambridge: Cambridge University Press.

[138] Nunn N and Qian N，2014. US Food Aid and Civil Conflict[J]. The American Economic Review,104(6):1630-1666.

[139] O'Reilly C and Chatman J，1996. Culture as Social Control: Corporations，Cults，and Commitment[J]. Research in Organizational Behavior,18(1):157-200.

[140] O'Reilly C，1989. Corporations，Culture，and Commitment: Motivation and Social Control in Organizations[J]. California Management Review,50(4):85-101.

[141] Ostrom E and Walker J，2003. Trust and Reciprocity: Interdiscipli-

nary Lessons from Experimental Research[J]. Contemporary Sociology,33(4):493-494.

[142] Petrakis P E, Kostis P C and Valsamis D G, 2015. Innovation and Competitiveness: Culture as a Long-Term Strategic instrument during the European Great Recession[J]. Journal of Business Research, 68 (7):1436-1438.

[143] Pindado J, Requejo I and Torre C D L, 2011. Family Control and Investment-cash Flow Sensitivity: Empirical Evidence from the Euro Zone[J]. Journal of Corporate Finance,17(5):1389-1409.

[144] Piotroski J D, Wong T J and Zhang T, 2017. Political Bias of Corporate News in China: Role of Commercialization and Conglomeration Reforms[J]. Journal of Law and Economics,60(1):173-207.

[145] Portes R, Rey H and Oh Y, 2001. Information and Capital Flows: The Determinants of Transactions in Financial Assets[J]. European Economic Review,45(4):783-796.

[146] Povel P, Singh R and Winton A, 2007. Booms, Busts, and Fraud[J]. Review of Financial Studies,20(4):1219-1254.

[147] Roll R W, 1988 R^2[J]. The Journal of Finance,82(4):2697-2713.

[148] Sabrina C, Shawn X H and Juan M S, 2017. CEO Inside Debt Incentives and Corporate Sheltering[J]. Journal of Accounting Research,55 (4):837-876.

[149] Salomon R and Jin B, 2010. Do Leading or Lagging Firms Learn More from Exporting? [J]. Strategic Management Journal, 31 (10): 1088-1113.

[150] Schultz T W, 1968. Institutions and the Rising Economic Value of Man [J]. American Journal of Agricultural Economics, 50 (5): 1113-1122.

[151] Scott W R, 2008. Institutions and Organizations[M]. London: Sage Publications.

[152] Shapiro C and Stiglitz J E, 1984. Equilibrium Unemployment as a Worker Discipline Device[J]. The American Economic Review,74(3): 433-444.

[153] Solow R M, 1979. Alternative Approaches to Macroeconomic Theory: A Partial View[J]. Canadian Journal of Economics / Revue Canadienne D'economique, 12(3):339-354.

[154] Sorenson O and Waguespack D M, 1988. Social Structure and Exchange: Self-Confirming Dynamics in Hollywood[J]. Administrative Science Quarterly, 51(4):560-589.

[155] Stark R and Finke R, 2000. Acts of Faith: Explaining the Human Side of Religion[M]. California: University of California Press.

[156] Straub D W, Loch K D, Evaristo J R, Karahanna E and Srite M, 2002. Toward a Theory-based Measurement of Culture[J]. Journal of Global Information Management, 10(1):13-23.

[157] Stulz R M and Williamson R, 2003. Culture, Openness, and Finance [J]. Journal of Financial Economics, 70(3):313-349.

[158] Sung Y S and Jin N C, 2014. Do Organizations Spend Wisely on Employees? Effects of Training and Development Investments on Learning and Innovation in Organizations [J]. Journal of Organizational Behavior, 35(3):393-412.

[159] Tabellini G, 2010. Culture and Institutions: Economic Development in the Regions of Europe[J]. Journal of the European Economic Association, 8(4):677-716.

[160] Tan J, 2001. Innovation and Risk-taking in a Transitional Economy: A Comparative Study of Chinese Managers and Entrepreneurs[J]. Journal of Business Venturing, 16(4):359-376.

[161] Tan Y, Tian X, Zhang X and Zhao H, 2015. The Real Effects of Privatization: Evidence from China's Split Share Structure Reform [Z]. Working Paper.

[162] Taylor M Z and Wilson S, 2012. Does Culture Still Matter? The Effects of Individualism on National Innovation Rates[J]. Journal of Business Venturing, 27(2):234-247.

[163] Toates F, 2009. An Integrative Theoretical Framework for Understanding Sexual Motivation, Arousal, and Behavior[J]. Journal of Sex Research, 46(2):168-193.

[164] Torglerab B, 2005. Tax Morale and Direct Democracy[J]. European Journal of Political Economy,21(2):525-531.

[165] Unger B N, Rank J and Gemunden H G, 2014. Corporate Innovation Culture and Dimensions of Project Portfolio Success: The Moderating Role of National Culture[J]. Project Management Journal, 45(6): 38-57.

[166] Veblen T, 1899. The Theory of the Leisure Class[M]. London: Oxford University Press.

[167] Wang T Y, Winton A and Xiaoyun Y U, 2010. Corporate Fraud and Business Conditions: Evidence from IPOs[J]. The Journal of Finance, 65(6):2255-2292.

[168] Williams L K and Mcguire S J, 2010. Economic Creativity and Innovation Implementation: the Entrepreneurial Drivers of Growth? Evidence from 63 Countries[J]. Small Business Economics,34(4):391-412.

[169] Williamson O E, 1979. Transaction-Cost Economics: The Governance of Contractual Relations[J]. Journal of Law and Economics,22(2): 233-261.

[170] Williamson O E, 2000. The New Institutional Economics: Taking Stock, Looking Ahead[J]. Journal of Economic Literature,38(3):595-613.

[171] Williamson O E, 1985. The Economic Institutions of Capitalism[J]. New York: The Free Press.

[172] Wilson and Daniel J, 2009. Beggar Thy Neighbor? The In-State, Out-of-State, and Aggregate Effects of R&D Tax Credits[J]. Review of Economics and Statistics,91(2):431-436.

[173] Xu W, Zeng Y and Zhang J, 2011. Tax Enforcement as a Corporate Governance Mechanism: Empirical Evidence from China[J]. Corporate Governance: An International Review,19(1):25-40.

[174] Yu F and Yu X, 2010. Corporate Lobbying and Fraud Detection[J]. Journal of Financial and Quantitative Analysis,46(6):1865-1891.

[175] Zaheer A, Mcevily B and Perrone V, 1998. Does Trust Matter?

Exploring the Effects of Interorganizational and Interpersonal Trust on Performance[J]. Organization Science,9(2):141-159.

[176] Zollo M,Reuer J J and Singh H,2002. Interorganizational Routines and Performance in Strategic Alliances[J]. Organization Science,13 (6):701-713.

[177] 白馥兰,2006.技术与性别[M].南京:江苏人民出版社.

[178] 白新良,2012.明清书院研究[M].北京:故宫出版社.

[179] 蔡宏标,饶品贵,2015.机构投资者、税收征管与企业避税[J].会计研究,(10):59-65.

[180] 陈德球,陈运森,董志勇,2016.政策不确定性、税收征管强度与企业税收规避[J].管理世界,(5):151-163.

[181] 陈冬华,胡晓莉,梁上坤,新夫,2013.宗教传统与公司治理[J].经济研究,48(9):71-84.

[182] 陈骏,徐玉德,2015.内部控制与企业避税行为[J].审计研究,(3):100-107.

[183] 陈凌,吴炳德,2014.市场化水平、教育程度和家族企业研发投资[J].科研管理,35(7):44-50.

[184] 陈强,2015.气候冲击、王朝周期与游牧民族的征服[J].经济学(季刊),14(1):373-394.

[185] 程博,熊婷,林敏华,2018.儒家传统文化与公司违规行为:基于中国家族上市公司的分析[J].经济理论与经济管理,(10):74-88.

[186] 程博,潘飞,王建玲,2016.儒家文化、信息环境与内部控制[J].会计研究,(12):79-84.

[187] 程博,熊婷,潘飞,2020.信任文化、薪酬差距与公司创新[J].科研管理,41(2):239-247.

[199] 代彬,彭程,郝颖,2011.国企高管控制权、审计监督与会计信息透明度[J].财经研究,37(11):113-123.

[189] 代彬,彭程,刘星,2016.关系型交易、控制权配置与公司税收规避[J].中央财经大学学报,(6):59-70.

[190] 代谦,别朝霞,2016.土地改革、阶层流动性与官僚制度转型:来自唐代中国的证据[J].经济学(季刊),15(1):53-84.

[191] 党力,杨瑞龙,杨继东,2015.反腐败与企业创新:基于政治关联的解释

[J].中国工业经济,(7):146-160.

[192] 道格拉斯·C.诺思,2008.制度、制度变迁与经济绩效[M].上海:格致出版社,上海三联书店,上海人民出版社.

[193] 杜维明,2002.全球伦理的儒家诠释[J].文史哲,(6):5-8.

[194] 杜维明,2012.现代精神与儒家传统[M].北京:生活·读书·新知三联书店.

[195] 樊纲,王小鲁,朱恒鹏,2011.中国市场化指数:各地区市场化相对进程2011年度报告[M].北京:经济科学出版社.

[196] 范博宏,2014.交托之重:范博宏论家族企业传承01[M].北京:东方出版社.

[197] 范博宏,2015.关键世代:范博宏论家族企业传承02[M].北京:东方出版社.

[198] 费孝通,2008.乡土中国[M].北京:人民出版社.

[199] 费孝通,2011.乡土中国·生育制度·乡土重建[M].北京:商务印书馆.

[200] 傅佩荣,1994.儒家与现代人生[M].台北:台北业强出版社.

[201] 高培勇,2006.中国税收持续高速增长之谜[J].经济研究,42(12):13-23.

[202] 高翔,龙小宁,2016.省级行政区域造成的文化分割会影响区域经济吗?[J].经济学(季刊),15(2):647-674.

[203] 葛家澍,2012.会计·信息·文化[J].会计研究,(7):3-7.

[204] 古志辉,2015a.全球化情境中的儒家伦理与代理成本[J].管理世界,(3):113-123.

[205] 古志辉,2015b.儒家传统与公司绩效[J].制度经济学研究,(1):69-113.

[206] 韩志明,2008.街头官僚的行动逻辑与责任控制[J].公共管理学报,(1):41-48.

[207] 何威风,熊回,玄文琪,2013.晋升激励与盈余管理行为研究[J].中国软科学,(10):111-123.

[208] 何玉润,林慧婷,王茂林,2015.产品市场竞争、高管激励与企业创新:基于中国上市公司的经验证据[J].财贸经济,(2):125-135.

[209] 贺建刚,2015.宗教传统与资本市场会计研究:文献述评[J].会计研究,(11):49-54.

[210] 贺小刚,连燕玲,2009.家族权威与企业价值:基于家族上市公司的实证研究[J].经济研究,45(4):90-102.

[211] 贺小刚,连燕玲,张远飞,2013.经营期望与家族内部的权威配置——基于中国上市公司的数据分析[J].管理科学学报,16(4):63-82.

[212] 亨廷顿,哈里森,2013.文化的重要作用:价值观如何影响人类进步[M].北京:新华出版社.

[213] 江轩宇,2016.政府放权与国有企业创新——基于地方国企金字塔结构视角的研究[J].管理世界,(9):120-135.

[214] 姜付秀,石贝贝,李行天,2015."诚信"的企业诚信吗?——基于盈余管理的经验证据[J].会计研究,(8):21-31.

[215] 蒋义宏,2003.配股资格线的变迁与 ROE 分布的变化——中国上市公司"上有政策,下有对策"图解[J].经济管理,(2):61-67.

[216] 金智,徐慧,马永强,2017.儒家文化与公司风险承担[J].世界经济,40(11):172-194.

[217] 景海峰,2006.全球化背景下的儒家伦理反思[J].中国社会科学,(5):14-18.

[218] 孔东民,刘莎莎,应千伟,2013.公司行为中的媒体角色:激浊扬清还是推波助澜?[J].管理世界,(7):145-162.

[219] 黎文靖,郑曼妮,2016.实质性创新还是策略性创新?——宏观产业政策对微观企业创新的影响[J].经济研究,52(4):60-73.

[220] 李金波,聂辉华,2011.儒家孝道、经济增长与文明分岔[J].中国社会科学,(6):41-55.

[221] 李培功,沈艺峰,2010.媒体的公司治理作用:中国的经验证据[J].经济研究,46(4):14-27.

[222] 李维安,徐业坤,2013.政治身份的避税效应[J].金融研究,(3):114-129.

[223] 李文贵,余明桂,2015.民营化企业的股权结构与企业创新[J].管理世界,(4):112-125.

[224] 李晓梅,2013.社会信任与文化价值观对于国家创新绩效的作用研究——基于 65 个样本国家的实证研究[J].科学学与科学技术管理,34(8):93-101.

[225] 李新春,韩剑,李炜文,2015.传承还是另创领地?——家族企业二代继

承的权威合法性建构[J].管理世界,(6):110-124.

[226] 李延喜,包世泽,高锐,孔宪京,2007.薪酬激励、董事会监管与上市公司盈余管理[J].南开管理评论,10(6):55-61.

[227] 李毓鑫,王金波,2015.宗族观念抑制企业分红吗?[J].经济管理,(3):67-78.

[228] 李增泉,孙铮,2009.制度、治理与会计:基于中国制度背景的实证会计研究[M].上海:格致出版社,上海三联书店,上海人民出版社.

[229] 李志斌,2012.国家文化视角的内部控制研究[J].会计研究,(10):49-53.

[230] 梁上坤,2017.媒体关注、信息环境与公司费用粘性[J].中国工业经济,(2):156-175.

[231] 林立强,2010.民营企业家的宗教信仰与企业文化建设[J].经济管理,(3):86-91.

[232] 林毅夫,1994.关于制度变迁的经济学理论:诱致性变迁与强制性变迁[M].上海:格致出版社,上海三联书店,上海人民出版社.

[233] 刘峰,吴风,钟瑞庆,2004.会计准则能提高会计信息质量吗——来自中国股市的初步证据[J].会计研究,(5):8-19.

[234] 刘凤委,李琳,薛云奎,2009.信任、交易成本与商业信用模式[J].经济研究,45(8):130-133.

[235] 刘浩,许楠,时淑慧,2015.内部控制的"双刃剑"作用——基于预算执行与预算松弛的研究[J].管理世界,(12):130-145.

[236] 刘丽丽,杜荣,艾时钟,2016.IT服务企业中文化对知识共享与创新行为关系的影响[J].中国管理科学,24(4):159-166.

[237] 刘启亮,何威风,罗乐,2011.IFRS的强制采用、新法律实施与应计及真实盈余管理[J].中国会计与财务研究,13(1):57-121.

[238] 刘启亮,罗乐,何威风,陈汉文,2012.产权性质、制度环境与内部控制[J].会计研究,(3):52-61.

[239] 刘启亮,罗乐,张雅曼,陈汉文,2013.高管集权、内部控制与会计信息质量[J].南开管理评论,16(1):15-23.

[240] 刘文军,2014.审计师的地理位置是否影响审计质量?[J].审计研究,(1):79-87.

[241] 刘行,叶康涛,2013.企业的避税活动会影响投资效率吗?[J].会计研

究,(6):47-53.

[242] 娄芳,李玉博,原红旗,2010.新会计准则对现金股利和会计盈余关系影响的研究[J].管理世界,(1):122-132.

[243] 陆瑶,李茶,2016.CEO对董事会的影响力与上市公司违规犯罪[J].金融研究,(1):176-191.

[244] 陆瑶,朱玉杰,胡晓元,2012.机构投资者持股与上市公司违规行为的实证研究[J].南开管理评论,15(1):13-23.

[245] 逯东,付鹏,杨丹,2015.媒体类型、媒体关注与上市公司内部控制质量[J].会计研究,(4):78-85.

[246] 逯东,王运陈,付鹏,2014.CEO激励提高了内部控制有效性吗?——来自国有上市公司的经验证据[J].会计研究,(6):66-72.

[247] 罗进辉,2012.媒体报道的公司治理作用——双重代理成本视角[J].金融研究,(10):153-166.

[248] 罗进辉,黄泽悦,朱军,2017.独立董事地理距离对公司代理成本的影响[J].中国工业经济,(8):100-119.

[249] 马双,甘犁,2014.最低工资对企业在职培训的影响分析[J].经济学(季刊),13(1):1-26.

[250] 毛捷,管汉晖,林智贤,2015.经济开放与政府规模——来自历史的新发现(1850-2009)[J].经济研究,50(7):87-101.

[251] 潘爱玲,李彬,林亚囡,宿伟娜,2012.文化对会计的影响:文献述评及未来研究展望[J].会计研究,(4):20-27.

[252] 潘黎,钟春平,2016.去教堂祷告还是去银行借款?——宗教与金融行为内在关联的微观经验证据[J].经济学(季刊)》,15(1):125-148.

[253] 潘越,戴亦一,林超群,2011.信息不透明、分析师关注与个股暴跌风险[J].金融研究,(9):138-151.

[254] 潘越,潘健平,戴亦一,2015.公司诉讼风险、司法地方保护主义与企业创新[J].经济研究,50(3):131-145.

[255] 青木昌彦、周黎安、王珊珊,2000.什么是制度?我们如何理解制度?[J].经济社会体制比较,(6):28-38.

[256] 盛洪,1993.中国先秦哲学与现代制度主义[J].管理世界,(3):187-197.

[257] 盛洪,2009.现代制度经济学(第2版)[M].北京:中国发展出版社.

[258] 盛洪,2016.儒学的经济学解释[M].北京:中国经济出版社.

[259] 水常青,许庆瑞,2015.企业创新文化理论研究述评[J].科学学与科学技术管理,(3):138-142.

[260] 宋继文,薛继东,章凯,2009.具有中国特色的企业创新文化与创新绩效——基于青岛港的案例分析[J].管理案例研究与评论,2(1):1-10.

[261] 苏冬蔚,林大庞,2010.股权激励、盈余管理与公司治理[J].经济研究,45(11):88-100.

[262] 孙刚,2017.税收征管与上市企业资本性投资效率研究——来自地方政府违规税收优惠或返还的初步证据[J].中央财经大学学报,(11):3-17.

[263] 万良勇,邓路,郑小玲,2014.网络位置、独立董事治理与公司违规——基于部分可观测 Bivariate Probit 模型[J].系统工程理论与实践,34(12):3091-3102.

[264] 汪丁丁,1992.制度创新的一般理论[J].经济研究,27(5):69-80.

[265] 王红建,李青原,陈雅娜,2015.盈余管理、经济周期与产品市场竞争[J].会计研究,(9):44-51.

[266] 王金波,2013.传统文化、非正式制度与社会契约——基于宗族观念、民族伦理与企业债务期限结构的微观证据[J].经济管理,(12):150-161.

[267] 王菁,程博,2014.外部盈利压力会导致企业投资不足吗？——基于中国制造业上市公司的数据分析[J].会计研究,(3):33-40.

[268] 王万珺,沈坤荣,周绍东,秦永,2015.在职培训、研发投入与企业创新[J].经济与管理研究,36(12):123-130.

[269] 王亚平,刘慧龙,吴联生,2009.信息透明度、机构投资者与股价同步性[J].金融研究,(12):162-174.

[270] 王亚平,杨云红,毛小元,2006.上市公司选择股票增发的时间吗？——中国市场股权融资之谜的一种解释[J].金融研究,(12):103-115.

[271] 王怡心,2013.COSO 2013 的"内部控制"定义[J].中国内部审计,(6):47-48.

[272] 王跃堂,孙铮,陈世敏,2001.会计改革与会计信息质量——来自中国证券市场的经验证据[J].会计研究,(7):16-26.

[273] 王竹泉,隋敏,2010.控制结构＋企业文化:内部控制要素新二元论[J].会计研究,(3):28-35.

[274] 翁宵暐,王克明,吕长江,2014.家族成员参与管理对 IPO 抑价率的影响[J].管理世界,(1):156-166.

[275] 吴鹰,阙澄宇,2006.员工工资、培训与跳槽:一个劳工合约模型[J].中国工业经济,(12):113-119.

[276] 吴照云,王宇露,2003.企业文化与企业竞争力:一个基于价值创造和价值实现的分析视角[J].中国工业经济,(12):79-84.

[277] 夏立军,方轶强,2005.政府控制、治理环境与公司价值——来自中国证券市场的经验证据[J].经济研究,40(5):40-51.

[278] 肖六亿,2007.劳动力流动与地区经济差距[J].经济体制改革,(3):113-117.

[279] 肖淑芳,刘颖,刘洋,2013.股票期权实施中经理人盈余管理行为研究——行权业绩考核指标设置角度[J].会计研究,(12):40-46.

[280] 肖永明,2012.儒学·书院·社会[M].北京:商务印书馆.

[281] 解维敏,方红星,2011.金融发展、融资约束与企业研发投入[J].金融研究,(5):171-183.

[282] 辛清泉,孔东民,郝颖,2014.公司透明度与股价波动性[J].金融研究,(10):193-206.

[283] 徐永文,2012.明代地方儒学研究[M].北京:中国社会科学出版社.

[284] 许静静,吕长江,2011.家族企业高管性质与盈余质量——来自中国上市公司的证据[J].管理世界,(1):112-120.

[285] 阎海峰,1999.中国传统文化与创新精神[J].华东理工大学学报:社会科学版,(3):43-49.

[286] 杨海燕,韦德洪,孙健,2012.机构投资者持股能提高上市公司会计信息质量吗?——兼论不同类型机构投资者的差异[J].会计研究,(9):16-23.

[287] 杨建君,马婷,2009.不同维度信任对企业技术创新活动的影响[J].科学学研究,27(3):466-472.

[288] 杨建君,杨慧军,马婷,2013.集体主义文化和个人主义文化对技术创新方式的影响——信任的调节[J].管理科学,26(6):1-11.

[289] 杨建君,张峰,孙丰文,2014.企业内部信任与技术创新模式选择的关系[J].科学学与科学技术管理,35(10):94-104.

[290] 杨洋,魏江,罗来军,2015.谁在利用政府补贴进行创新?——所有制和要素市场扭曲的联合调节效应[J].管理世界,(1):75-86.

[291] 杨玉龙,张川,孙淑伟,2014.政治关联能否屏蔽证券监管对于审计师的

治理效力? ——基于民营上市公司证券违规的情景考察[J].审计研究,(9):97-103.

[292] 杨治,郭艳萍,张鹏程,2015.企业间信任对组织双元创新的影响[J].科研管理,36(9):80-88.

[293] 叶德珠,连玉君,黄有光,李东辉,2012.消费文化、认知偏差与消费行为偏差[J].经济研究,47(3):80-92.

[294] 叶德珠,师树兴,2016.文化与经济增长[J].暨南学报:哲学社会科学版,38(2):74-83.

[295] 叶康涛,刘行,2011.税收征管、所得税成本与盈余理[J].管理世界,(5):140-148.

[296] 叶康涛,刘行,2014.公司避税活动与内部代理成本[J].金融研究,(9):158-176.

[297] 伊志宏,姜付秀,秦义虎,2010.产品市场竞争、公司治理与信息披露质量[J].管理世界,(1):133-141.

[298] 应千伟,呙昊婧,邓可斌,2017.媒体关注的市场压力效应及其传导机制[J].管理科学学报,20(4):32-49.

[299] 于米,2011.个人/集体主义倾向与知识分享意愿之间的关系研究:知识活性的调节作用[J].南开管理评论,14(6):149-157.

[300] 于文超,殷华,梁平汉,2018.税收征管、财政压力与企业融资约束[J].中国工业经济,(1):100-118.

[301] 袁建国,后青松,程晨,2015.企业政治资源的诅咒效应——基于政治关联与企业技术创新的考察[J].管理世界,(1):139-155.

[302] 曾庆生,2014.高管及其亲属买卖公司股票时"浑水摸鱼"了?——基于信息透明度对内部人交易信息含量的影响研究[J].财经研究,40(12):15-26.

[303] 曾泉,裴红梅,2016.宗教氛围与投资中的代理冲突:基于上市公司附近寺庙数的实证研究[J].上海财经大学学报,18(1):35-49.

[304] 曾亚敏,张俊生,2009.税收征管的公司治理功用吗?[J].管理世界,(3):143-152.

[305] 曾颖,陆正飞,2006.信息披露质量与股权融资成本[J].经济研究,42(2):69-79.

[306] 查成伟,陈万明,唐朝永,2016.高质量关系、失败学习与企业创新绩效

[J].管理评论,28(2):175-184.

[307] 张程睿,蹇静,2008.我国上市公司违规信息披露的影响因素研究[J].审计研究,(1):75-81.

[308] 张军成,赵明明,2015.儒家文化育人:历史共生与现实契合[J].重庆社会科学,(8):63-69.

[309] 张五常,2000.经济解释[M].北京:商务印书馆.

[310] 张先治,傅荣,贾兴飞,晏超,2014.会计准则变革对企业理念与行为影响的多视角分析[J].会计研究,(6):31-39.

[311] 张祥建,徐晋,徐龙炳,2015.高管精英治理模式能够提升企业绩效吗？——基于社会连带关系调节效应的研究[J].经济研究,50(3):100-114.

[312] 张茵,刘明辉,彭红星,2017.社会信任与公司避税[J].会计研究,(9):48-54.

[313] 张玉明,陈前前,2015.会计文化与中小上市公司成长的实证研究——基于创业板的经验数据[J].会计研究,(3):20-25.

[314] 郑石桥,郑卓如,2013.核心文化价值观和内部控制执行:一个制度协调理论架构[J].会计研究,(10):28-34.

[315] 中国上市公司内部控制指数研究课题组,2011.中国上市公司内部控制指数研究[J].会计研究,(12):20-24.

[316] 朱凯,赵旭颖,孙红,2009.会计准则改革、信息准确度与价值相关性——基于中国会计准则改革的经验证据[J].管理世界,(4):47-54.

[317] 朱沁夫,2013.旅游与旅游目的地文化变迁[J].旅游学刊,(11):7-8.